Assessment Program

Pruebas
Pruebas cumulativas
Exámenes de habilidades
Bancos de ideas

W9-AVA-108

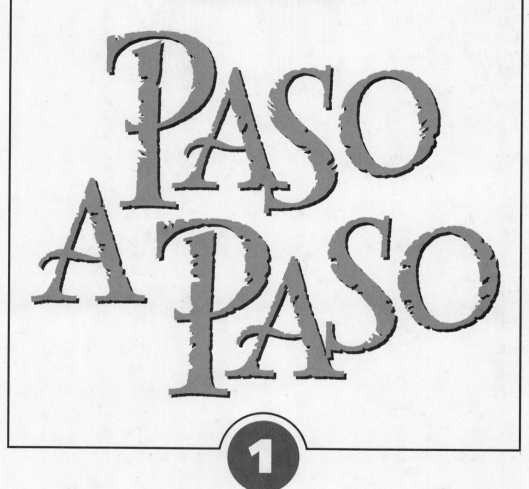

PASO A PASO

1

Margaret Juanita Azevedo
Stanford University
Palo Alto, CA

Peggy Boyles (Introduction)
Foreign Language Coordinator
Putnam City Schools
Oklahoma City, OK

Prentice Hall

Glenview, Illinois
Needham, Massachusetts
Upper Saddle River, New Jersey

Table of Contents

To the Teacher **T1**

Listening Comprehension Tapescript **T27**

Speaking Proficiency Script **T37**

Teacher Answer Sheets **T47**

Tests / Pupil Answer Sheets **1**

Bancos de ideas **219**

Front and Back Cover Photos: © Suzanne L. Murphy/FPG International

ISBN: 0-673-60170-6

5 6 7 8 9 10   BW   03 02

Prentice Hall
Upper Saddle River, New Jersey 07458

To the Teacher

Assessing the Larger Picture

In a cartoon from a Sunday newspaper, a couple in a Spanish restaurant stares incredulously as the waiter serves them a roller skate and a cuckoo clock as their main entrée. The woman remarks to her mortified dinner date, "Well, so much for your two years of Spanish!" The young man obviously came from a foreign language experience in which real-life application of language was not assessed.

In the past, both instruction and assessment were traditionally broken up into small units. There was a tendency to focus on only one aspect of language at a time, such as vocabulary or grammatical structures. Although these are useful to test, the *Standards for Foreign Language Learning* (1995) remind us that vocabulary words and points of structure are not ends in themselves, but rather parts of a larger picture of language use. To be able to assess what students can <u>do</u> with the vocabulary and grammar they are learning is the focus of assessment in a standards-driven classroom.

PASO A PASO provides a balanced approach in which the assessment program reflects and supports good practices, such as self-assessment, end-of-chapter tests, oral interviews, checklists, student-selected projects, reflective cultural comparisons, and performance demonstrations. Additionally, we provide you with templates for scoring rubrics to grade student performance tasks objectively.

The philosophy of *PASO A PASO* is based on the premise that learning comes from the learner's doing and practicing, whether in activities or assessment tasks. Many times these can be interchangeable, and can therefore serve dual purposes. Good classroom activities can effectively assess student progress on a more frequent basis than formal assessments. Moreover, regular assessments provide the student with valuable input to improve performance. With this approach, you do not have to feel that the time you use for assessment is competing with your instructional time.

Correlation to the Standards and the ACTFL Performance Guidelines

The *PASO A PASO* assessment program is based on both the *Standards for Foreign Language Learning* (1995; see p. T17) and the *ACTFL Performance Guidelines for K–12 Learners* (1998; see pp. T18–T20). It is predicated on the belief that assessment needs to be an integral part of instruction that improves both student performance and teacher instruction. The Standards are content-based, describing <u>what</u> students should know and be able to do with the language and culture they are learning. The Guidelines are performance-based, describing <u>how</u> <u>well</u> students can realistically use language at any given point in the learning continuum. Our multifaceted assessment program applies both of these documents to provide you with relevant assessment tools. In its totality, the program assists you in answering the six performance questions posed by the Guidelines in regard to your students:

1. How well are they understood? (comprehensibility)
2. How well do they understand others? (comprehension)
3. How accurate is their language? (language control)
4. How extensive and applicable is their vocabulary? (vocabulary use)

5. How do they maintain communication? (communication strategies)

6. How is their cultural understanding reflected in their communication? (cultural awareness)

Informal Assessment

You probably already use many types of assessment in your classroom, but may do so in such an informal way that it is difficult to document. These might include teacher observations, recorded anecdotes and/or comments about students, student-teacher conferencing, and dialogue journals. Each method has its advantages and disadvantages.

Teacher observation records or *anecdotal notes* can initially be written on sticky notes while you observe students in individual or group work from your vantage point on the sidelines. Although this involves some recording problems, it can give you good information on performance within paired or group interactions. For example, you might want to choose a specific behavior to observe, such as effort to use the target language as students engage in a small group activity. As you walk around the room, you can write your impressions on sticky notes, student cards, or a class roster. If you have access to a language lab, you can monitor more students anonymously by listening to their conversations as you listen to different groups while remaining at the teacher console. These can be correlated to symbols such as +, √, or –, which can later be translated into points. These notations might be accompanied by a short narrative:

Sam √	Ryan +
Uses mostly English, but is trying. Looks up words in book as he is talking.	Stays mostly in Spanish. Has fun trying to figure out a way to get others to understand him.

These symbols can be converted into points: + = 2 points, √ = 1 point, – = 0 points. In this example, you have documented that Ryan uses effective and rather sophisticated communication strategies to negotiate his meaning. You also noted that Sam is on his way to trying to use the Spanish he is learning, although still struggling with cumbersome methods. You probably won't have time to write a comment for each student during each activity, but over a period of time, you will have some valuable documentation on student performance and progress. Later, by scheduling ten minutes in your day, you can transfer these points to your grade book in a more formal way.

Student-teacher conferences allow you to sit with individual students in order to listen to their reflections on how they think they are doing and what they consider their problems to be. Although this requires a lot of time and does not provide a numerical grade, it can provide insights into student attitudes, learning strategies, and background experiences. You might even want to choose a certain number of students with whom to confer during a four-week period, and then another group for the next four weeks. In this way, you could focus your attention on a smaller group that might be experiencing the same types of problems or frustrations.

Dialogue journals are written conversations between you and your students that allow you to assess <u>process</u> rather than achievement. For example, a topic might be a list of "The Top Ten Things I Like To Do on the Weekend." A simple response by you might be *A mí me gusta también* next to one of the items on a student's list. Once again, it is time-consuming to read and react to student journals, but it is an excellent way to access personal information about the student and his or her interests.

Achievement Testing

Traditional assessments test limited material that is covered in a given amount of time and are therefore achievement-based. When attempting to determine if you are giving an achievement test, try to imagine the student who puts on his or her most serious game face the day before the test and asks: "If I know everything in this chapter, will I get an 'A' on the test?" Although you might be reluctant to give a definitive yes, you might find yourself saying, "Well, yes, if you really know everything in the chapter you'll get an A." If such a response is possible, you can be assured that you are giving an achievement test.

This type of testing is good for auditing student achievement at the end of a chapter or unit. It makes sense to examine student progress at such a time in order to help you decide whether your students are acquiring the language necessary to move successfully to the next chapter. In most traditional forms of assessment (typically fill-in-the-blank or multiple-choice), the teacher is looking for right or wrong answers. In the culture of American schools, this model has been the mainstay of classroom testing. Performance on these kinds of tests provides a measure of a student's competence in the language. The test items often fall under the categories of spelling, vocabulary, grammar, listening comprehension, and pronunciation. They either knew the word or they didn't. They either provided the correct verb ending or they didn't. They either understood what was said or they didn't. They either pronounced *ahora* correctly or they didn't.

Achievement testing at the end of each chapter or of multiple chapters can provide useful information about how effective the instruction was. The results from these tests can help you answer some important questions:

- Can your students recall key vocabulary that they will eventually use in real-life applications?
- Are they able to access learned language to employ in more open-ended situations?
- Can they begin to apply grammatical constructions within simple, controlled contexts, which can then lead to a more natural application of language?

Many times students are more comfortable with the more traditional paper-and-pencil testing, so it is advisable to include it as students progress along the assessment continuum from discrete-point tests to more global assessments. They have grown accustomed to being graded on the number of right or wrong answers they give and feel uncomfortable if they are suddenly thrown into competency-based testing without practice and careful guidance from you. However, if you supply them with the many authentic activities provided throughout *PASO A PASO,* including the audio, video, and CD-ROM activities, they will feel better prepared and more comfortable using the language in more creative and personalized ways.

Your school district may require final semester- or year-end exams. In order to ascertain efficiently if students have retained grammatical concepts or vocabulary over a period of time longer than a single chapter, you may find that a cumulative achievement test may serve your purposes well. An overdependence, however, on "single answer" tests may give you only part of the picture. A teacher once described a student who frequently scored 90% or higher on most achievement tests by saying, "He knows a lot, but doesn't have a clue!" In other words, he might know vocabulary and grammar, but he is not able to <u>do</u> anything with the language he has learned. Other forms of assessment are needed to capture the entire picture of student performance.

Pruebas

The *Pruebas* and the *Prueba cumulativa* included for all chapters in this assessment book will address vocabulary use, language accuracy, and comprehension. As defined in the Novice Learner Range of the Performance Guidelines, students at Level I should be able to comprehend general information and vocabulary when supported by visuals and in situations where the conversation is embedded in familiar contexts. In many of the *Pruebas,* students are prompted by a visual to provide vocabulary words or are instructed to produce conversational responses when prompted by a familiar context. For example, in Chapter 4, students are asked in one of the first tasks to match written descriptions of favorite meal combinations with corresponding pictures. Later, they are asked to look at pictures from a cookbook and choose the one ingredient in the recipe that is not pictured. Still later, they are asked to interpret and complete short, simple conversations among friends who can't stop talking about food as they start a diet. In all of these tasks, students are not simply going through a rote process. They are constructing meaning by looking for key words and phrases embedded in the vocabulary to assist them in making the correct choices. Thus, in an ongoing, step-by-step assessment process, *PASO A PASO* students are asked to provide communicative responses prompted by the thematic vocabulary of the chapter.

In regard to accuracy at Level I, the Guidelines remind us that students are most accurate when communicating about very familiar topics using memorized oral and written words and phrases. Additionally, novice-range language students "can recognize structural patterns and can derive meaning from these structures within familiar contexts." This type of competency is assessed in the *Pruebas* when students complete a conversation using a form of a verb or expression prompted by a question in which a similar structural pattern is used. For example, students are asked to provide the correct verb form for statements that are made by two girls talking about their friends. The familiar infinitive form of the verb is provided, and students must manipulate verb endings based on whom the girls are talking about.

Authentic Assessment

The results you see on traditional tests may sometimes disagree with conclusions you have reached about your students by watching how they actually perform in class. For that reason, so-called authentic assessment includes various means of evaluating what students can <u>do</u> with the language, and are therefore competency-based. To that end, *PASO A PASO* includes alternative forms of testing. While traditional assessment surveys "coverage of material," authentic assessment assesses for "uncoverage." Evaluating performance can reveal (uncover) how the student can use his or her acquired language creatively and personally. Rather than emphasizing grammatical accuracy, it assesses the accuracy with which a student carries out a function within a given context, such as complaining to one's parents about an unfair punishment. It challenges the student to use the language creatively and to express personal meaning from the material they have learned.

Authentic assessment includes *performance assessment, portfolios,* and *self-assessment.* In these types of assessment, the test items exhibit the following predominant characteristics. They:

- are contextualized, rather than isolated
- encourage personalized answers
- allow for divergent responses
- are interactive
- reflect real-life tasks
- require higher-order thinking

- reflect synthesized, composite knowledge
- recycle language from previous units or chapters
- assess strategies for producing a given response
- focus on what the student knows, rather than on what the student does not know.

Performance-Based Assessment

Performance-based instruction enables the student to perform complex language tasks by providing many opportunities for practice. Performance-based assessments elicit information about a student's ability to use the acquired language to perform tasks that resemble actual situations in the real world. For example, a student might be asked to take the role of a travel agent describing vacation packages to a client. In performing this and similar tasks, students are asked to show what they have learned by performing, creating, or producing something with language. In most cases, performance-based assessments evaluate the productive skills of speaking and writing and often involve self- and/or peer assessment.

Performance-based assessment:

- simulates real-life language use
- offers open-ended tasks
- allows for creative and divergent responses
- probes for "depth" versus "breadth"
- often assesses strategies for constructing a response
- requires students to "put it all together" rather than to recall small pieces of knowledge
- promotes recursive rather than linear learning
- evaluates performance based on well-defined criteria.

There are a multitude of ways in which students can demonstrate language performance. More choices for students generally means greater engagement and responsibility for their own learning. They become an active part of the process by choosing to perform a task in which they can let their own personality and creativity come through.

Grading Criteria

You may feel that performance-based assessment tasks might be too subjective to grade, and therefore unfair to the students. You may worry that if challenged, you might not be able to document the grade given with the concrete evidence provided by traditional paper-and-pencil tests. So students need the explicit criteria of a rubric to help them rate the quality of their finished products and to distinguish between acceptable and unacceptable performance. You must model a strong performance, give "anchors," or examples of outstanding work, and provide time to practice. This lays the groundwork for setting standards. When students see exemplary work, they will increase their standards for their own work.

Scoring Rubrics vs. Checklists

Many people confuse scoring rubrics and checklists. Both are helpful, but need to be understood by both teachers and students in order to be beneficial. A checklist is helpful in verifying that all the elements are evident in a student's work or performance. A scoring rubric clarifies the degrees or levels of performance within those elements.

The following analogy may be helpful to share with your students. If you wanted to open a new restaurant, you would want to hire the best servers you could find. The first thing you might do would be to visit your favorite restaurant and make a list of the characteristics of the servers who most impressed you. Neat appearance, a smile, politeness, prompt response to customer requests, and ability to answer food preparation questions are a few of the characteristics you might notice. These would then be the basis for the checklist you would use to screen applicants. After reflection, you would choose the elements from your list that were most important to you for the final interview criteria, and these would be the basis for your final assessment of potential servers.

In order to make your judgments more valid, reliable, and consistent, scoring scales, or rubrics, can be used. Rubrics should always have an established purpose. When using them, numerical values are associated with various performance levels, ranging from below average to excellent. The criteria must be precisely defined in terms of what the student must do to demonstrate skill or proficiency at a given level. Rubrics can provide greater authenticity in testing and can teach the student what matters.

Scoring rubrics minimize ambiguity by defining a concrete way to grade varied tasks. They can be developed for such tasks as paired conversations or projects. In addition, by making known the scoring rubrics before students begin the task, teachers offer clear information as to what criteria must be met and what level of performance must be achieved in order to earn a certain grade. Similarly, students can use rubrics to assess their own performance in preparation for the teacher's assessment.

There are two principal types of rubrics: *holistic* and *analytic.* Five basic steps are helpful in designing these:

- Determine the type of rubric
- Determine the range of scores or ratings possible
- Describe the criteria for each score or rating
- Share the rubric with a small group of students for feedback, and revise if necessary
- Standardize the process with a set of anchors or a sample

A *holistic rubric* is used to give a single score based on several criteria. An *analytic rubric* is used to give a score on each of several criteria, which are then added together for the final score. There are several templates for both types of scoring rubrics at the end of this section (see pp. T12–T16). These include numerical values associated with performance levels: Below Average (1 point), Good (3 points), Excellent (5 points). The criteria are precisely defined in terms of what the student actually does to demonstrate performance at a given level. They reflect what is considered to be appropriate at Level I in regard to skills and strategies. The rubrics provided are designed to match tasks in both the textbook and the assessment book, although the criteria can be changed at any time to reflect a different emphasis.

The rubric should be explained in advance so that students can have a clear understanding of what is expected of them. It then becomes a matter of student choice and responsibility to perform at the highest level. With a well-designed rubric, there is no confusion as to what must be done in order to receive the highest score.

The following rubric could be used with most of the speaking and writing tasks in *PASO A PASO 1.* For example, in Chapter 7 the speaking prompt in the *Examen de habilidades* asks students to imagine and describe some vacation spots they would like to visit. They describe where they would like to go, activities they could do, clothes they would take, and likely weather conditions. They could be evaluated by the following rubric:

Speaking and Writing Rubric

CRITERIA	1 point—Below Average	3 points—Good	5 points—Excellent
Amount of Communication	Gives very few or no details or examples	Gives only a few details or examples	Consistently gives details and examples
Accuracy	Many misused words and repetitions of the same grammatical errors	Frequent misused words and repetitions of the same grammatical errors	Very few misused words or repetitions of the same grammatical errors
Comprehensibility	Difficult to understand	Fairly easy to understand, but not organized	Organized thoughts and easy to understand

This rubric lets the students know that attempting to support what they say with examples and details is important to the listener or reader. As the ACTFL Performance Guidelines point out, you can expect your students to rely on a limited number of simple phrases and expressions on a familiar topic. However, you should also expect them to be easily understood by you. Even though they may have many false starts and prolonged pauses, they should be able to produce vocabulary and phrases related to the topic. Although you should anticipate that your students will make errors in attempting to communicate beyond their memorized vocabulary, you should expect accuracy when they are reproducing phrases and sentences that have been frequently practiced and used in class. A student might score at different levels for each criterion or might score at the same level for all of them.

In each student performance, you are looking for evidence to determine at what level students understand and can use the language they are learning in your classroom. For example, a "below average" performance might resemble the following: *Me gusta a Puerto Rico. Penso voy a tomar el sol. Llevo el traje y los ojos de sol. Hace muy frío en Colorado. Lluevo abrigo. Fui a New York. Yo ver mucho tiendas.*

Here the student was able to give very few details or examples. It is randomly organized and has consistent patterns of errors. For example, *me gusta a* is used in reference to preferred places to visit. Although it is evident that the student knows some related vocabulary, it is misused *(ojos de sol, lluevo* instead of *llevo)*. It is difficult to understand the intention of the time frames in the various sentences.

A "good" performance might approximate the following: *Me gustaría voy a Puerto Rico y California. Me gustaría el sol. Hace muy sol en Puerto Rico y California. Me gustaría voy en bote. Me gustaría compro los recuerdos. Fui a sacar fotos. Me gustaría el traje de baño, mis zapatos y el bronceador.*

Although there are a few more examples in this sample, there are still patterns of errors *(me gustaría voy, me gustaría compro)*. The amount of communication is still very limited and tentative.

An excellent performance might be: *Me gustaría visitar los lugares de interés en México. Pienso ir a México en junio de mi familia. Vamos a la playa. Voy para el sol. Llevo el traje de baño. Y bronceador. Me gusta bucear a Cancún. Me gustaría visitar la selva tropical. Subo la pirámide. Hace buen tiempo. Menos mal que hablo español.*

In this example, the student produces a very strong response. Several examples are given, and there are no serious patterns of errors. There is evidence that the student has internalized much of the vocabulary in the chapter, and is comfortable in expressing his or her thoughts in a way that is easily understood.

Portfolios

Because of the limitations that a single test grade can impose, many teachers are including some type of portfolio assessment in their classrooms. The most basic aspect of portfolios is that they are done <u>by</u>, not <u>to</u>, the students. A portfolio can be the intimate, personal link between teacher instruction and student learning. Risk-taking and creativity, which are often missed in other forms of testing, can be encouraged as students generate portfolios.

With portfolios, students participate in their own assessment by evaluating their own work by the same criteria the teacher uses. This learner-centered aspect is the crux of portfolios. It represents what the students are really doing. Additionally, if students choose their own work to be showcased, they are engaging in the type of self-reflection that is far more valuable than simply being given a grade by the teacher. Thus, the student's role changes from passive absorber of information to active learner and evaluator.

Establishing the Purpose of Portfolios in Your Classroom

The most important step in getting started with portfolios is to establish their purpose. The following questions might assist you in determining that. Is the purpose of the portfolio

- to monitor student progress?
- to encourage student self-evaluation?
- to encourage student accountability for work?
- to showcase a student's best work?
- to evaluate a student's work within the context of one of the goals of the National Standards, such as "understanding of other cultures"?
- to evaluate written expression?
- to assess oral language?
- to maintain a continuous record to pass on from one level to the next?

Portfolios allow for more self-directed work that can be accomplished outside the time constraints of the school day. This can be particularly important under the block schedule. The following chart describes three types of portfolios.

Three Types of Portfolios

Showcase Portfolio	Collection Portfolio	Assessment Portfolio
• Displays only a student's best work. • Contains only finished products, and therefore may not illustrate student learning over time. • Entries selected to illustrate student achievement rather than the learning process.	• Contains all of a student's work. • Shows how a student deals with daily assignments. • Sometimes referred to as a working folder. Illustrates both process and products.	• Contents are selected to show growth over time. • Each entry is evaluated based on criteria specified by teacher and student in the form of a rubric or checklist. • Does not receive a grade. Individual entries may be weighted to reflect an overall level of achievement.

Types of Portfolio Entries

After determining the purpose of the portfolio in your classroom, you should think about the kinds of entries that will best match your instructional purposes. If you choose to use an assessment portfolio, you will find that it is an excellent vehicle for trying out some of the new approaches to assessment that you are not currently using. It is best to combine both required and optional entries. *Required entries* will provide the primary basis for assessment, and could include samples of specific work, student self-assessments, and some type of teacher assessment. You might begin with two or three entries for each grading period, and build up to about five required entries after both you and your students get accustomed to using portfolios. *Optional entries* provide you with additional information which complements that contained in the required entries. Students provide evidence of their learning by including such things as their preparatory work for a project or a written or tape-recorded story. The following chart might be an outline of entries that could be included in a portfolio based on *PASO A PASO 1*. (Samples of grading criteria can be found on pages T12–T16.)

1st Semester Portfolio Contents
(Shading indicates work not collected that month)

	Sept.	Oct.	Nov.	Dec.
1. Descriptive poem about yourself (Required)				
2. Taped interview with another student regarding personal preferences. (Required)				
3. Descriptive letter about real or fictional family with photos or drawings. (Required)				
4. Travel ad created to attract tourists to a vacation area. (Required)				
5. Student-designed game to review vocabulary and grammar concepts. (Required)				
6. Optional Entry # 1 (e.g., Presentation using multimedia production tools in *Pasos vivos 1* CD-ROM)				
7. Optional Entry # 2 (e.g., Student survey and data records regarding one of the first-semester chapter themes)				

The heart of a portfolio is the *reflection* behind it, not just the work. Many teachers report that since the process requires students to set goals and to self-assess as they progress, their students take more responsibility for their learning. Others report that portfolios allow them to do things with students that they were not able to accomplish before because of a lack of available class time. They encourage students to pursue things outside of class that you don't have time to develop. They are <u>not</u> just a collection of work or a scrapbook.

Initial efforts at using portfolios will seem time-consuming. However, rather than looking at them as something extra, you should view them as part of instruction. All portfolios do not need to be evaluated by you on the same day, since students will complete their work within a time range over a period of months. When students have finished, they are required to assess their work based on the criteria defined in the scoring rubric you will use to grade them. You can then easily spot-check the students' self-assessments, since the initial groundwork for grading has already been done by them as part of the process.

The real purpose of the portfolio is to coach students to be honest evaluators of their own work and to become part of the learning process instead of passively—or nervously—waiting to be evaluated by you.

Exámenes de habilidades

After you have tested your students on vocabulary and grammar applications through the *Pruebas* and *Pruebas cumulativas,* it is time to assess their progress in a larger context. Students get a sense of purposefulness to their learning when asked to perform tasks related to the real world. Thus, *PASO A PASO* provides a performance-based assessment tool—the *Examen de habilidades*—which addresses all six questions posed in the Performance Guidelines (see pp. T18–T20).

Interpreting Meaning: Listening/Reading

In the listening and reading components of the *Exámenes de habilidades,* students are asked to interpret simple taped conversations or narratives or to read for specific details within a highly contextualized and familiar format. They employ the same techniques used in the text. In some cases, for example, students listen or read selectively to extract specific information. In others, they use previously practiced strategies, such as contextual guessing or use of cognates. For example, on a listening test for Chapter 4, students hear a tape of other students discussing what they usually eat or drink. They must listen selectively for information, such as personal preferences for specific foods or the specific eating habits of a given individual. In another interpretive task, students read a health brochure to identify specific things one should do to ensure a healthy diet. They rely on the communication strategies described in the Performance Guidelines of applying familiar language in a new context and of using their own background knowledge of what they would expect a health brochure to describe in order to assist them in predicting meaning and enhancing comprehension.

Interpersonal and Presentational Communication: Speaking

The speaking component of the *Examen de habilidades* allows students to use the language they have learned in either an interpersonal or presentational speaking task. According to the Guidelines, within the novice learner range, students should be expected to interact with a conversational partner primarily by using memorized phrases and short sentences within a familiar context. For example, in Chapter 4, the student may choose to role-play a situation in which he or she is explaining to a new student from Argentina, played by you, what he or she usually eats and drinks at different meals. The student is also asked to elicit information from you about your eating habits by asking a few questions. Or a student might prefer to present a short talk to an imaginary health class. In the presentation, he or she would include information about what foods we should or should not eat. We might expect the student to rely heavily on visuals to make the presentation understandable to others, and to use short, memorized phrases and sentences. In either case, you are gathering information in order to assess how well your students would be understood by sympathetic listeners who are accustomed to interacting with beginning language learners. In any event, the Performance Guidelines remind us that students at this stage may make several false starts and even resort to English if the topic expands beyond their linguistic means.

Interpersonal and Presentational Communication: Writing

The Performance Guidelines tell us that in the Level I novice-learner range, students are able to meet limited practical writing needs, such as short messages and notes, by recombining learned vocabulary and structures. They may exhibit frequent spelling errors or use invented spelling when writing words on their own. For example, in Chapter 4 a writing task prompts students to write three different menus for each of the three meals of the day. According to the Guidelines, you should expect students to use high-frequency words or phrases that were practiced in class with a certain degree of accuracy, but to exhibit decreased accuracy when trying to go beyond the memorized level and attempting to create with the language.

The Goal of Assessment in the Classroom

The Latin root of "assess" is to "sit beside." The goal of our assessment program is indeed a sitting beside the student, encouraging performance to the best of his or her ability in the language. Although learning a language is a complicated endeavor, *PASO A PASO* provides students with myriad opportunities to practice these real-life tasks before their performance is evaluated and graded.

Rubric #1: Group Performance Rubric

This rubric can be used for any group performance, such as a skit or report. For example, it could be used for the *Todo junto* activity in Chapter 3 where students are asked to give a group report of their favorite place to go when not at school.

GROUP PERFORMANCE SCORING RUBRIC

CRITERIA	Needs more rehearsal (1 point—Below Average)	Ready for a spot on local TV news! (3 points—Good)	Ready for a spot on network news! (5 points—Excellent)
Preparation	No evidence of pre-planning submitted	List of brainstormed ideas submitted	Brainstorming list, report outline, and student assignments submitted
Visuals	No visuals or props used	Limited visuals and props used	Extensive visuals and props used
Quality of Content	Little or no information or material given	Information/material not completely accurate or complete	Extensive information/material given accurately and completely
Quality of Presentation	Difficult to understand or follow	Unclear at certain points	Clear and effective presentation
Creativity	Basic presentation, with no creative additions to original assignment	Expanded presentation, with one addition to original assignment	Expanded presentation, with at least two additions to original assignment

Rubric #2: Role-Play Conversation Rubric

This rubric can be used with any activity or assessment task where two students are asked to role-play a situation. For example, in a *Todo junto* activity in Chapter 6, students are asked to role-play a scene in which a teenager tries to convince a parent that he or she needs to buy new clothes.

ROLE-PLAY SCORING RUBRIC

CRITERIA	Ready for grade school play (1 point—Below Average)	Ready for community theater! (3 points—Good)	Ready for Broadway! (5 points—Excellent)
Language Use	Heavy reliance on English words, word order, and pronunciation	Frequent use of English words, word order, and pronunciation	Can "talk around" an exact word in order to sustain conversation
Ability to Sustain Conversation	Only answers partner's direct questions	Both asks and answers partner's questions and can state an opinion	States opinions, gives reasons, and agrees or disagrees with partner
Conversational Interaction	No conversational reaction to what partner said	Very limited conversational reaction to what partner said	Responds naturally to what partner said
Vocabulary Use	Very limited and repetitive	Only recently acquired vocabulary used	Both recently acquired and previously learned vocabulary used

Rubric #3: Individual Oral Presentation

This rubric can be used with any activity or assessment task in which a student is asked to describe someone or something. For example, in the speaking task of Chapter 2's *Examen de habilidades,* the student is asked to describe classes. In Chapter 11, a *Todo junto* activity asks a student to describe and review a movie.

INDIVIDUAL ORAL PRESENTATION RUBRIC

CRITERIA	Just the facts, ma'am (1 point—Below Average)	Smooth talker! (3 points—Good)	Orator! (5 points—Excellent)
Language Use	Little accuracy when trying to reproduce memorized words or phrases	Accuracy when using a very limited number of memorized words or phrases	Accuracy when using a variety of memorized words or phrases
Fluency	Many long pauses and false starts, with frequent resort to English	Frequent pauses and false starts, but thoughts expressed (in short sentences)	Few pauses or false starts and smoothly put together in a few sentences
Pronunciation	Poor pronunciation interferes with being understood	Frequent mispronunciation causes some misunderstanding	Few pronunciation errors and easily understood
Completion of Task	Only a few of the required talking points included	Most of the required talking points included	All of the required talking points included

Rubric #4: Cultural Comparison

This rubric can be used with any activity or assessment task in which a student is asked to compare his or her own culture with the target culture. For example, in Chapter 9 students are asked to compare health care practices and attitudes toward them.

CULTURAL COMPARISON SCORING RUBRIC

CRITERIA	Polite tourist (1 point—Below Average)	Seasoned traveler (3 points—Good)	International tour guide! (5 points—Excellent)
Number of Comparisons/ Differences Cited	At least two similarities or differences cited	At least four similarities or differences cited	At least six similarities or differences cited
Number of Resources Consulted	Textbook only	At least two resources used (magazines, books, Internet, interviews, etc.)	Three or more resources used (magazines, books, Internet, interviews, etc.)
Illustration of Comparison	Information displayed in a chart or Venn diagram	Information displayed in a chart with at least one visual	Information displayed in poster format with visuals
Evidence of Cultural Reflection	No evidence of cultural reflection	Reflection statement included	Reflection statement and personal conclusion included

An engaging assessment format for your students to demonstrate what they have learned is to have them design a game for the class to play to review vocabulary, grammar, or cultural information. Both the preparation and the playing of the game will help students review concepts learned in class. The following rubric incorporates culture, vocabulary, and communicative strategies:

GAME BOARD SCORING RUBRIC

CRITERIA	Garage sale game (1 point—Below Average)	Magazine prize winner! (3 points—Good)	Deluxe edition board game! (5 points—Excellent)
Game Board	Only in draft form; needs development	Colorful board with correct spelling of most words/phrases	Attractive and accurate board with game cards
Markers	No cultural connection to game theme	Culturally appropriate to game theme	Cultural artifacts that fit the game theme
Vocabulary	Uses only one vocabulary group (for example, color vocabulary)	Uses at least three vocabulary groups (for example, characters, weapons, or rooms)	Uses more than three vocabulary groups
Conversational Strategies	Players use little conversation and outcome left to chance	Players read questions from cards to obtain information	Players ask questions to elicit answers and must interact to win the game

For all of the previously mentioned rubrics, the following point conversions could be used:

TOTAL POINTS: 18–20 points = A; 14–16 points = B; 10–12 points = C; 6–8 points = D

In designing your own rubrics, you might consider the following list from which to select criteria for any given assessment task:

- completion of task
- evidence of planning/drafts
- resources used
- organization of ideas
- clarity of ideas
- amount of communication
- accuracy
- variety of expression
- cultural appropriateness
- use of illustrations/visuals
- vocabulary use
- pronunciation/spelling
- creativity
- effort and risk-taking

STANDARDS FOR FOREIGN LANGUAGE LEARNING

COMMUNICATION: Communicate in Languages Other Than English

Standard 1.1: Students engage in conversations, provide and obtain information, express feelings and emotions, and exchange opinions.

Standard 1.2: Students understand and interpret written and spoken language on a variety of topics.

Standard 1.3: Students present information, concepts, and ideas to an audience of listeners or readers on a variety of topics.

CULTURES: Gain Knowledge and Understanding of Other Cultures

Standard 2.1: Students demonstrate an understanding of the relationship between the practices and perspectives of the culture studied.

Standard 2.2: Students demonstrate an understanding of the relationship between the products and perspectives of the culture studied.

CONNECTIONS: Connect with Other Disciplines and Acquire Information

Standard 3.1: Students reinforce and further their knowledge of other disciplines through the foreign language.

Standard 3.2: Students acquire information and recognize the distinctive viewpoints that are only available through the foreign language and its cultures.

COMPARISONS: Develop Insight into the Nature of Language and Culture

Standard 4.1: Students demonstrate understanding of the nature of language through comparisons of the language studied and their own.

Standard 4.2: Students demonstrate understanding of the concept of culture through comparisons of the cultures studied and their own.

COMMUNITIES: Participate in Multilingual Communities at Home and Around the World

Standard 5.1: Students use the language both within and beyond the school setting.

Standard 5.2: Students show evidence of becoming life-long learners by using the language for personal enjoyment and enrichment.

ACTFL PERFORMANCE GUIDELINES FOR K–12 LEARNERS

NOVICE LEARNER RANGE

COMPREHENSIBILITY: How well are they understood?

Interpersonal

- rely primarily on memorized phrases and short sentences during highly predictable interactions on very familiar topics
- are understood primarily by those very accustomed to interacting with language learners
- imitate modeled words and phrases using intonation and pronunciation similar to that of the model
- may show evidence of false starts, prolonged and unexpectedly placed pauses, and recourse to their native language as topics expand beyond the scope of immediate needs
- are able to meet limited practical writing needs, such as short messages and notes, by recombining learned vocabulary and structures to form simple sentences on very familiar topics

Presentational

- use short, memorized phrases and sentences in oral and written presentations
- are understood primarily by those who are very accustomed to interacting with language learners
- demonstrate some accuracy in pronunciation and intonation when presenting well-rehearsed material on familiar topics
- may show evidence of false starts, prolonged and unexpectedly placed pauses, and recourse to the native language as topics expand beyond the scope of immediate needs
- show abilities in writing by reproducing familiar material
- rely heavily on visuals to enhance comprehensibility in both oral and written presentations

COMPREHENSION: How well do they understand?

Interpersonal

- comprehend general information and vocabulary when the communication partner uses objects, visuals, and gestures in speaking or writing
- generally need contextual clues, redundancy, paraphrase, or restatement in order to understand the message

Interpretive

- understand short, simple conversations and narrative (live or recorded material), within highly predictable and familiar contexts
- rely on personal background experience to assist in comprehension
- exhibit increased comprehension when constructing meaning through recognition of key words or phrases embedded in familiar contexts
- comprehend written and spoken language better when content has been previously presented in an oral and/or visual context
- determine meaning by recognition of cognates, prefixes, and thematic vocabulary

LANGUAGE CONTROL: How accurate is their language?

Interpersonal

- comprehend messages that include predominantly familiar grammatical structures

- are most accurate when communicating about very familiar topics using memorized oral and written phrases
- exhibit decreased accuracy when attempting to create with the language
- write with accuracy when copying written language but may use invented spelling when writing words or producing characters on their own
- may exhibit frequent errors in capitalization and/or punctuation when target language differs from native language in these areas

Interpretive

- recognize structural patterns in target language narratives and derive meaning from these structures within familiar contexts
- sometimes recognize previously learned structures when presented in new contexts

Presentational

- demonstrate some accuracy in oral and written presentations when reproducing memorized words, phrases, and sentences in the target language
- formulate oral and written presentations using a limited range of simple phrases and expressions based on very familiar topics
- show inaccuracies and/or interference from the native language when attempting to communicate information which goes beyond the memorized or prefabricated
- may exhibit frequent errors in capitalization and/or punctuation and/or production of characters when the writing system of the target language differs from the native language

VOCABULARY USE: How extensive and applicable is their vocabulary?

Interpersonal

- comprehend and produce vocabulary that is related to everyday objects and actions on a limited number of familiar topics
- use words and phrases primarily as lexical items without awareness of grammatical structure
- recognize and use vocabulary from a variety of topics, including those related to other curricular areas
- may often rely on words and phrases from their native language when attempting to communicate beyond the word and/or gesture level

Interpretive

- recognize a variety of vocabulary words and expressions related to familiar topics embedded within relevant curricular areas
- demonstrate increased comprehension of vocabulary in spoken passages when these are enhanced by pantomime, props, and/or visuals
- demonstrate increased comprehension of written passages when accompanied by illustrations and other contextual clues

Presentational

- use a limited number of words and phrases for common objects and actions in familiar categories
- supplement their basic vocabulary with expressions acquired from sources such as the teacher or picture dictionaries
- rely on native language words and phrases when expressing personal meaning in less familiar categories

COMMUNICATION STRATEGIES: How do they maintain communication?

Interpersonal

- attempt to clarify meaning by repeating words and occasionally selecting substitute words to convey their message
- primarily use facial expressions and gestures to indicate problems with comprehension

Interpretive

- use background experience to anticipate story direction in highly predictable oral or written texts
- rely heavily on visuals and familiar language to assist in comprehension

Presentational

- make corrections by repeating or rewriting when appropriate forms are routinely modeled by the teacher
- rely heavily on repetition, nonverbal expression (gestures, facial expressions), and visuals to communicate their message

CULTURAL AWARENESS: How is their cultural understanding reflected in their communication?

Interpersonal

- imitate culturally appropriate vocabulary and idiomatic expressions
- use gestures and body language that are generally those of the student's own culture, unless they are incorporated into memorized responses

Interpretive

- understand both oral and written language that reflects a cultural background similar to their own
- predict a story line or event when it reflects a cultural background similar to their own

Presentational

- imitate the use of culturally appropriate vocabulary, idiomatic expressions, and nonverbal behaviors modeled by the teacher

ASSESSMENT TERMS

alternative assessment: any method employed to find out what students know or can do that is not obtained through traditional methods, such as multiple-choice testing

analytic scoring: the assignment of separate scores in designated categories on a scoring rubric

anchors: representative products or performances used to characterize each point on a scoring rubric or scale

anecdotal records: informal written notes on student learning products or processes, usually jotted down by teacher from direct observation

assessment: a systematic approach to collecting information on student learning or performance, usually based on various sources of evidence

authentic assessment: procedures for evaluating student performance using activities that represent real-life tasks

cloze test: an assessment of reading comprehension that asks students to infer the missing words in a reading passage

collection portfolio: a collection of all work showing how a student deals with daily classroom assignments

content standards: the knowledge specific to a given content area

criteria: guidelines, rules, or principles by which student responses, products, or performances are judged

dialogue journal: a type of writing in which students make entries in a notebook on topics of their choice to which the teacher responds

discrete-point tests: a test of a specific linguistic subskill, such as spelling, vocabulary, grammar, or pronunciation

evaluation: interpretation of assessment data regarding the quality of some response, product, or performance

formative assessment: ongoing diagnostic assessment providing information to guide instruction

holistic scoring: the assignment of a single score, based on specific criteria, to a student's performance

information gap: an oral language activity in which a student is rated on his or her success in conveying information unknown to a partner

performance assessment: assessment tasks that require a student to construct a response, create a product, or demonstrate applications of knowledge; performance is often related to a continuum of agreed-upon standards of proficiency or excellence

performance standard: the level of performance required on specific activities

portfolio: a collection of student work demonstrating student reflection and progress or achievement over time in one or more areas

portfolio assessment: a selective collection of student work, teacher observations, and self-assessment used to show progress over time with regard to specific criteria

process writing: a form of writing instruction that typically includes pre-writing, writing, and post-writing stages

project: an activity in which students prepare a product to show what they know and can do

reliability: the degree to which an assessment yields consistent results

rubric: a measurement scale used to evaluate student performance and consisting of a fixed scale and a list of characteristics that describe criteria at each score point for a particular outcome

scaffolding: providing contextual supports for meaning during instruction or assessment, such as visuals, lists, tables, or graphs

self-assessment: appraisal by a student of his or her own work

showcase portfolio: a collection of a student's best work, often selected by the student, that highlights what he or she is able to do

standard: an established level of achievement, quality of performance, or degree of proficiency

summative assessment: culminating assessment for a unit, grade level, or course of study that provides a status report on mastery or degree of proficiency according to identified learning outcomes and that aids in making decisions about passing, failing, or promotion

task: an activity usually requiring multiple responses to a challenging question or problem

test: a set of questions or situations designed to permit an inference about what a student knows or can do in a given area

validity: refers to whether or not a given assessment is an adequate measure of what is being assessed

Notes

Notes

Notes

Notes

T26

EXAMEN: EL PRIMER PASO

10:58 Counter no. _____

A. The football players are running out onto the field before the game begins. You don't recognize any of your friends because they're wearing helmets. Listen as the announcer identifies the players by the number on the jersey each one is wearing. Circle the number you hear.

1. Juan Carlos es, ¡el número 6!
2. Miguel Ángel es, ¡el número 10!
3. Agustín es, ¡el número 15!
4. Armando es, ¡el número 2!
5. Graciela es, ¡el número 13!
6. Jaime es, ¡el número 4!
7. María Luisa es, ¡el número 11!
8. Vicente es, ¡el número 29!
9. Marcos es, ¡el número 19!
10. Antonio es, ¡el número 31!

B. Laura is speaking to the new exchange students in the Spanish Club for the first time. She wants to make a good impression by using her best Spanish. Help her by matching the questions with the best responses.

1. ¡Hola! Soy Laura. ¿Cómo te llamas?
2. ¿De dónde eres?
3. Buenos días, Luis. ¿Cómo estás?
4. ¡Hola, Pedro! Me llamo Laura.
5. ¿Eres de Guatemala, Manuel?

C. You have been asked to write the invitations for a party because of your talent for doing calligraphy. Listen as a friend gives you the list of names during a telephone conversation. Write each name as your friend spells it out.

1. —¿Cómo se escribe Mateo?
   —Se escribe Eme-a-te-e-o.
2. —¿Cómo se escribe Juanita?
   —Se escribe Jota-u-a-ene-i-te-a.
3. —¿Cómo se escribe Felipe?
   —Se escribe Efe-e-ele-i-pe-e.
4. —¿Cómo se escribe Reina?
   —Se escribe Ere-e-i-ene-a.
5. —¿Cómo se escribe Santiago?
   —Se escribe Ese-a-ene-te-i-a-ge-o.

D. Some students are talking in the hallway before class begins. Listen to the different conversations, then circle the number you hear

in the answer to each question.

1. —¿Cuántos años tienes?
   —Tengo catorce años.
2. —¿Cuál es la fecha de hoy?
   —Hoy es el primero de marzo.
3. —¿Cuántos estudiantes hay en la sala de clases?
   —Hay diecinueve.
4. —¿Cuándo es tu cumpleaños?
   —Es el doce de enero.
5. —¿Cuál es tu número de teléfono?
   —Mi número de teléfono es treinta, veintiuno, cero, ocho.

E. You plan to spend a month in Chile as an exchange student. Because you want to avoid making mistakes when responding to questions, you have asked a friend to help you practice your Spanish. Listen, then choose the most appropriate response to each question.

1. ¿Qué tal?
2. Tengo dieciséis años. ¿Y tú?
3. ¿Cómo te llamas?
4. ¿Qué día es hoy?
5. Soy de Santiago. ¿Y usted?

EXAMEN: CAPÍTULO 1

1:50 Counter no. _____

You are listening to *INTERCAMBIO,* a radio program which gives young people the opportunity to hear students from Spanish-speaking countries. Listen to this week's students as they describe themselves, then decide which picture matches each description. Circle the correct letter.

1. Soy prudente y desordenado.
2. A veces soy callado y serio.
3. Soy artística y graciosa.
4. No soy perezoso. Soy muy trabajador.
5. No soy seria. Soy generosa y graciosa.

EXAMEN: CAPÍTULO 2

2:31 Counter no. _____

The school has made some changes in the scheduling of classes. Listen as the principal announces the changes for five classes and the hours they meet. Circle the letter of the answer that best matches the statement you hear.

1. La clase de ciencias de la salud es en la primera hora. Empieza a las ocho y media.
2. La clase de ciencias sociales es en la segunda hora. Termina a las diez y media.
3. La clase de música es en la cuarta hora. Empieza a las doce y cuarto.
4. La clase de inglés termina a la una y cuarenta y cinco. Es en la sexta hora.
5. La clase de educación física empieza a las dos y treinta y cinco. Es en la séptima hora.

EXAMEN: CAPÍTULO 3

2:40 Counter no. _____

You and your friends are trying to decide where to go and what to do for the weekend. Listen to some radio announcements to help you decide. Match what you hear with the pictures by writing the number of each activity described under the correct picture.

1. ¿Te gustaría ir a nadar o a patinar? En el *Club Caribe* es verano todos los días.
2. ¿Quieres practicar deportes? En el *Centro Campeche* puedes practicar muchos deportes: fútbol, vóleibol o béisbol.
3. ¿Qué te gusta hacer? ¿Ir al cine? ¿Escuchar música? ¿Jugar videojuegos? En el invierno puedes hacer todo en el centro comercial *El pasatiempo.*
4. ¿Estás cansado de la escuela o de ver la tele? Es primavera y necesitas ir al parque de diversiones *¡Viva!* este fin de semana.

EXAMEN: CAPÍTULO 4

3:03 Counter no. _____

Some classmates are talking to Ramón, a new student from the Dominican Republic. He has asked them what and when they typically eat or drink here in the United States. Listen to what each of them says, then complete the sentences by choosing the correct letter.

1. Soy Mary. Yo como la cena a las cinco y media de la tarde. En la cena me gustan mucho las papas al horno con un bistec o pollo. ¡Me encantan las papas al horno!
2. Soy Robert. Comemos el desayuno por la mañana a las siete, más o menos. Generalmente comemos pan tostado, huevos y jamón. Nunca comemos cereal con leche ni bebemos jugo de naranja.
3. Soy Jenny. De lunes a viernes, después de las clases como frutas o bebo leche porque tengo mucha hambre.
4. Soy James. Tengo el almuerzo de las doce a la una menos cuarto. Después de la escuela practico deportes y no puedo comer. A las

seis y media mi familia y yo comemos la cena. Siempre bebo mucha leche en la cena.

EXAMEN: CAPÍTULO 5

2:07 Counter no. _____

Sergio is talking to his social science class about his family in Torremolinos, Spain. Listen as he describes the members of his family, then choose the correct response for each question.

Me llamo Sergio. Tengo una familia muy cariñosa. Todos son amables y simpáticos. Mi abuelo Paco tiene el pelo canoso, pero es joven. Sólo tiene sesenta y cinco años. Mi abuela Toña tiene el pelo rubio y los ojos verdes. Tiene sesenta y dos años. Mis padres son deportistas. Los dos tienen cuarenta años y son muy guapos. Yo soy hijo único, pero tengo dos primas que son gemelas. Tienen el pelo negro y son muy graciosas.

EXAMEN: CAPÍTULO 6

3:05 Counter no. _____

You are spending Sunday shopping with your friends. Some of them are engaged in conversations about purchases they have made or are making right now. Listen to their dialogues, then select the letter of the best answer for each question.

DIÁLOGO 1

—Marta, me encanta la chaqueta negra. ¿La compras?
—Creo que no, Irene. No me queda bien. Me queda grande y es muy cara. Prefiero la chaqueta verde.
—Sí, y es más barata también.
—¿Cuánto cuesta?
—Sólo veinte dólares. ¡Qué ganga!

DIÁLOGO 2

—Perdón, señorita. ¿Qué desea Ud.?
—Busco algo barato. Sólo tengo sesenta y cinco dólares para comprar una falda, zapatos y pantalones para la escuela.
—Lo siento, señorita, tenemos mucha ropa, pero no tenemos zapatos.
—¿Tienen faldas en muchos colores?
—Sí, las tenemos. ¿Qué color prefiere?
—Prefiero esta falda amarilla y esos pantalones azules.
—Muy bien.
—¿Cuánto cuesta todo, la falda y los pantalones?
—A ver... treinta y cinco en total.
—Aquí está. ¿Hay una zapatería por aquí?
—Sí, hay dos o tres.

EXAMEN: CAPÍTULO 7

2:50 Counter no. _____

Armando is waiting for the departure of his plane. While sitting at the terminal, he overhears several conversations. Listen to what he hears, then select the best answer to each question.

DIÁLOGO 1

A ver… Juanito, ¿tienes mi cámara? ¿Sí? ¡Menos mal que voy a poder sacar fotos en estas vacaciones! ¿Y mi pasaporte? ¿Lo tienes? Necesito el pasaporte para ir a otro país, Juanito. Debes buscar mi pasaporte. ¿Está con la bufanda o con el abrigo? ¿Qué voy a hacer si no tengo el pasaporte?

DIÁLOGO 2

¿Qué tiempo hace en esa ciudad? Pues, en el invierno hace frío, pero en el verano todos van a la playa o al campo para tomar el sol. En la primavera también hace buen tiempo para practicar deportes o descansar. Cuando las clases terminan, tengo dos meses para descansar o salir de la ciudad e ir de vacaciones. En el otoño necesito regresar a la escuela.

EXAMEN: CAPÍTULO 8

2:43 Counter no. _____

Some of your friends are complaining because they can't go on the weekend trips they had planned until their weekly chores are finished. Look at each picture, then circle *Sí* if it matches the chore being described or *No* if it doesn't.

1. No puedo ir a las montañas con mis amigos. Debo ayudar en casa. Tengo que arreglar los cuartos, hacer las camas en los dormitorios y también limpiar el baño. No me gusta nada limpiar el baño. ¡Qué asco! Después mi hermano y yo tenemos que cortar el césped de nuestra casa y también de la casa de nuestros tíos.

2. ¿Ir a la playa el sábado y el domingo? Lo siento. No puedo ir. Mi hermano está enfermo y no puede hacer sus quehaceres. Yo tengo que hacerlos. Tengo que sacar la basura. ¡Qué asco! También tengo que lavar el coche de mamá. Prefiero hablar por teléfono con mis amigas, pero no puedo porque después tengo que lavar la ropa y también lavar los platos.

EXAMEN: CAPÍTULO 9

2:46 Counter no. _____

You do volunteer work for a clinic on Saturdays. One of your responsibilities is to listen to the recorded messages different patients have left. Listen to each one, then match the picture with the recorded message.

1. ¿Está el doctor? Tengo gripe y me duele mucho el estómago y la cabeza. ¿Qué necesito tomar? ¿Cuándo me puede llamar el doctor?

2. Buenos días. Soy la señora Salas. A mí no me duele nada, pero necesito algo para mi hijo Felipe porque tiene un terrible dolor de muelas.

3. Me gustaría hablar con la doctora Lugo. Tengo un resfriado horrible y quiero ir a una fiesta el sábado. ¿Qué debo tomar para poder ir?

4. Buenas tardes. Soy Aida y tengo dolor de oído. No tengo fiebre y no me duele la garganta, pero creo que debo tomar algo porque me gustaría ir a la escuela mañana. ¿Debo visitar la clínica esta tarde?

EXAMEN: CAPÍTULO 10

3:24 Counter no. _____

The members of the Spanish Club are serving as hosts to a group of students visiting from Central America this week. Listen to the conversations as students explain where different places are located in their community. Circle the letter of the best answer.

1. Si quieren comprar regalos, hay una tienda de regalos al lado de la estación del metro, que queda a dos cuadras de la plaza.

2. Si necesitan cambiar dinero, pueden ir al banco que está detrás del teatro. Está bastante cerca de su hotel. Pueden ir a pie.

3. Si tienen hambre pero no tienen mucho dinero, hay un restaurante barato muy bueno en la calle Júpiter. Está entre la farmacia y la librería.

4. El correo queda a unas tres cuadras del banco. Allí pueden enviar cartas y tarjetas postales a su país. También pueden comprar sellos internacionales.

5. En la esquina de la escuela hay una parada de autobús. Pueden ir al museo, a la biblioteca y a visitar el monumento del Sol en autobús. Todos están uno al lado del otro en la calle Neptuno.

EXAMEN: CAPÍTULO 11

2:40 Counter no. _____

Julio and Sebastián are planning their Saturday evening, which includes getting together with some friends. Listen to their conversation, then circle the letter of the best answer to each question.

JULIO ¿Qué hora es? Esta tarde dan una película de terror en el cine Hidalgo. Se llama *Terror en la medianoche.* ¿La viste?

SEBASTIÁN No, todavía no, pero empezó a las cinco y ya son las seis menos cuarto. ¿Qué podemos hacer?

JULIO También me gustaría comer unos tacos y más tarde ver una película.

SEBASTIÁN Estoy de acuerdo, pero no hay otra película interesante en los cines del centro. Hay una película muy buena esta noche en la tele. Creo que es una película de aventuras en la selva tropical de Venezuela. Empieza a las ocho y cuarto y dura hasta las diez y media. ¿Quieres verla en mi casa?

JULIO Genial. Ana y Luisa pueden verla con nosotros. Las voy a llamar.

SEBASTIÁN ¡Es la mejor idea de la noche!

EXAMEN: CAPÍTULO 12

2:45 Counter no. _____

You and your friends were invited to a picnic sponsored by the International Club. Listen to the different conversations going on, then circle the letter of the picture in each pair that best matches what you hear.

1. ¿Sopa? No, gracias. He probado la salsa verde y es demasiado picante. Necesito beber algo frío.
2. Me falta una servilleta. ¿Dónde están las servilletas? ¡Ah! Allí hay una, sobre el plato.
3. ¿Con qué se hacen? Son muy sabrosas, ¿no? No tienen ni carne ni pollo. Creo que se hacen con tortilla de maíz y queso.
4. ¿Has probado este postre alguna vez? Es muy sabroso. Se hace con huevos, leche y un poco de azúcar.
5. ¿Pasteles? No, prefiero los chiles rellenos ahora y los pasteles después, gracias.

EXAMEN: CAPÍTULO 13

6:00 Counter no. _____

A. You and some friends have taken the young children of the community center to the zoo today. Listen to the guides as they make comments to the visitors. Write the letter of the picture that best matches what you hear.

1. Estos animales grandes de color gris comen plantas en la selva tropical. Viven en África y están en peligro de extinción. El elefante vive en la Tierra hace muchos años.
2. Aquí tenemos otro animal en peligro de extinción por su piel negra y amarilla. Los tigres comen mucha carne todos los días. ¡Les encanta el bistec!
3. Este animal forma parte de la vida de la selva tropical, el campo y los jardines de las casas. Yo sé que a mucha gente le da miedo, pero la serpiente es un animal importante en el medio ambiente.
4. Aquí en el zoológico van a ver tres variedades de este animal: negro, marrón y blanco. Estos osos blancos son de Alaska. Les encanta el pescado que comen todos los días.
5. ¿Quieren descansar unos minutos? Pueden tomar un refresco si quieren. En diez minutos vamos a visitar a los animales del océano. Creo que les va a gustar mucho la ballena.

B. Tomás and his sister Rosalía are very concerned about the environment. Listen to their conversation as they do their Saturday chores, then circle the letter of the best answer to each question.

TOMÁS Rosalía, tienes que ayudarme a separar las botellas de plástico de las botellas de vidrio hoy. El sábado es el día de sacar la basura a la calle.

ROSALÍA De acuerdo, Tomás. También tenemos que reciclar estos periódicos y la guía telefónica. No vamos a ponerlos con la basura. Hay que llevarlos al centro de reciclaje.

TOMÁS ¿Vale la pena poner esta madera con la basura?

ROSALÍA ¡No! Papá dice que debemos reciclar la madera también.

TOMÁS ¿Sabes si debemos separar estas latas de aluminio de las cosas de cartón?

ROSALÍA Sí, sepáralas. Más tarde vamos a llevar el cartón al centro de reciclaje, con los periódicos y la guía telefónica.

EXAMEN: CAPÍTULO 14

2:30 Counter no. _____

Rosa is calling some friends to invite them to her house for a party. Listen to her telephone conversation, then select the best answer to each question.

¡Hola, María Teresa! Te habla Rosa. Te quiero invitar a una fiesta en mi casa el sábado a las ocho y media en punto. Es para Ángela. Va a vivir un año en Venezuela con sus parientes. Van a estar todos nuestros amigos y dos o tres personas que tú no conoces. Sí, debes traer un regalo, pero nada caro. Ya sabes que a ella le gustan las cosas hechas a mano, un recuerdo o algo que tú hiciste en la clase de arte. Debes llegar temprano y no después de las ocho y media. Si alguien llega más tarde, vamos a tener un problema. Ángela piensa que vamos a estudiar para la clase de ciencias y no sabe que le vamos a dar una fiesta. ¿Puedes venir? ¡Genial! Hasta el sábado.

BANCO DE IDEAS: EL PRIMER PASO

6:32 Counter no. _____

A. The teacher has asked you to help prepare some name tags for the students before the first day of school. Listen as the teacher spells out the names of the students and tells you each one's birthday. Look at the list to find the matching name and birthday, then write the correct letter in the space.

1. E-eme-i-ele-i-a. El veinte de noviembre.
2. Jota-u-a-ene-c-hache-o. El quince de enero.
3. E-ese-pe-e-ere-a-ene-zeta-a. El doce de marzo.
4. De-a-ene-i-e-ele. El veintinueve de junio.
5. Pe-a-te-ere-i-ce-i-a. El treinta de agosto.

B. You're on a bus with your friend who is seated next to a lady who speaks no English. Since your friend doesn't understand much Spanish, you try to help out by telling your friend what she is asking. Listen as the lady asks your friend some questions, then choose the appropriate statement from the list.

1. ¿Cuál es la fecha de hoy?
2. ¿Cuántos años tienes?
3. ¿De dónde eres?
4. ¿Cómo te llamas?
5. ¿Cuándo es tu cumpleaños?

C. Some students are helping the teacher organize classroom materials before the first day of school. Listen to their conversation about different classroom items, then match each conversation with the appropriate picture.

1. —¿Cuántos bolígrafos hay en la mesa?
   —Hay trece.
2. —¿Hay veintiocho o veintisiete libros en el pupitre?
   —Hay veintiséis.
3. —¿Cuántas hojas de papel tienes?
   —Tengo dieciocho.
4. —¿Cuántas pizarras hay en la sala de clases, profesora Vargas?
   —Hay tres.
5. —¿Cuántos estudiantes hay en la sala de clases?
   —Hay treinta y uno en la sala de clases.

BANCO DE IDEAS: CAPÍTULOS 1 a 6

11:52 Counter no. _____

A. Felipe and his friends are talking about the plans they each have for the weekend. Listen to what each friend says, then circle the letter of the picture which best represents what they like to do on the weekend.

1. No me gusta ni leer ni ver la televisión. Prefiero practicar deportes con los amigos.
2. A veces me gusta estar solo y patinar en el parque.
3. No me gusta ni estudiar ni leer los fines de semana. Voy a muchas fiestas los sábados y a la playa los domingos.
4. Me gustaría ir de compras con mis amigos y después ir al cine.
5. El sábado tengo clase de guitarra por la mañana y por la tarde voy a ayudar en casa, pero quiero dibujar también.

B. Mariana and Sara are talking about their class schedule and the items they need for some classes. As you listen, choose the letter of the picture which corresponds to the item for the class and/or the time of the class each girl mentions.

1. Necesito una carpeta para la clase de inglés.
2. Para la clase de arte, a las dos y veinte, necesito marcadores.
3. No tengo un lápiz para mi clase de matemáticas.
4. Mi clase de ciencias empieza a la una y cuarto. Necesito un cuaderno.
5. A las ocho tengo la clase de español y necesito un diccionario.

C. Juan is listening to a school radio talk show about food. Some students have been invited to tell the radio audience what they like and don't like to eat. Write the number next to the picture which best illustrates what each student says.

1. A mí me gustan las sopas. Me encanta la sopa de pollo.

2. En el almuerzo siempre como frutas.

3. En la cena me gusta comer algo saludable. Me gustan mucho el arroz y las verduras.

4. No me gusta comer sandwiches en el almuerzo. Prefiero las papas fritas y una hamburguesa.

5. No me gusta la leche, ni el té ni el café tampoco. Cuando tengo sed me encanta beber refrescos.

D. Diana is showing her family album to a friend. Listen to her description of each photograph. Circle *Sí* if the statement is true or *No* if the statement is false.

Tengo una familia muy grande. Aquí está mi padre. Él se llama Nicolás, tiene cuarenta y ocho años y es muy trabajador.

Mi madre es muy artística. Tiene cuarenta y dos años. Me encanta el pelo rubio de mi madre.

Tengo dos hermanos. Mi hermano mayor, Gregorio, es bajo, deportista y tiene el pelo castaño. Tiene dieciocho años.

Aquí está mi hermana Tina. Ella es mi gemela. Yo soy alta y Tina también. Tina es muy atrevida, pero yo soy más prudente. Las dos somos pelirrojas y tenemos los ojos verdes.

La señora con el pelo canoso es mi abuela Reina. Tiene sesenta y siete años. Ella es muy ordenada y paciente. Es muy simpática.

E. As you walk through a shopping mall you overhear different conversations. Listen to what each person says, then match what you hear with the pictures. Circle the letter of the picture which best matches the conversation.

1. Pagué veintiún dólares por esta sudadera azul y no me queda bien. No es cara, pero prefiero una más grande.

2. ¿Te gustan? Los compré en esa zapatería nueva que hay por aquí y no pagué mucho. Los quiero para practicar deportes.

3. Me encanta ese vestido y te queda muy bien. ¿Dónde lo compraste? ¿Cuánto pagaste?

4. Hace una semana compré estos pantalones cortos y esta camiseta por quince dólares. ¡Qué ganga!

5. ¿Pagaste veintisiete dólares por esa falda y esa blusa? Hace diez minutos compré una falda y una blusa en una tienda de descuentos, pero yo sólo pagué veintitrés.

BANCO DE IDEAS: CAPÍTULO 7

4:41 Counter no. _____

A. Mariana is listening to a forecaster announce the weather conditions in various cities today. Match the pictures with each description you hear.

1. La Paz, Bolivia. Hace una semana que llueve noche y día. ¿Quieren sol para este fin de semana? ¡Creo que no!

2. Ciudad de México. Después de un mes de mal tiempo, hoy hace sol. Menos mal, para las personas que prefieren ir de pesca o al campo el sábado o el domingo.

3. Bariloche, Uruguay. No hace sol, pero tenemos buenas condiciones para esquiar. Hace tres días que nieva.

4. Bogotá, Colombia. Hoy hace mal tiempo. No va a hacer buen tiempo toda esta semana y tampoco el fin de semana.

B. You're at the airport terminal waiting for the arrival of your friend's plane. As you wait, you hear some conversations. Listen to each one, then select the best answer to each question.

DIÁLOGO 1

Voy a visitar a mis tíos en Buenos Aires. Fui el año pasado en julio también. Por aquí hace calor, pero allí en Buenos Aires no. Nunca puedo llevar el traje de baño cuando voy a Buenos Aires. Llueve mucho y necesito llevar el impermeable y el paraguas.

DIÁLOGO 2

¿Piensas ir a las montañas? Pues, yo no. No pienso ir a ninguna parte. Me gustaría nadar en un lago o pasear en bote, pero no puedo ir de vacaciones ni en junio ni en julio. En el verano voy a la piscina porque necesito practicar. Soy buena amiga de mi traje de baño.

BANCO DE IDEAS: CAPÍTULO 8

4:42 Counter no. _____

A. One of your jobs as camp counselor this summer is to assign different chores to the campers. Listen to the description of each chore, then match the number of each statement you hear with its corresponding picture.

1. La hora del desayuno empieza a las 7:00 de lunes a viernes, pero primero todos deben hacer la cama.

2. Ernesto, Raúl y Juan, ustedes van a limpiar los baños del dormitorio.
3. Mañana, René y Simón van a poner la mesa en el comedor.
4. El sábado por la tarde, Tomás y Juana pueden sacudir los muebles en la sala de juegos.
5. Rosalía, Eva y Teodoro, ustedes deben ayudar también. Van a sacar la basura después del almuerzo el martes.

B. Liliana is telling her grandmother about the doll house she got for her birthday. Listen to what Liliana says, then circle the letter of the picture which best matches each of her descriptions.

1. Abuelita, tengo una casa de dos pisos con muchos muebles. En la cocina hay un refrigerador para las verduras y bebidas.
2. También hay tres dormitorios. Uno tiene una lámpara muy bonita.
3. Te gustaría mucho el sótano, porque allí pongo la ropa sucia para lavarla en el lavadero.
4. Mi casa también tiene un comedor con una mesa antigua y redonda como la mesa en tu casa. ¡Me encanta!
5. Me gusta mucho la sala de estar porque tiene un equipo de sonido moderno.

BANCO DE IDEAS: CAPÍTULOS 9 a 12

12:42 Counter no. _____

A. The school's radio station broadcasts a weekly medical program for students. This week a physician is giving advice to students who play sports. Listen to the patients and to what the doctor recommends, then circle the correct answer to complete the statements.

DIÁLOGO 1

ESTUDIANTE 1 Buenos días, doctora Chávez. Me encanta practicar deportes y generalmente no me duele nada, pero esta semana me duele mucho el brazo derecho. El otro día me lo lastimé y quiero jugar fútbol este viernes. Hace cinco días que me duele. ¿Qué tengo?

DOCTORA El ejercicio es muy bueno para el cuerpo. Pero creo que ahora debes practicar con el otro brazo. Pienso que siempre debes practicar con los dos, el derecho y el izquierdo. Necesitas hacer ejercicio con todo el cuerpo.

DIÁLOGO 2

ESTUDIANTE 2 Buenos días, doctora. Hace mucho tiempo que no me siento bien. Fui con mis amigos a las montañas para esquiar todo el fin de semana. ¡Me encanta esquiar! Pero hace seis días que no quiero hacer nada. Siempre tengo sueño y quiero dormir en mis clases. Por la noche no puedo hacer la tarea. ¿Debo quedarme en cama? ¿Debo hacer más ejercicio?

DOCTORA Para practicar un deporte, necesitas comer y dormir bien. A veces los estudiantes practican un deporte todo el día y sólo comen papas fritas o no beben nada saludable. Pienso que debes quedarte en cama el sábado y el domingo, y también dormir mucho más. Todos los días debes comer un buen desayuno, almuerzo y cena. Es bueno hacer ejercicio y a veces descansar.

B. You want to spend the day with your friends at the community swimming pool but they can't go with you because they have to do some errands. Listen to what they say, then decide where each friend should go to complete the errand. Write the number of the appropriate statement under the corresponding picture.

1. No puedo ir a la piscina hoy. Hace un día que no me siento bien. Tengo un terrible dolor de cabeza y dolor de garganta. Necesito unas pastillas.
2. Lo siento mucho, pero ahora no puedo ir contigo a nadar. Hoy es el cumpleaños de mi tía y vamos a tener una fiesta esta noche. No le compré un regalo todavía. Necesito comprarlo esta tarde.
3. ¿A la piscina? Me gustaría pero tengo que devolver un libro que saqué hace tres semanas. También tengo que hacer una tarea para la clase de historia sobre los españoles en California y Arizona.
4. Creo que no. Mis padres fueron de vacaciones y no hay nada de comer en casa. Mi hermano y yo tenemos que hacer todos los quehaceres. Ahora voy a comprar los comestibles para toda la semana.
5. ¡Qué lástima! No puedo ir contigo hoy. Mi tío quiere ir a ver un partido de béisbol esta tarde y va a llevar a toda la familia. Puedo ir a la piscina la semana próxima, pero esta tarde no.

C. Your friends are talking about TV shows or movies they like to see. Listen to their conversation, then choose a matching picture.

1. —Me gustan mucho los programas realistas. Por eso yo pienso que deben dar más programas de detectives en la tele. No son tontos como algunos programas de los sábados por la noche.

2. —El mejor actor del año, Renato Aldo, está en esa película. A mí me fascina él. Y creo que es la mejor película del oeste que dan este año.

3. —¿Qué programas te gustan a ti? Yo prefiero algo menos aburrido los domingos. Por eso me encanta ver el programa de entrevistas de Cris y Carla. Siempre hay personas o noticias interesantes en el programa.

4. —Los programas son muy aburridos el lunes por la tarde. A veces yo prefiero ver los anuncios comerciales. Algunos son muy cómicos.

5. —No es un programa muy educativo, pero me encantan los dibujos animados porque son muy divertidos.

D. You and your friends work for a catering service. Today you are preparing for a *Cinco de Mayo* dinner party. Listen to the conversations, then select the picture which best matches what you hear.

1. —Pepe, ¿dónde está el queso para las quesadillas?

2. —Tanya, los platillos para el café están entre los platos y los tazones.

3. —No veo los aguacates. ¡Ah! Aquí están, debajo de la mesa.

4. —¿Los tenedores? Están a la izquierda de los platos.

5. —Voy a poner estos manteles sobre una silla debajo de la ventana.

BANCO DE IDEAS: CAPÍTULO 13

5:48 Counter no. _____

A. You and your friends are volunteers for your local recycling center. Listen as the person in charge gives instructions about what to do. Choose the best answer to each question.

Hoy debemos separar muchas cosas en el centro de reciclaje. Felipe, recoge las latas y las botellas y sepáralas, por favor. Natalia, pon las latas con las otras cosas de aluminio. Las botellas van con el vidrio. Hernando, vamos a poner las bicicletas viejas cerca del garaje. Rocío y José, ustedes

deben separar las revistas de los periódicos. Después, es necesario recoger las guías telefónicas también. También hay que separar el cartón. Mario, recicla las botellas de plástico y la madera buena también. Podemos terminar en unas seis horas si todos trabajan bien.

B. Your sociology teacher has divided the class into groups in order to discuss environmental problems. Listen to what some of the groups are saying, then match the statement with the appropriate picture.

1. No me gusta el aire contaminado de la ciudad. A mí me gustaría ver a más gente montar en bicicleta y usar menos el coche. Mi hermano tiene coche, pero prefiere usarlo menos.

2. Mi padre trabaja en una fábrica y no quiero decir nada malo de las fábricas, pero creo que algunas fábricas forman parte del problema que tenemos con el agua contaminada.

3. Después de estar tres semanas en Venezuela, yo sé que muchas flores y árboles de la selva están en peligro de extinción.

4. No me gusta hacerlo, pero creo que vale la pena. Todos los sábados mi hermana y yo separamos las cosas que podemos reciclar. Ella separa el plástico del vidrio, y yo el cartón del papel.

5. En el patio de la escuela veo muchas latas de aluminio todos los días que no están en la basura. Siempre las encuentro entre las plantas. Debemos proteger más el medio ambiente en la escuela también.

BANCO DE IDEAS: CAPÍTULO 14

5:11 Counter no. _____

A. A friend is showing you some photographs taken at a recent party. Match the pictures with each description you hear.

1. Tiene mucho ambiente la fiesta, ¿verdad? Por eso lo pasan bien. ¿No ves como todos están bailando?

2. Aquí están Simón y Manuel en sus trajes de gorila. ¡Me encantan las fiestas de disfraces!

3. ¡Qué bonita está Consuelo con su collar! Es un regalo de una parienta que vive en Nueva York.

4. El año pasado un amigo me invitó a la fiesta de fin de año en casa de sus primos. Lo pasamos muy bien.

5. ¡Nunca veo a Jorge con ropa elegante! Siempre lleva jeans y sudadera. Pero para nuestra fiesta llegó con corbata.

B. Mariana is at school talking to a friend. Armando is at home talking to his brother. Both are talking about the coming weekend. Listen to what each one says, then decide whether the following statements are true or false. Circle *Sí* if they are true or *No* if they are false.

MARIANA ¿Qué vestido debo escoger? Creo que me gustaría llevar el vestido largo y rojo. Es mucho más elegante que el verde. Puedo usar el collar y los aretes que abuelita me regaló para mi fiesta de cumpleaños el año pasado. ¡Qué genial! A Armando le encanta bailar. A ver. ¿Dónde está la invitación? ¡Aquí está! Sábado, 31 de diciembre. Baile de fin de año a las 9:00. Creo que lo vamos a pasar muy bien bailando y hablando toda la noche.

ARMANDO ¿Qué voy a hacer? Todavía no tengo ni un traje ni una corbata y vamos a estar en un ambiente elegante. También debo ir a la zapatería para comprar unos zapatos negros. Los marrones que tengo son muy feos. ¿Qué va a pensar Mariana de mí si llevo este traje viejo?

[Note to the Teacher: You may want to photocopy each of the speaking situations you decide to administer and place them on separate 3 x 5 cards. After the warm-up, give the student the card with the topic you have selected.]

EXAMEN: EL PRIMER PASO

Warm-up: Greet the student, then continue with a few familiar questions or comments, such as: *¡Hola! ¿Cómo estás?*

Choosing a topic: Decide which situation is most appropriate for the student. Hand the card to the student before you begin the conversation. Have the student read it out loud so that there is no misunderstanding about what he or she is to do during the conversation.

Probes: If the student has trouble getting started, you might begin by saying or asking:

A. New student: *¡Hola! ¡Buenos días!*

B. First week: *¿Cuántos estudiantes hay en la sala de clases?*

Try to encourage the student to speak at greater length by asking a question that will elicit more than just a yes or no answer. Whenever possible, have the student ask you questions about the topic. You might continue with the following probes:

A. New student: *Soy María. ¿Cómo te llamas tú? ¿De dónde eres?*

B. First week: *¿Cuántos años tienes? ¿Cuándo es tu cumpleaños? ¿Cuál es la fecha hoy?*

Closing: Make your closing statements appropriate to the topic the student has been talking about. You could end the conversation with a comment on something the student has told you, a personal opinion, or a simple expression that the student will understand. It is important to give the student the opportunity to say something he or she can say well. End with an appropriate comment for closure. *Muy bien y muchas gracias, Juan. Hasta luego.*

EXAMEN: CAPÍTULO 1

Warm-up: Greet the student, then continue with a few familiar questions or comments, such as: *Buenos días* or *Buenas tardes. ¿Cómo estás?*

Choosing a topic: Decide which situation is most appropriate for the student. Hand the card to the student before you begin the conversation. Have the student read it out loud so that there is no misunderstanding about what he or she is to do during the conversation.

Probes: If the student has trouble getting started, you might begin by saying or asking:

A. Exchange student from Madrid: *Hola. Soy de Madrid. Me gusta estar con amigos. ¿Y a ti qué te gusta hacer?*

B. Tell me about yourself: *Hola. Soy de Colorado. ¿Y tú?*

Try to encourage the student to speak at greater length by asking a question that will elicit more than just a yes or no answer. Whenever possible, have the student ask you questions about the topic. You might continue with the following probes:

A. Exchange student from Madrid: *Soy muy trabajador. ¿Y tú?*

B. Tell me about yourself: *¿Qué te gusta hacer?*

Closing: Make your closing statements appropriate to the topic the student has been talking about. You could end the conversation with a comment on something the student has told you, a personal opinion, or a simple expression that the student will understand. It is important to give the student the opportunity to say something he or she can say well. End with an appropriate comment for closure. *Eres muy amable. Muchas gracias, Juan. Hasta luego.*

EXAMEN: CAPÍTULO 2

Warm-up: Greet the student, then continue with a few familiar questions or comments, such as: *Buenos días* or *Buenas tardes. ¿Cómo estás? ¿Te gustan tus clases?*

Choosing a topic: Decide which situation is most appropriate for the student. Hand the card to the student before you begin the conversation. Have the student read it out loud so that there is no misunderstanding about what he or she is to do during the conversation.

Probes: If the student has trouble getting started, you might begin by saying or asking:

    A. Student from Mexico: *Hola. Soy de México. ¿Qué clases tienes?*

    B. Tell me about your classes: *Hola. Tengo muchas clases. ¿Y tú?*

Try to encourage the student to speak at greater length by asking a question that will elicit more than just a yes or no answer. Whenever possible, have the student ask you questions about the topic. You might continue with the following probes:

    A. Student from Mexico: *¿Qué clase te gusta más?*

    B. Tell me about your classes: *¿Qué necesitas para tu clase de matemáticas?*

Closing: Make your closing statements appropriate to the topic the student has been talking about. You could end the conversation with a comment on something the student has told you, a personal opinion, or a simple expression that the student will understand. It is important to give the student the opportunity to say something he or she can say well. End with an appropriate comment for closure. *Muy bien. Muchas gracias, Juan. Hasta luego.*

EXAMEN: CAPÍTULO 3

Warm-up: Greet the student, then continue with a few familiar questions or comments, such as: *¿Tienes mucha tarea?¿Qué te gusta hacer?*

Choosing a topic: Decide which situation is most appropriate for the student. Hand the card to the student before you begin the conversation. Have the student read it out loud so that there is no misunderstanding about what he or she is to do during the conversation.

Probes: If the student has trouble getting started, you might begin by saying or asking:

    A. Student from Guatemala: *Hola. Soy de Guatemala. ¿Qué te gusta hacer?*

    B. Making plans with your best friend: *Hola. ¿Qué te gustaría hacer en el verano?*

Try to encourage the student to speak at greater length by asking a question that will elicit more than just a yes or no answer. Whenever possible, have the student ask you questions about the topic. You might continue with the following probes:

    A. Student from Guatemala: *Los fines de semana me gusta leer. ¿Y a ti?*

    B. Making plans with your best friend: *¿Adónde quieres ir? ¿Cuándo?*

Closing: Make your closing statements appropriate to the topic the student has been talking about. You could end the conversation with a comment on something the student has told you, a personal opinion, or a simple expression that the student will understand. It is important to give the student the opportunity to say something he or she can say well. End with an appropriate comment for closure. *Muy bien. Muchas gracias, Juan. Hasta luego.*

EXAMEN: CAPÍTULO 4

Warm-up: Greet the student, then continue with a few familiar questions or comments, such as: *¿Tienes tarea fácil o difícil de lunes a viernes? ¿Qué haces después de las clases?*

Choosing a topic: Decide which situation is most appropriate for the student. Hand the card to the student before you begin the conversation. Have the student read it out loud so that there is no misunderstanding about what he or she is to do during the conversation.

Probes: If the student has trouble getting started, you might begin by saying or asking:

    A. Speaking to your health class: *¿Qué te gusta comer?*

    B. Student from Argentina: *Soy de Argentina. Prefiero comer el almuerzo a las dos. ¿Y tú?*

Try to encourage the student to speak at greater length by asking a question that will elicit more than just a yes or no answer. Whenever possible, have the student ask you questions about the topic. You might continue with the following probes:

    A. Speaking to your health class: *¿Qué comidas son buenas para la salud? ¿Cuáles son malas?*

    B. Student from Argentina: *¿Qué comes los fines de semana? ¿Y cuándo comes?*

Closing: Make your closing statements appropriate to the topic the student has been talking about. You could end the conversation with a comment on something the student has told you, a personal opinion, or a simple expression that the student will understand. It is important to give the student the opportunity to say something he or she can say well. End with an appropriate comment for closure. *A mí también me gustan las hamburguesas. Muy bien y muchas gracias, Juan. Hasta luego.*

EXAMEN: CAPÍTULO 5

Warm-up: Greet the student, then continue with a few familiar questions or comments, such as: *Tengo hambre, ¿y tú? ¿Comes el almuerzo con tus amigos?*

Choosing a topic: Decide which situation is most appropriate for the student. Hand the card to the student before you begin the conversation. Have the student read it out loud so that there is no misunderstanding about what he or she is to do during the conversation.

Probes: If the student has trouble getting started, you might begin by saying or asking:

    A. Describing your friends: *¿Cómo se llaman tus amigos en la clase de inglés?*

    B. Your family: *Tengo una familia grande, ¿y tú?*

Try to encourage the student to speak at greater length by asking a question that will elicit more than just a yes or no answer. Whenever possible, have the student ask you questions about the topic. You might continue with the following probes:

    A. Describing your friends: *¿Cómo es tu amigo(a)? ¿Alto(a)? ¿Tiene el pelo rubio?*

    B. Your family: *¿Tienes hermanos? ¿Cómo es tu hermano(a)?*

Closing: Make your closing statements appropriate to the topic the student has been talking about. You could end the conversation with a comment on something the student has told you, a personal opinion, or a simple expression that the student will understand. It is important to give the student the opportunity to say something he or she can say well. End with an appropriate comment for closure. *Tienes una familia amable, ¿verdad? Muchas gracias, Juan. Hasta mañana.*

EXAMEN: CAPÍTULO 6

Warm-up: Greet the student. You might make a nice comment about something the student is wearing, such as: *¡Me gusta mucho tu sudadera! ¿Te gusta mucho el color azul?*

Choosing a topic: Decide which situation is most appropriate for the student. Hand the card to the student before you begin the conversation. Have the student read it out loud so that there is no misunderstanding about what he or she is to do during the conversation.

Probes: If the student has trouble getting started, you might begin by saying or asking:

    A. Describing your clothes closet: *¿Qué ropa prefieres llevar? ¿Dónde la(lo) compraste?*

    B. Department store: *¿Qué desea, joven? ¿Cuánto quiere pagar?*

Try to encourage the student to speak at greater length by asking a question that will elicit more than just a yes or no answer. Whenever possible, have the student ask you questions about the topic. You might continue with the following probes:

    A. Describing your clothes closet: *¿Qué ropa llevas generalmente? ¿Cuánto pagaste? ¿Qué color te gusta más?*

    B. Department store: *¿Cómo te queda? ¿Prefieres algo más barato?*

Closing: Make your closing statements appropriate to the topic the student has been talking about. You could end the conversation with a comment on something the student has told you, a personal opinion, or a simple expression that the student will understand. It is important to give the student the opportunity to say something he or she can say well. End with an appropriate comment for closure. *A mí también me gustan los colores amarillo y rojo. Muy bien y muchas gracias, Juan. Hasta luego.*

EXAMEN: CAPÍTULO 7

Warm-up: Greet the student. You might make a nice comment about something the student is wearing, such as: *¿Cómo estás hoy? ¡Llevas una blusa muy bonita!*

Choosing a topic: Decide which situation is most appropriate for the student. Hand the card to the student before you begin the conversation. Have the student read it out loud so that there is no misunderstanding about what he or she is to do during the conversation.

Probes: If the student has trouble getting started, you might begin by saying or asking:

    A. Vacation spots: *¿Te gusta viajar? ¿Te gustaría visitar un lugar de interés? ¿Dónde?*

    B. Famous explorer: *¿Adónde fuiste el año pasado?*

Try to encourage the student to speak at greater length by asking a question that will elicit more than just a yes or no answer. Whenever possible, have the student ask you questions about the topic. You might continue with the following probes:

    A. Vacation spots: *¿Qué ropa necesitas? ¿Qué tiempo hace allí?*

B. Famous explorer: *¿Cuándo fuiste?*

Closing: Make your closing statements appropriate to the topic the student has been talking about. You could end the conversation with a comment on something the student has told you, a personal opinion, or a simple expression that the student will understand. It is important to give the student the opportunity to say something he or she can say well. End with an appropriate comment for closure. *Te gusta mucho ir de vacaciones, ¿verdad? ¡A mí también! Muchas gracias, Juan. Hasta luego.*

EXAMEN: CAPÍTULO 8

Warm-up: Greet the student, then continue with a few familiar questions or comments, such as: *¿Cómo estás? Tengo que hacer muchas cosas en casa los fines de semana. ¿Y tú?*

Choosing a topic: Decide which situation is most appropriate for the student. Hand the card to the student before you begin the conversation. Have the student read it out loud so that there is no misunderstanding about what he or she is to do during the conversation.

Probes: If the student has trouble getting started, you might begin by saying or asking:

A. Chores and responsibilities: *¿Tienes muchos quehaceres en casa?*

B. Your house and furniture: *¿Cómo es tu casa? ¿Cuántos cuartos hay?*

Try to encourage the student to speak at greater length by asking a question that will elicit more than just a yes or no answer. Whenever possible, have the student ask you questions about the topic. You might continue with the following probes:

A. Chores and responsibilities: *¿Qué tienes que hacer? ¿Dónde? ¿Qué no te gusta hacer?*

B. Your house and furniture: *¿Qué muebles tienes en tu casa? ¿Dónde están los muebles?*

Closing: Make your closing statements appropriate to the topic the student has been talking about. You could end the conversation with a comment on something the student has told you, a personal opinion, or a simple expression that the student will understand. It is important to give the student the opportunity to say something he or she can say well. End with an appropriate comment for closure. *Te gusta mucho tu casa, ¿verdad? Muchas gracias, Juan. Hasta luego.*

EXAMEN: CAPÍTULO 9

Warm-up: Greet the student, then continue with a few familiar questions or comments, such as: *¡Hola! ¿Cómo estás hoy?*

Choosing a topic: Decide which situation is most appropriate for the student. Hand the card to the student before you begin the conversation. Have the student read it out loud so that there is no misunderstanding about what he or she is to do during the conversation.

Probes: If the student has trouble getting started, you might begin by saying or asking:

A. Not feeling well: *¿Cómo te sientes? ¿Dónde te duele?*

B. At the doctor's office: *¿Qué tienes? ¿Qué piensas hacer?*

Try to encourage the student to speak at greater length by asking a question that will elicit more than just a yes or no answer. Whenever possible, have the student ask you questions about the topic. You might continue with the following probes:

A. Not feeling well: *¿Cuánto tiempo hace que te duele? ¿Dónde no te duele?*

B. At the doctor's office: *¿Tienes fiebre? ¿Tienes gripe?*

Closing: Make your closing statements appropriate to the topic the student has been talking about. You could end the conversation with a comment on something the student has told you, a personal opinion, or a simple expression that the student will understand. It is important to give the student the opportunity to say something he or she can say well. End with an appropriate comment for closure. *Creo que mañana te vas a sentir mejor. Muchas gracias, Juan. Hasta luego.*

EXAMEN: CAPÍTULO 10

Warm-up: Greet the student, then continue with a few familiar questions or comments, such as: *¡Hola! ¿Cómo estás? ¿Te sientes bien hoy?*

Choosing a topic: Decide which situation is most appropriate for the student. Hand the card to the student before you begin the conversation. Have the student read it out loud so that there is no misunderstanding about what he or she is to do during the conversation.

Probes: If the student has trouble getting started, you might begin by saying or asking:

A. Your community: *No soy de aquí. ¿Dónde queda el banco?*

B. Errands: *¿Qué hiciste ayer después de las clases?*

Try to encourage the student to speak at greater length by asking a question that will elicit more than just a yes or no answer. Whenever possible, have the student ask you questions about the topic. You might continue with the following probes:

A. Your community: *¿Qué puedo comprar allí?*

B. Errands: *¿Qué hiciste en la biblioteca?*

Closing: Make your closing statements appropriate to the topic the student has been talking about. You could end the conversation with a comment on something the student has told you, a personal opinion, or a simple expression that the student will understand. It is important to give the student the opportunity to say something he or she can say well. End with an appropriate comment for closure. *Pues, me gusta mucho tu comunidad. Muy bien y muchas gracias, Juan. Hasta luego.*

EXAMEN: CAPÍTULO 11

Warm-up: Greet the student, then continue with a few familiar questions or comments, such as: *¡Hola! ¿Cómo estás? ¿Te gusta ver la tele?*

Choosing a topic: Decide which situation is most appropriate for the student. Hand the card to the student before you begin the conversation. Have the student read it out loud so that there is no misunderstanding about what he or she is to do during the conversation.

Probes: If the student has trouble getting started, you might begin by saying or asking:

A. Television critic: *¿Me puedes explicar algo del nuevo programa de los sábados?*

B. An event: *¿Qué piensas hacer este fin de semana?*

Try to encourage the student to speak at greater length by asking a question that will elicit more than just a yes or no answer. Whenever possible, have the student ask you questions about the topic. You might continue with the following probes:

A. Television critic: *¿Qué piensas del programa? ¿Por qué?*

B. An event: *¿Por qué quieres ir? ¿Cómo va a ser?*

Closing: Make your closing statements appropriate to the topic the student has

been talking about. You could end the conversation with a comment on something the student has told you, a personal opinion, or a simple expression that the student will understand. It is important to give the student the opportunity to say something he or she can say well. End with an appropriate comment for closure. *Ya veo que te gusta mucho ir al cine, ¿no? Muy bien y muchas gracias, Juan. Hasta luego.*

EXAMEN: CAPÍTULO 12

Warm-up: Greet the student, then continue with a few familiar questions or comments, such as: *¡Hola! ¿Cómo estás? ¿Qué clase de comida te gusta más?*

Choosing a topic: Decide which situation is most appropriate for the student. Hand the card to the student before you begin the conversation. Have the student read it out loud so that there is no misunderstanding about what he or she is to do during the conversation.

Probes: If the student has trouble getting started, you might begin by saying or asking:

A. Mexican meal: *¿Adónde fuiste a comer?*

B. Restaurant: *Buenas tardes. ¿Le gustaría ver el menú?*

Try to encourage the student to speak at greater length by asking a question that will elicit more than just a yes or no answer. Whenever possible, have the student ask you questions about the topic. You might continue with the following probes:

A. Mexican meal: *¿Qué comiste? ¿Por qué? ¿Debo comer en ese restaurante? ¿Por qué?*

B. Restaurant: *¿Desea algo más la señorita (el señor)?*

Closing: Make your closing statements appropriate to the topic the student has been talking about. You could end the conversation with a comment on something the student has told you, a personal opinion, or a simple expression that the student will understand. It is important to give the student the opportunity to say something he or she can say well. End with an appropriate comment for closure. *¿Qué más te gusta comer? ¡A mí también! Muchas gracias, Juan. Hasta luego.*

EXAMEN: CAPÍTULO 13

Warm-up: Greet the student, then continue with a few familiar questions or comments, such as: *¡Hola! ¿Cómo estás? ¿Te gustaría visitar la selva tropical?*

Choosing a topic: Decide which situation is most appropriate for the student. Hand the card to the student before you begin the conversation. Have the student read it out loud so that there is no misunderstanding about what he or she is to do during the conversation.

Probes: If the student has trouble getting started, you might begin by saying or asking:

A. Protecting the environment: *¿Está en peligro el medio ambiente? ¿Por qué?*

B. Zoo animals: *¿Te gusta visitar el zoológico?*

Try to encourage the student to speak at greater length by asking a question that will elicit more than just a yes or no answer. Whenever possible, have the student ask you questions about the topic. You might continue with the following probes:

A. Protecting the environment: *¿Cómo podemos ahorrar energía?*

B. Zoo animals: *¿Qué animales están en peligro de extinción? ¿Por qué? ¿Cuáles no están en peligro? ¿Por qué?*

Closing: Make your closing statements appropriate to the topic the student has been talking about. You could end the conversation with a comment on something the student has told you, a personal opinion, or a simple expression that the student will understand. It is important to give the student the opportunity to say something he or she can say well. End with an appropriate comment for closure. *¿Qué animales te gustan? (¿Reciclamos en la escuela?) Muy bien y muchas gracias, Juan. Hasta luego.*

EXAMEN: CAPÍTULO 14

Warm-up: Greet the student, then continue with a few familiar questions or comments, such as: *¡Hola! ¿Cómo estás? ¿Te gusta ir a las fiestas?*

Choosing a topic: Decide which situation is most appropriate for the student. Hand the card to the student before you begin the conversation. Have the student read it out loud so that there is no misunderstanding about what he or she is to do during the conversation.

Probes: If the student has trouble getting started, you might begin by saying or asking:

A. Party: *No conozco a nadie en la fiesta.*

B. Party photos: *¿Quiénes son estas personas en las fotografías?*

Try to encourage the student to speak at greater length by asking a question that will elicit more than just a yes or no answer. Whenever possible, have the student ask you questions about the topic. You might continue with the following probes:

A. Party: *¿Qué ropa lleva Luisa?*

B. Party photos: *¿Qué están haciendo ellos en la fiesta?*

Closing: Make your closing statements appropriate to the topic the student has been talking about. You could end the conversation with a comment on something the student has told you, a personal opinion, or a simple expression that the student will understand. It is important to give the student the opportunity to say something he or she can say well. End with an appropriate comment for closure. *¿Vas a una fiesta este fin de semana? ¡Qué bien! Muchas gracias, Juan. Hasta luego.*

BANCO DE IDEAS: EL PRIMER PASO

Warm-up: Greet the student, then continue with a few familiar questions or comments, such as: *¡Hola! ¿Cómo estás Juan?*

Choosing a topic: Decide which situation is most appropriate for the student. Hand the card to the student before you begin the conversation. Have the student read it out loud so that there is no misunderstanding about what he or she is to do during the conversation.

Probes: If the student has trouble getting started, you might begin by saying or asking:

A. New student: *Buenos días.*

B. Spanish homework: *¿Cuál es la fecha de hoy?*

Try to encourage the student to speak at greater length by asking a question that will elicit more than just a yes or no answer. Whenever possible, have the student ask you questions about the topic. You might continue with the following probes:

A. New student: *Buenos días. Me llamo Alicia. ¿Y tú?*

B. Spanish homework: *Es el tres de marzo.*

Closing: Make your closing statements appropriate to the topic the student has been talking about. You could end the conversation with a comment on something the student has told you, a personal opinion, or a simple expression that the student will understand. It is important to give the student the opportunity to say something he or she can say well. End with an appropriate comment for closure. *Muy bien y muchas gracias, Juan. Hasta luego.*

BANCO DE IDEAS: CAPÍTULOS 1 a 6

Warm-up: Greet the student, then continue with a few familiar questions or comments, such as: *¡Hola! ¿Cómo estás hoy?*

Choosing a topic: Decide which situation is most appropriate for the student. Hand the card to the student before you begin the conversation. Have the student read it out loud so that there is no misunderstanding about what he or she is to do during the conversation.

Probes: If the student has trouble getting started, you might begin by saying or asking:

A. Tell me about yourself: *¿Qué te gusta hacer de lunes a viernes?*

B. Advice about what to eat: *¿Qué debo comer? ¿Por qué?*

C. Imaginary family: *¿Cómo es tu familia?*

D. Department store: *Buenas tardes. Busco algo para mi hermana.*

Try to encourage the student to speak at greater length by asking a question that will elicit more than just a yes or no answer. Whenever possible, have the student ask you questions about the topic. You might continue with the following probes:

A. Tell me about yourself: *¿Cómo eres? ¿Qué clases tienes?*

B. Advice about what to eat: *¿Qué comes generalmente? ¿Cuándo comes?*

C. Imaginary family: *¿Qué hace tu familia los fines de semana?*

D. Department store: *No me gusta esa blusa.*

Closing: Make your closing statements appropriate to the topic the student has been talking about. You could end the conversation with a comment on something the student has told you, a personal opinion, or a simple expression that the student will understand. It is important to give the student the opportunity to say something he or she can say well. End with an appropriate comment for closure. *Muy bien y muchas gracias, Juan. Hasta luego.*

BANCO DE IDEAS: CAPÍTULO 7

Warm-up: Greet the student, then continue with a few familiar questions or comments, such as: *¡Hola! ¿Cómo estás? ¿Tienes mucha tarea esta semana?*

Choosing a topic: Decide which situation is most appropriate for the student. Hand the card to the student before you begin the conversation. Have the student read it out loud so that there is no misunderstanding about what he or she is to do during the conversation.

Probes: If the student has trouble getting started, you might begin by saying or asking:

A. Travel agent: *Quisiera visitar un lugar de interés estas vacaciones.*

B. Imaginary places you visited: *¿Adónde fuiste?*

Try to encourage the student to speak at greater length by asking a question that will elicit more than just a yes or no answer. Whenever possible, have the student ask you questions about the topic. You might continue with the following probes:

A. Travel agent: *¿Qué necesito para mis vacaciones en _____ ?*

B. Imaginary places you visited: *¿Por qué fuiste a _____ ?*

Closing: Make your closing statements appropriate to the topic the student has been talking about. You could end the conversation with a comment on something the student has told you, a personal opinion, or a simple expression that the student will understand. It is important to give the student the opportunity to say something he or she can say well. End with an appropriate comment for closure. *Muy bien y muchas gracias, Juan. Hasta luego.*

BANCO DE IDEAS: CAPÍTULO 8

Warm-up: Greet the student, then continue with a few familiar questions or comments, such as: *¡Hola! ¿Cómo estás? Llevas un suéter muy bonito hoy.*

Choosing a topic: Decide which situation is most appropriate for the student. Hand the card to the student before you begin the conversation. Have the student read it out loud so that there is no misunderstanding about what he or she is to do during the conversation.

Probes: If the student has trouble getting started, you might begin by saying or asking:

A. Furnished apartment: *¿Cómo es el apartamento? ¿Te gustan los muebles?*

B. Chores: *¿Qué tienes que hacer en casa los fines de semana?*

Try to encourage the student to speak at greater length by asking a question that will elicit more than just a yes or no answer.

Whenever possible, have the student ask you questions about the topic. You might continue with the following probes:

A. Furnished apartment: *¿Por qué es este apartamento bueno para mi familia?*

B. Chores: *¿Cuáles son los quehaceres que no te gustan hacer? ¿Por qué no?*

Closing: Make your closing statements appropriate to the topic the student has been talking about. You could end the conversation with a comment on something the student has told you, a personal opinion, or a simple expression that the student will understand. It is important to give the student the opportunity to say something he or she can say well. End with an appropriate comment for closure. *Muy bien y muchas gracias, Juan. Hasta luego.*

BANCO DE IDEAS: CAPÍTULOS 9 a 12

Warm-up: Greet the student, then continue with a few familiar questions or comments, such as: *¡Hola! ¿Cómo estás hoy?*

Choosing a topic: Decide which situation is most appropriate for the student. Hand the card to the student before you begin the conversation. Have the student read it out loud so that there is no misunderstanding about what he or she is to do during the conversation.

Probes: If the student has trouble getting started, you might begin by saying or asking:

A. Not feeling well: *¿Qué tienes? ¿Qué te duele?*

B. Office errands: *¿Trabajas? ¿Cuándo?*

C. Television programs: *¿Te gusta ver la tele?*

D. Mexican restaurant: *¿Adónde fuiste a comer el viernes?*

Try to encourage the student to speak at greater length by asking a question that will elicit more than just a yes or no answer. Whenever possible, have the student ask you questions about the topic. You might continue with the following probes:

A. Not feeling well: *¿Cómo te sientes hoy? ¿Dónde te duele?*

B. Office errands: *¿Qué hiciste hoy? ¿Adónde fuiste? ¿Por qué?*

C. Television programs: *¿Hay programas buenos en la tele ahora?*

D. Mexican restaurant: *¿Dónde queda? ¿Es buena la comida allí? ¿Qué comiste?*

Closing: Make your closing statements appropriate to the topic the student has been talking about. You could end the conversation with a comment on something the student has

told you, a personal opinion, or a simple expression that the student will understand. It is important to give the student the opportunity to say something he or she can say well. End with an appropriate comment for closure. *Muy bien y muchas gracias, Juan. Hasta luego.*

BANCO DE IDEAS: CAPÍTULO 13

Warm-up: Greet the student, then continue with a few familiar questions or comments, such as: *¡Hola! ¿Cómo estás? ¿Adónde fuiste en las vacaciones de verano del año pasado?*

Choosing a topic: Decide which situation is most appropriate for the student. Hand the card to the student before you begin the conversation. Have the student read it out loud so that there is no misunderstanding about what he or she is to do during the conversation.

Probes: If the student has trouble getting started, you might begin by saying or asking:

A. Protecting the environment: *¿Tenemos problemas en el medio ambiente? ¡Yo no lo sabía!*

B. A visit to the zoo: *¿Qué te gustó del zoológico?*

Try to encourage the student to speak at greater length by asking a question that will elicit more than just a yes or no answer. Whenever possible, have the student ask you questions about the topic. You might continue with the following probes:

A. Protecting the environment: *¿Qué debemos hacer para proteger el medio ambiente?*

B. A visit to the zoo: *¿Qué animales y plantas están en mayor peligro de extinción? ¿Por qué?*

Closing: Make your closing statements appropriate to the topic the student has been talking about. You could end the conversation with a comment on something the student has told you, a personal opinion, or a simple expression that the student will understand. It is important to give the student the opportunity to say something he or she can say well. End with an appropriate comment for closure. *¿Qué animales te gustan? (¿Reciclamos en la escuela?) Muy bien y muchas gracias, Juan. Hasta luego.*

BANCO DE IDEAS: CAPÍTULO 14

Warm-up: Greet the student then continue with a few familiar questions or comments, such as: *¡Hola! ¿Cómo estás? ¿Vas a fiestas a veces?*

Choosing a topic: Decide which situation is most appropriate for the student. Hand the card to the student before you begin the conversation. Have the student read it out loud so that there is no misunderstanding about what he or she is to do during the conversation.

Probes: If the student has trouble getting started, you might begin by saying or asking:

    A. Telephone conversation: *¿Qué están haciendo en la fiesta?*

    B. Three occasions: *¿Tienes tres invitaciones?*

Try to encourage the student to speak at greater length by asking a question that will elicit more than just a yes or no answer. Whenever possible, have the student ask you questions about the topic. You might continue with the following probes:

    A. Telephone conversation: *¿Qué llevan todos en la fiesta? ¿Qué regalaron?*

    B. Three occasions: *¿Cuándo es la fiesta? ¿Dónde está? ¿Qué vas a llevar?*

Closing: Make your closing statements appropriate to the topic the student has been talking about. You could end the conversation with a comment on something the student has told you, a personal opinion, or a simple expression that the student will understand. It is important to give the student the opportunity to say something he or she can say well. End with an appropriate comment for closure. *Te gusta recibir regalos interesantes, ¿verdad? Muy bien y muchas gracias* <u>*Juan*</u>. *Hasta luego.*

Teacher Answer Sheets

EL PRIMER PASO

Paso a paso 1

Nombre _____

Fecha _____

Hoja para respuestas 1
Examen de habilidades

I. Listening Comprehension (30 points)

A. Football players

1. 16 /(6)/ 26
2. 6 /(10)/ 7
3. (15)/ 5 / 20
4. 12 / 22 /(2)
5. 33 / 3 /(13)

6. (4)/ 24 / 14
7. 1 /(11)/ 21
8. 16 /(29)/ 9
9. 17 / 16 /(19)
10. 21 /(31)/ 13

B. Exchange students

a. Igualmente.
b. Estás bien, gracias.
c. Hasta luego.
d. Soy de Guatemala.
e. Bien, gracias, ¿y tú?
f. Me llamo Marta.
g. Mucho gusto.
h. No. Soy de San José, Costa Rica.

1. _f_   2. _d_   3. _e_   4. _g_   5. _h_

C. Name spelling

1. *Mateo*
2. *Juanita*
3. *Felipe*
4. *Reina*
5. *Santiago*

D. Hallway conversations

1. 4 / 40 /(14)
2. 9 /(1)/ 0
3. 16 / 10 /(19)
4. (12)/ 2 / 13
5. 21-31-8-0 / 21-8-10-30 /(30-21-0-8)

E. Chile

a. Me llamo Ana María.
b. Hoy es miércoles.
c. Es el diez de marzo.
d. Tienes quince años.
e. Ayer fue el tres de abril.
f. Soy de Austin, Texas.
g. Así, así.
h. Tengo diecisiete años.

1. _g_   2. _h_   3. _a_   4. _b_   5. _f_

EL PRIMER PASO

Paso a paso 1

Nombre _____

Fecha _____

Hoja para respuestas 2
Examen de habilidades

II. Reading Comprehension (20 points)

A. Spanish words

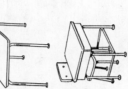

a

b

c

d

e

f

g

h

i

j

k

EL PRIMER PASO

Paso a paso 1

Nombre

Fecha

Examen de habilidades

Hoja para respuestas 4

D. Spanish class

1.	Sí (No)	6.	(Sí) No
2.	(Sí) No	7.	Sí (No)
3.	Sí (No)	8.	(Sí) No
4.	Sí (No)	9.	Sí (No)
5.	(Sí) No	10.	Sí (No)

III. Writing Proficiency (20 points)

[See page T7 for suggestions for evaluating student writing.]

1. Hoy es (el 15 de septiembre).
2. Me llamo (Luisa).
3. Soy de (Chicago).
4. Tengo (quince) años.
5. Es el (3 de marzo).

IV. Cultural Knowledge (10 points)

Answers will vary but may include: Many words commonly used in English come directly from the Spanish language. Some of these words are: adobe, patio, tango, barrio, and pinto. Some names of states are in Spanish. These include Colorado, Nevada, Montana, Texas, and Florida. There are many restaurants in the United States that serve Mexican foods, such as tamales, tacos, and enchiladas. The musical groups called mariachis come from Mexican culture. The tango is a popular dance in Argentina, and now in some parts of the United States. Colorful dresses, shirts, and other articles of clothing from Mexico and Guatemala are popular in this country. These include embroidered dresses or shirts, woven handbags, and leather sandals. One of the holidays celebrated in the United States is Día de la Raza. In many states, it is possible to visit a museum or cultural center exhibiting a variety of folk or fine art from Spanish-speaking countries. Among these are the Mexican Fine Arts Center Museum in Chicago, Illinois, the Mexican Museum in San Francisco, California, or the Museum of New Mexico in Santa Fe, New Mexico.

V. Speaking Proficiency (20 points)

[See pages T37–T45 for suggestions on how to administer this portion of the test.]

EL PRIMER PASO

Paso a paso 1

Nombre

Fecha

Examen de habilidades

Hoja para respuestas 3

1. la profesora — e
2. el bolígrafo — b
3. la compañera — i
4. la hoja de papel — a
5. la mesa — c
6. el estudiante — f
7. la pizarra — h
8. el libro — g
9. el pupitre — d
10. los compañeros — k

B. Calendar

Noviembre

lunes	martes	miércoles	jueves	viernes	sábado	domingo
		1	2 Día de los Muertos	3	4	5
6	7	8	9	10	11	12
13	14	15	16	17	18	19
20	21	22	23	24	25	26
27	28	29	30			

1. 30
2. 4
3. miércoles
4. jueves
5. el dos de noviembre

C. Conversations

1. b   2. c   3. e   4. d   5. a

CAPÍTULO 1

A. Juan is talking to his new friends from Honduras. Complete his conversation by selecting the missing word or words from the list, then write them in the spaces below. *(50 points)*

¿De veras?   me gusta   tampoco   te gusta   ¿Y a ti?

JUAN   Tomás, ¿qué ___te gusta___ hacer?

TOMÁS   ___Me gusta___ mucho tocar la guitarra.

JUAN   ___¿De veras?___ A mí también me gusta tocar la guitarra, pero no me gusta ver la tele. ___¿Y a ti?___ ¿Te gusta ver la tele?

TERESA   No, a mí no me gusta ___tampoco___.

B. Antonio is pointing out to his good friend Nacho photographs in a magazine that show what activities he likes and doesn't like to do. Look at the pictures, then underline what Antonio is saying to his friend. *(50 points)*

1. Me gusta (practicar deportes / dibujar).

2. No me gusta (nadar / <u>patinar</u>).

4. No me gusta (estudiar / hablar por teléfono).

3. Me gusta (<u>cocinar</u> / ayudar en casa).

5. Me gusta (ir al cine / <u>leer</u>).

10   *Vocabulario para conversar*

CAPÍTULO 1

A group of friends are trying to decide what to do on a holiday, but first they want to tell each other about their favorite pastimes. Match the pictures with what you think they are saying by circling the appropriate letter. *(100 points)*

1. a. Me gusta mucho leer.
   b. Me gusta mucho dibujar.

2. a. ¿Te gusta ir a la escuela?
   b. ¿Te gusta estudiar?

3. a. No me gusta mucho ayudar en casa.
   b. A mí no me gusta nada cocinar.

4. a. A mí me gusta ver la tele.
   b. A mí me gusta hablar por teléfono.

5. a. ¿Qué te gusta hacer? ¿Patinar?
   b. ¿De veras? ¿Te gusta dibujar?

6. a. No me gusta cocinar.
   b. No me gusta tocar la guitarra.

7. a. Me gusta más nadar.
   b. Me gusta practicar deportes.

8. a. A mí no me gusta nada escuchar música.
   b. A mí no me gusta patinar.

9. a. No me gusta nada ayudar en casa.
   b. A mí no me gusta estudiar tampoco.

10. a. Me gusta dibujar. ¿Y a ti?
    b. Me gusta ir al cine. ¿Y a ti?

9   *Vocabulario para conversar*

T51

Prueba 1-3

CAPÍTULO 1

Your teacher wants students with similar personality traits to work as partners today. Complete the survey he or she took of different students by circling the letter of the correct answer. (100 points)

1. Me gusta mucho patinar y nadar. Soy
   a. prudente.   ⓑ deportista.   c. sociable.
2. No me gusta mucho dibujar. No soy
   ⓐ artística.   b. callada.   c. tacaña.
3. No me gusta mucho ir a la escuela. Soy
   ⓐ perezoso.   b. amable.   c. trabajador.
4. Me gusta leer, pero no me gusta nada hablar por teléfono. Soy
   a. sociable.   ⓑ callada.   c. ordenada.
5. Me gusta mucho ir al cine y estar con amigos. Soy
   a. perezosa.   b. tacaña.   ⓒ sociable.
6. Me gusta ayudar en casa y también me gusta cocinar. Soy
   ⓐ trabajador.   b. perezoso.   c. deportista.
7. No me gusta practicar deportes. Me gusta más ver la tele. No soy
   a. trabajadora.   b. perezosa.   ⓒ deportista.
8. A veces me gusta ir al cine, pero no me gusta mucho estar con amigos. No me gusta hablar por teléfono tampoco. No soy muy
   ⓐ sociable.   b. callada.   c. seria.
9. A mí me gusta nadar, patinar y practicar deportes. Soy
   a. amable.   b. atrevido.   ⓒ deportista.
10. No me gusta ni tocar la guitarra ni practicar deportes. No me gusta estar con amigos tampoco. Soy
    a. tacaño.   ⓑ serio.   c. gracioso.

CAPÍTULO 1

A Your friends are showing one another some photographs they have taken. Underline the word which describes the personality of each person pictured below. (60 points)

1. artístico / deportista

4. sería / graciosa

2. deportista / desordenada

5. perezosa / trabajadora

3. prudente / atrevida

6. tacaño / generoso

B The school has invited some businesspeople to interview students for part-time jobs. From the list, choose the words that are missing from the conversation and write them in the blank spaces. (40 points)

a veces   eres   pero   soy   callado   amable

—¿Cómo _eres_? ¿Paciente o impaciente?
—_Soy_ paciente, pero _a veces_ soy impaciente.
—¿Eres _callado_ o sociable?
—Pues, no me gusta hablar por teléfono ni estar con amigos, pero soy _amable_.

T52

Paso a paso 1

CAPÍTULO 1

Nombre _____

Fecha _____

Prueba 1-5

A Pati is describing herself to Rocío, her new friend at school. Choose what Pati is saying by writing the word that best matches her description of herself. *(30 points)*

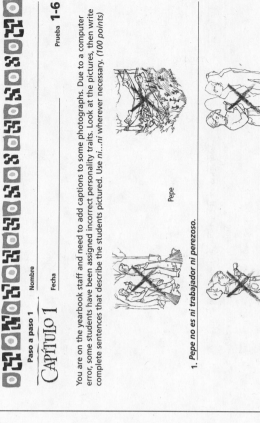

Pati

1. No me gusta dibujar. No soy muy _**artística**_ . (artística / atrevida)

Pati

2. Me gusta mucho practicar deportes. Soy _**deportista**_ . (desordenada / deportista)

Pati

3. Me gusta ayudar en casa. Soy _**trabajadora**_ . (tacaña / trabajadora)

B José Luis and his friends are discussing their opposite characteristics. Complete their conversation by writing the opposite adjectives. *(70 points)*

1. —Marcos, tú eres _**tacaño**_ pero, Diana, tú eres generosa.
2. —Yo soy prudente pero, María, tú eres _**atrevida**_ .
3. —Tania, tú eres seria pero, Armando, tú eres _**gracioso**_ .
4. —Yo soy _**perezoso**_ pero, Carmen, tú eres trabajadora.
5. —Pilar, tú eres paciente pero, Luz, tú eres _**impaciente**_ .
6. —Eduardo, tú eres sociable pero, Gregorio, tú eres _**callado**_ .
7. —Yo soy ordenado pero, Pablo, tú eres _**desordenado**_ .

Gramática en contexto / Los adjetivos   13

Paso a paso 1

CAPÍTULO 1

Nombre _____

Fecha _____

Prueba 1-6

You are on the yearbook staff and need to add captions to some photographs. Due to a computer error, some students have been assigned incorrect personality traits. Look at the pictures, then write complete sentences that describe the students pictured. Use *ni...ni* wherever necessary. *(100 points)*

Pepe

1. *Pepe no es ni trabajador ni perezoso.*

Alma

2. *Alma no es ni paciente ni impaciente.*

Carmen

3. *Carmen es atrevida.*

Rosa

4. *Rosa es prudente.*

Mateo

5. *Mateo no es ni ordenado ni desordenado.*

14   *Gramática en contexto / Ni . . . ni*

Paso a paso 1   Nombre

CAPÍTULO 1

Fecha   **Prueba 1-7**

You have just met Emilio and the two of you are talking about things you like or don't like to do. Decide which answers below are the best responses to your questions, then circle the correct letter. *(100 points)*

1. ¿A ti te gusta ayudar en casa?
   a. Te gusta ayudar en casa.
   (b.) A mí sí me gusta.

2. ¿De veras? ¿No te gusta?
   (a.) No. No me gusta.
   b. Sí. No te gusta.

3. ¿Eres tacaño o generoso?
   (a.) Ni tacaño ni generoso.
   b. No soy tacaño tampoco.

4. A mí no me gusta nada ayudar en casa.
   a. Pues, a mí también.
   (b.) Pues, a mí tampoco.

5. ¿Te gusta más dibujar?
   (a.) No. Me gusta más cocinar.
   b. No. Me gusta más dibujar.

6. ¿Tampoco te gusta practicar deportes?
   (a.) No, tampoco me gusta.
   b. Me gusta practicar deportes.

7. ¿A ti te gusta tocar la guitarra?
   a. Sí, no me gusta nada.
   (b.) A mí sí me gusta.

8. No soy ni paciente ni trabajador. ¿Y tú?
   (a.) No soy paciente tampoco.
   b. Soy trabajador también.

9. Me gusta hablar por teléfono. ¿Y a ti?
   (a.) A mí también me gusta.
   b. Pues, tampoco me gusta.

10. A veces soy callado, pero no soy ni serio ni sociable. ¿Y tú?
   a. Sí. Soy gracioso también.
   (b.) No. No soy serio tampoco.

Gramática en contexto / Sí and tampoco   15

Paso a paso 1   Nombre

CAPÍTULO 1

Fecha

Hoja para respuestas
Prueba cumulativa

A *(20 points)*

1. *nadar*   3. *tocar la guitarra*

2. *leer*   4. *patinar*

B *(20 points)*

1. *gracioso(a)*   3. *artístico(a)*

2. *sería(o)*   4. *deportista*

C *(24 points)*

1. *te gusta*   5. *Soy*

2. *Me gusta*   6. *a veces*

3. *cómo eres*   7. *tampoco*

4. *o*   8. *también*

D *(36 points)*

1. *te gusta patinar*

2. *Sí, me gusta patinar.*

3. *cómo eres, perezosa o trabajadora*

4. *No soy ni perezosa ni trabajadora.*

5. *te gusta leer o hablar por teléfono*

6. *No me gusta hablar por teléfono, pero sí me gusta leer.*

18

T54

CAPÍTULO 1

Paso a paso 1

Nombre _____

Fecha _____

Hoja para respuestas 1
Examen de habilidades

I. Listening Comprehension *(20 points)*

1. a b

2. a b

3. ⓐ ⓑ

4. ⓐ b

5. a ⓑ

II. Reading Comprehension *(20 points)*

3 _____

2 _____

4 _____

1 _____

CAPÍTULO 1

Paso a paso 1

Nombre _____

Fecha _____

Hoja para respuestas 2
Examen de habilidades

III. Writing Proficiency *(20 points)*

[See page 17 for suggestions for evaluating student writing.]

Hola, _____ :

_____

_____

_____

_____

Saludos,

_____

IV. Cultural Knowledge *(20 points)*

Answers will vary, but students may say that what is considered a friend in the U.S. may be considered an acquaintance in Spanish-speaking countries. An amigo is a friend for life.

V. Speaking Proficiency *(20 points)*

[See pages T37–T45 for suggestions on how to administer this portion of the test.]

Copyright © Prentice-Hall, Inc.

Nombre _____

CAPÍTULO 2
Fecha _____

Prueba **2-2**

A. Julio lives in Mexico and has written to his pen pal Brian in the United States. Julio wants to know what subjects Brian is taking. Help Brian write his schedule in Spanish so that he can send Julio the information in his next letter to Mexico. *(60 points)*

1ª hora

2ª hora

3ª hora

4ª hora

5ª hora

6ª hora

1. En la *primera* hora tengo la clase de _____ *matemáticas* .
2. En la *segunda* hora tengo la clase de _____ *ciencias* .
3. En la *tercera* hora tengo la clase de _____ *español* .
4. En la *cuarta* hora tengo la clase de _____ *inglés* .
5. En la *quinta* hora tengo el _____ *almuerzo* .
6. En la *sexta* hora tengo la clase de _____ *música* .

B. Your friends are asking you questions about school supplies that you have or that you may need. Circle the letter of the answer that best matches each question. *(40 points)*

1. ¿Tienes un lápiz?
   a. Sí, tengo un lápiz. *(circled)*
   b. Sí, tienes un lápiz.

2. ¿Qué necesitas para la clase de inglés?
   a. No, no necesito un diccionario.
   b. Necesito un diccionario. *(circled)*

3. ¿Necesitas un bolígrafo?
   a. Sí, tienes un bolígrafo.
   b. No, no necesito un bolígrafo. *(circled)*
   Necesito un lápiz.

4. ¿Necesito un marcador?
   a. Sí, necesitas un marcador. *(circled)*
   b. Sí, necesito un marcador.

24   *Vocabulario para conversar*

Nombre _____

CAPÍTULO 2
Fecha _____

Prueba **2-1**

A. It's the first day of school and Lani just got her new schedule. Write (T) if the description matches Lani's schedule or (F) if it doesn't. *(60 points)*

(1ª) primera hora	
(2ª) segunda hora	
(3ª) tercera hora	
(4ª) cuarta hora	
(5ª) quinta hora	
(6ª) sexta hora	
(7ª) séptima hora	
(8ª) octava hora	

1. F   en la tercera hora, español
2. T   en la segunda hora, matemáticas
3. F   en la tercera hora, ciencias
4. F   en la octava hora, inglés
5. F   en la primera hora, ciencias sociales
6. F   en la sexta hora, educación física
7. T   en la quinta hora, almuerzo
8. T   en la cuarta hora, ciencias sociales
9. F   en la quinta hora, música
10. T en la séptima hora, ciencias

B. You have extra school supplies and want to share some with your friend Marta. Match the supplies in the list with the picture of what you are going to give to Marta by writing the appropriate letter next to the item. *(40 points)*

PARA MARTA

1. un cuaderno   _b_
2. un lápiz   _e_
3. un diccionario _f_
4. una regla   _c_
5. una calculadora _a_

Vocabulario para conversar   23

Prueba 2-4

A Benito and Carlos are making plans to get together later in the day. Look at the digital clocks, then write down the different times their classes meet. *(50 points)*

CARLOS Tengo la clase de arte a las **9:30** _nueve y media_ .

BENITO Pues, yo tengo la clase de ciencias sociales a las **10:15** .
diez y cuarto

CARLOS Tengo educación física en la tercera hora. Empieza a las **11:25** .
once y veinticinco

BENITO ¿Qué clase tienes en la cuarta hora?

CARLOS A las **12:10** tengo matemáticas. _doce y diez_

BENITO ¿Cuándo tienes el almuerzo?

CARLOS Tengo el almuerzo a la **1:00** . Y tú, ¿a qué hora tienes el almuerzo?
una

BENITO Pues, ¡yo también!

CARLOS ¡Muy bien! Hasta luego.

B Your math teacher has written these numbers on the board. Circle the letter with the amount that matches the written numbers. *(50 points)*

1. veintiséis   a. 23   b. 16   c.(26)
2. quince   a. 11   (b.)15   c. 51
3. cincuenta y nueve   (a.)59   b. 19   c. 29
4. treinta y tres   a. 30   b. 23   (c.)33
5. cuarenta   a. 50   (b.)40   c. 44

Prueba 2-3

A Gloria's cousin, Raquel, plans to visit her for a week and would like to know what kind of schedule Gloria has. Match the pictures with what Gloria says to Raquel about her schedule. Circle the appropriate response. *(50 points)*

1. Tengo la clase de arte a las siete y cincuenta y cinco.
   a. 1:05   (b.)7:55
2. La clase de ciencias sociales empieza a las nueve y media.
   (a.)9:30   b. 9:15
3. A las once y veinte tengo el almuerzo.
   (a.)11:20   b. 11:30
4. La clase de matemáticas es a la una y cuarto.
   a. 1:04   (b.)1:15
5. Necesito estar en la clase de inglés a las dos y diez.
   (a.)2:10   b. 2:12

B On his first day as a bank teller, Daniel has to fix all the checks that are incomplete. Read the amounts already written out, then help Daniel by circling the letter with the amount (in digits) that matches each one. *(50 points)*

1. treinta y tres   a. 13   (b.)33
2. cuarenta y cuatro   (a.)44   b. 14
3. veintiuno   (a.)21   b. 24
4. veintiocho   a. 38   (b.)28
5. cincuenta   a. 40   (b.)50

T57

CAPÍTULO 2

Paso a paso 1

Nombre

Fecha

Prueba **2-6**

A Marta is describing her classes in a letter to her cousin. Look at the pictures, then write what she and her classmates are doing in each one. *(50 points)*

1. En la clase de educación física _____ *yo practico deportes* .

2. En la clase de arte _____ *nosotros dibujamos* .

3. En la clase de música _____ *ella escucha música* .

4. En la clase de música _____ *ellos tocan la guitarra* .

5. En la clase de ciencias _____ *tú estudias mucho* .

B Alicia is asking her friends some questions. Select the best answers to her questions, then circle the letter of the appropriate answer. *(50 points)*

1. ¿Qué necesitan Uds.?
   a. Necesitamos una calculadora. *(circled)*
   b. Necesitas una calculadora.

2. ¿Escuchas música?
   a. Sí, escuchan música.
   b. Sí, escucho música. *(circled)*

3. ¿Qué estudian Rosario y Ester?
   a. Estudian español. *(circled)*
   b. Estudias español.

4. ¿Necesitas un bolígrafo?
   a. Necesitamos un bolígrafo. *(circled)*
   b. No, no necesitamos un bolígrafo.

5. ¿Qué libro necesitas?
   a. Necesita el libro de español.
   b. Necesito el libro de español. *(circled)*

CAPÍTULO 2

Paso a paso 1

Nombre

Fecha

Prueba **2-5**

A Miguel is in the hallway talking to some friends about their schedules and some of the classes they are taking. Based on the endings of the different verbs, complete the dialogues using the appropriate subject pronoun *yo, tú, él,* etc. *(80 points)*

MIGUEL Alejandro, tienes inglés en la primera hora, ¿verdad?

ALEJANDRO No, ___yo___ tengo español en la primera hora.

MIGUEL ¡___Tú___ hablas mucho en la clase de español!

ALEJANDRO Sí, ___yo___ soy muy sociable.

DAVID y ANA Pues, ___nosotros___ estudiamos mucho también.

MIGUEL ___Yo___ estudio mucho para la clase de ciencias. ¿Y ustedes?

MIGUEL Me gusta mucho la clase de música. ___Yo___ toco la guitarra.
en la clase de música. Y María, ¿toca la guitarra?

ISABEL No, ___ella___ toca el piano. ¿Y Paco y Sara?

MIGUEL ___Ellos___ tocan el piano también.

B Jennifer wants to practice her Spanish, but she is not always sure of the correct way to address someone. Help her out by providing the correct subject pronoun *tú, usted,* or *ustedes* as she speaks to people doing different activities. *(20 points)*

1. Paquito, ¡___tú___ hablas inglés muy bien!

2. Señora, ¿qué música escucha ___usted/Ud.___ ?

3. ¡___Ustedes/Uds.___ cocinan muy bien!

4. ¿Ayudas ___tú___ en casa?

5. ¡___Tú___ patinas muy bien!

T58

Paso a paso 1 — Nombre

Capítulo 2

Fecha — Prueba **2-7**

A Benjamín likes his classes this year and is talking to his family about every detail. In his excitement to describe his classes and what he needs for each one, he has left out some words. Complete what Benjamín is saying by adding *el* or *la*. *(40 points)*

Me gusta mucho **la** clase de música. **El** profesor Yáñez es muy paciente y simpático. Toco **la** guitarra y **el** piano también. En la segunda hora, tengo inglés. **La** profesora de inglés es muy seria y callada, pero es muy amable. En la cuarta hora, a las once y media, tengo **el** almuerzo. Me gusta mucho estar con amigos. ¡Me gusta mucho ir a **la** escuela, pero no me gusta nada **la** tarea!

B Juan and Alberto are talking about the supplies they need for their different classes. Complete their dialogue by adding *un* or *una*. *(60 points)*

ALBERTO   Juan, ¿qué necesitas para la clase de matemáticas?

JUAN   Necesito **una** carpeta de argollas, **un** libro de matemáticas, **una** regla y **una** calculadora. Y tú, Alberto, ¿qué necesitas para la clase de español?

ALBERTO   Necesito **un** cuaderno, **una** carpeta, **un** diccionario y **un** bolígrafo.

JUAN   Y para la clase de arte, ¿qué necesitas?

ALBERTO   Necesito marcadores, **una** hoja de papel y **un** lápiz.

Gramática en contexto / Los sustantivos   29

Paso a paso 1 — Nombre

Capítulo 2

Fecha — Hoja para respuestas **Prueba cumulativa**

A *(8 points)*
1. **lápices**
2. **carpeta de argollas**
3. **diccionario (de español)**
4. **marcadores**

B *(20 points)*
1. En la clase de **arte** , yo **dibujo**
2. En la clase de **educación física** , ellos **practican deportes**
3. En la clase de **música** , ella **toca la guitarra**
4. En la clase de **matemáticas** , tú **estudias**

C *(12 points)*
1. **3:00**
2. **1:15**
3. **2:45**
4. **7:50**
5. **6:25**
6. **4:30**

D *(24 points)*
1. Para la clase de inglés **necesito el libro de inglés y un cuaderno**
2. Para la clase de matemáticas **necesitas una calculadora y una regla**
3. Para la clase de español **necesitan una carpeta y un diccionario**

E *(16 points)*
1. En la **primera** hora tienes **matemáticas**
2. En la **segunda** hora tienes **educación física**
3. En la **tercera** hora tienes **ciencias sociales**
4. En la **cuarta** hora tienes **almuerzo**
5. En la **quinta** hora tienes **inglés**
6. En la **sexta** hora tienes **ciencias**
7. En la **séptima** hora tienes **ciencias de la salud**
8. En la **octava** hora tienes **español**

F *(20 points)*
1. **Ella toca la guitarra.**
2. **Él nada.**
3. **Tú dibujas.**
4. **Ellos cocinan.**

32

Page 35

I. Listening Comprehension (20 points)

1. a. 8:30   b. 9:25

2. a. 10:15   b. 10:30

3. a. 12:40   b. 12:15

4. a. 1:45   b. 1:05

5. a. 2:35   b. 3:25

II. Reading Comprehension (20 points)

1. Yes, José Luis likes to go to school.
2. Six
3. English
4. He needs folders, pencils, and spiral notebooks.
5. He likes to play sports.

Page 36

III. Writing Proficiency (20 points)

[See page T7 for suggestions for evaluating student writing.]

Hola, _____ :

_____

_____

_____

Saludos,

_____

IV. Cultural Knowledge (20 points)

Answers may vary, but students may want to know the grading scale, the dress code, how to address the teacher, and what a typical day in class is like.

V. Speaking Proficiency (20 points)

[See pages T37–T45 for suggestions for administering this portion of the test.]

CAPÍTULO 3

A Flor is telling Gloria about different things she likes to do during the year. Which activities does Flor like to do and in which season? Choose the letters that match what Flor likes to do and when. *(40 points)*

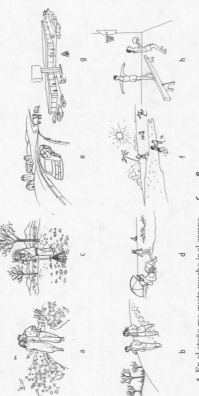

1. En el otoño me gusta mucho ir al campo.   c   e

2. En el verano me gusta ir a la playa con mis amigos.   f   d

3. En el invierno me gusta ir al gimnasio.   b   h

4. También me gusta ir al centro comercial en la primavera.   g   a

B Mauricio and Guille are talking about things they like to do. Circle the letter of the answer which best matches the underlined words of their statements. *(60 points)*

1. **MAURICIO** A mí me gusta estar con mis amigos todos los días.
   (a.) lunes a domingo   b. los fines de semana

2. **GUILLE** A veces me gusta estar solo, pero no los fines de semana.
   (a.) sábado y domingo   b. lunes a domingo

3. **MAURICIO** Me gusta ir al parque de diversiones después de las clases.
   a. por la mañana   (b.) por la tarde

4. **GUILLE** De lunes a viernes tengo mucha tarea, pero el sábado no.
   a. todos los días   (b.) los fines de semana

5. **MAURICIO** Mi clase termina a las tres y media. Después voy al gimnasio.
   a. por la noche   (b.) por la tarde

6. **GUILLE** Necesito ayudar en casa los martes y los jueves.
   (a.) en la semana   b. los fines de semana

CAPÍTULO 3

A Estela has drawn some pictures on her calendar to show what she does during the year. Look at the pictures, then write which activity Estela does each day and at what hour or time of year. *(50 points)*

l	m	m	j	v	s	d
6:30 A.M.		3:00 P.M.			8:00 P.M.	

1. Los lunes, me gusta ir a _____ **la piscina** _____ por _____ **la mañana** _____ .

2. En _____ **el verano** _____ me gusta ir _____ **al campo** _____ los sábados y _____ **a la playa** _____ los domingos.

3. Los martes me gusta ir al _____ **gimnasio** _____ en _____ **el invierno** _____ .

4. Los viernes, por _____ **la noche** _____ , me gusta ir al _____ **al centro comercial** _____ .

5. En la primavera me gusta mucho ir al _____ **parque de diversiones** _____ .

B Estela's mother has made a copy of the calendar to know when, where, and at what time she can find her daughter if she needs to. Help Estela's mom underline the right answers. *(50 points)*

1. Los fines de semana de verano Estela va (al centro comercial / a la playa).

2. (A las tres / a las seis y media) los miércoles por la tarde, Estela va a la piscina.

3. Estela va (al gimnasio / a la piscina) los lunes.

4. En la primavera, Estela va (al campo / al centro comercial).

5. Estela va al parque de diversiones los viernes (por la tarde / por la mañana).

A Julio is talking on the phone with his friend Gilberto from Puerto Rico about what he does when he's not in school. Match the pictures with what he says. *(60 points)*

e   **1.** Me gusta mucho jugar videojuegos por la tarde.

d   **2.** Los fines de semana voy de compras.

b   **3.** En el verano me gusta ir de pesca.

c   **4.** Me gusta jugar fútbol todos los días.

f   **5.** Los viernes voy a una fiesta con mis amigos.

a   **6.** Por la noche me gusta jugar basquetbol.

B It's vacation time and you ask your friends to do some things with you. Read each answer carefully, then choose the correct reply each friend gives. *(40 points)*

1. Sarita, ¿te gustaría ir de compras?
   a. No. Estoy enfermo.
   (b.) Sí, me gustaría ir al centro comercial.
   c. No. Estoy cansada.

2. Jorge, ¿puedes jugar tenis conmigo?
   a. Sí, puedes jugar conmigo.
   b. No. Estoy ocupada.
   (c.) Sí, puedo jugar contigo.

3. Luisa, ¿quieres ir a una fiesta?
   (a.) ¡Genial! No estoy ocupada.
   b. ¡Qué lástima! Estás enfermo.
   c. No. Quiero ir a una fiesta.

4. Juan, quiero ir contigo al gimnasio.
   a. Claro que sí. Me gustaría ir de pesca.
   b. Lo siento. Necesito ir al gimnasio.
   (c.) Hoy no puedo. Voy de compras.

Vocabulario para conversar   39

A Gustavo likes the new girl in his math class and asks her to go to different places with him. Mónica isn't interested and politely declines each invitation. Use the pictures to help you complete their conversation by underlining the correct word. *(40 points)*

1. **GUSTAVO**   Mónica, ¿te gustaría jugar (vóleibol / basquetbol) hoy después de las clases?

2. **MÓNICA**   Gracias Gustavo, pero no puedo. Estoy (cansada / ocupada).

3. **GUSTAVO**   Mónica, ¿te gustaría ir (a una fiesta / de compras)?

4. **MÓNICA**   No puedo, Gustavo. Estoy (ocupada / enferma).

B A few days later, Mónica has changed her mind about Gustavo. This time she starts the conversation. Write the words missing from Gustavo's answers. Use another form of the underlined words in Mónica's questions to help you. *(60 points)*

1. **MÓNICA**   Gustavo, ¿puedes ir al centro comercial conmigo?

2. **GUSTAVO**   Lo siento mucho, Mónica, pero no _puedo_ ir. Necesito estudiar para la clase de matemáticas.

3. **MÓNICA**   Gustavo, ¿quieres hacer la tarea de español conmigo?

4. **GUSTAVO**   Sí, _quiero_ hacer la tarea _contigo_ , pero necesito ayudar en casa.

5. **MÓNICA**   Gustavo, ¿te gustaría jugar tenis conmigo el martes?

6. **GUSTAVO**   Lo siento, Mónica. _Me gustaría_ jugar tenis contigo, pero el martes voy a jugar fútbol con mis amigos Tomás y Raúl.

40   *Vocabulario para conversar*

T62

Prueba 3-6

CAPÍTULO 3

Fecha

Mary is talking to her friend from Chile about the plans she has for both of them for next summer. Look at the pictures to determine what she is telling her friend. Use the correct form of *ir + a + infinitivo* when you write your answer. *(100 points)*

1. Todos los días tú y yo ___ *vamos a jugar tenis* ___ .

2. Los viernes tú ___ *vas a ir de compras* ___ conmigo.

3. Los sábados Mariana y Carlos ___ *van a escuchar música* ___ con nosotras.

4. Los fines de semana yo ___ *voy a cocinar* ___ .

5. Por la noche Pepe ___ *va a tocar la guitarra* ___ con nosotras.

6. A veces tú y mis amigos ___ *van a jugar videojuegos* ___ .

7. El domingo Vicente y Víctor ___ *van a patinar* ___ con nosotras.

8. Los lunes Marta ___ *va a estudiar* ___ contigo.

9. Por la tarde Diana y Roberto ___ *van a nadar* ___ con nosotras.

10. Todos los días mis amigas ___ *van a hablar por teléfono* ___ .

42   *Gramática en contexto / Ir + a + infinitivo*

Prueba 3-5

CAPÍTULO 3

Fecha

You and your friends are making plans for the next vacation. Circle the letter of the correct answer to complete the conversations that follow. *(100 points)*

1. —Julián, ¿ ___ al parque de diversiones el viernes?
   a. voy   **b. vas**   c. va   d. vamos   e. van
   —No, ___ a la piscina con María y Enrique.
   a. voy   b. vas   c. va   d. vamos   e. van

2. —Celia y Lidia, ¿adónde ___ ustedes el domingo?
   a. voy   b. vas   c. va   d. vamos   **e. van**
   ___ al parque de diversiones.
   a. voy   b. vas   c. va   **d. vamos**   e. van

3. —¿Adónde ___ Nicolás el viernes?
   a. voy   b. vas   **c. va**   d. vamos   e. van
   —Él ___ al centro comercial.
   a. voy   b. vas   **c. va**   d. vamos   e. van

4. —Señor Ortega, ¿adónde ___ usted el sábado?
   a. voy   b. vas   **c. va**   d. vamos   e. van
   ___ al gimnasio el sábado.
   a. voy   b. vas   c. va   d. vamos   e. van

5. —Berta, ¿adónde ___ Laurita y José el jueves?
   a. voy   b. vas   c. va   d. vamos   **e. van**
   —Ellos ___ a la playa.
   a. voy   b. vas   c. va   d. vamos   **e. van**

Gramática en contexto / El verbo ir   41

T63

T64

Paso a paso 1

Nombre _____

CAPÍTULO 3

Fecha _____

Prueba **3-7**

Jenny's little brother Ricardo is bored with his toys today and wants to go everywhere Jenny and her friends go. Look at the pictures to help you choose the correct form of the preposition *con*. *(100 points)*

1. —Jenny, ¿puedo ir _____**contigo**_____ al centro comercial?

2. —No, Ricardo, hoy no puedes ir _____**conmigo**_____ .

3. —Jenny, quiero ir al cine. ¿Puedo ir _____**con ustedes**_____ al cine?

4. —No, Ricardo. Miguel y Lucho van _____**con nosotras**_____ al cine. Pero Ricardo, Miguel y Lucho van al parque de diversiones el domingo por la tarde. ¿Quieres ir?

5. —¿De veras, Jenny? ¡Genial! ¡Me gustaría mucho ir _____**con ellos**_____ !

Gramática en contexto / La preposición con   43

Copyright © Prentice-Hall, Inc.

Copyright © Prentice-Hall, Inc.

Paso a paso 1

Nombre _____

CAPÍTULO 3

Fecha _____

Prueba **3-8**

A Teresita is visiting her cousins for a month, but she misses her family. She has decided to call home to ask her sister Lisa about how everyone is doing. Complete Teresita's questions by writing the correct form of *estar* in your answer. *(30 points)*

1. —Lisa, ¿ _____**estás**_____ ocupada?

2. —¿Dónde _____**está**_____ Irene?

3. —Aquí _____**estoy**_____ con Lisa. Ella y yo _____**estamos**_____ en casa, pero por la noche vamos al cine.

4. —También quiero hablar con Jaime. ¿Dónde _____**está**_____ él?

5. —Y mamá y papá, ¿dónde _____**están**_____ ellos?

B María Luisa has a baby-sitting job after school and is very conscientious about the children. Today she is asking them questions to show that she cares about each one. Complete her conversation with each child. Write the correct form of the verb *estar* in your answer. *(70 points)*

1. —Susanita, ¿ _____**estás**_____ enferma?

   —No, María Luisa. No _____**estoy**_____ enferma.

2. —Samuel, ¿dónde _____**está**_____ tu familia?

   —Ellos _____**están**_____ en el campo.

3. —¡Claudia y Lucía! ¿Dónde _____**están**_____ ustedes?

   —Aquí _____**estamos**_____ , en la piscina.

4. —María Luisa, ¿ _____**estás**_____ cansada de trabajar?

   —No, Samuel. No _____**estoy**_____ cansada.

5. —Me gusta mucho _____**estar**_____ con ustedes, pero _____**estoy**_____ ocupada. Necesito estudiar para la clase de ciencias mañana.

Gramática en contexto / El verbo estar   44

Copyright © Prentice-Hall, Inc.

Prueba 4-3

Paso a paso 1
Nombre
Fecha

Capítulo 4

A Lidia and Alma want to have a party to show off the new recipes they learned in their gourmet cooking class. Look at the pictures of the foods and beverages they are planning to buy, then underline the correct answer to each question. (40 points)

1. —¿Qué necesitas para la ensalada de frutas?
—Necesito (plátanos y uvas / <u>manzanas y naranjas</u>).

2. —¿Qué quieres para la ensalada de verduras?
—Quiero (zanahorias y lechuga / <u>judías verdes y guisantes</u>).

3. —¿Qué prefieres beber?
—Prefiero (<u>jugo y leche</u> / café y té helado).

4. —¿Qué necesitas para la sopa?
—Necesito (zanahorias y judías verdes / <u>cebollas y guisantes</u>).

B Tito and José Luis are members of the school baseball team. They have started a diet to get into better shape for the next season, but they can't stop talking about food. Choose the answer that best completes their statements. (60 points)

1. Me encantan las hamburguesas, pero
(a.) no son muy buenas para la salud.
b. son malas para la salud.
c. son sabrosas.

2. Me gustaría beber algo.
(a.) Tengo sed.
b. Debo comer.
c. Tengo hambre.

3. Quiero comer tres sandwiches
con papas fritas.
a. Tengo sed.
b. No me gustan.
(c.) Tengo mucha hambre.

4. Me encanta la ensalada de fruta.
a. ¡Qué asco!
b. Tengo sed.
(c.) ¡Qué sabrosa!

5. Es bueno beber agua, pero yo
a. debo beber algo.
b. no debo comer.
(c.) prefiero los refrescos.

6. Me gusta mucho el bistec. No es
(a.) malo para la salud.
b. bueno para la salud.
c. sabroso.

Prueba 4-2

Paso a paso 1
Nombre
Fecha

Capítulo 4

A Some friends are eating lunch together in the school cafeteria. Identify what they have brought for their lunch by underlining the correct answer. (40 points)

1. sandwich de queso / <u>sandwich de jamón y queso</u>

2. tomates / <u>frutas</u>

3. <u>papas al horno</u> / papas fritas

4. sopa de verduras / <u>sopa de pollo</u>

B The cooking teacher has assigned Patricia and Carmelo the task of choosing what foods the class will prepare for different meals this week. Use the pictures to help you write complete answers to each question. (60 points)

1. —Carmelo, ¿qué prefieres en el desayuno?
—**Prefiero jamón y huevos.**

2. —Y a ti, Patricia, ¿qué te gustaría?
—**Me gustaría cereal y pan tostado.**

3. —Carmelo, ¿qué te gusta comer en el almuerzo?
—**Me gusta el arroz.**

4. —Y a ti, Patricia, ¿qué te gusta?
—**Me gustan las hamburguesas y las papas fritas.**

5. —Carmelo, ¿qué quieres en la cena?
—**Quiero pollo o pescado.**

6. —Y a ti, Patricia, ¿qué te encanta comer en la cena?
—**Me encantan las sopas y las ensaladas.**

A Mónica wants to surprise her best friend with a meal she has cooked herself. Since Mónica isn't an experienced cook, she has decided to consult her older sister Rocío. Look at the pictures from Rocío's cookbook, then underline the answer that does *not* appear in the picture. (40 points)

1. —¿Qué necesito para la ensalada de frutas, Rocío?
—Necesitas plátanos, naranjas, manzanas y <u>uvas</u>.

2. —¿Qué necesito para la ensalada de verduras, Rocío?
—Para la ensalada necesitas lechuga, <u>tomates</u> y cebollas.

3. —¿Qué necesito para la sopa de verduras, Rocío?
—Para la sopa necesitas <u>guisantes</u>, judías verdes y zanahorias.

4. —¿Qué bebidas prefieres, Rocío?
—Prefiero jugo de naranja, limonada, <u>refrescos</u> y café.

B Rolando is conducting a survey for his health class. Complete each conversation using a form of the verb or expression underlined in Rolando's questions. (60 points)

1. —¿Qué <u>bebes</u>?
— **Bebo** té o limonada.

2. —¿Qué <u>debes</u> comer para el desayuno?
— **Debo** comer cereal o frutas.

3. —¿Siempre <u>tienes hambre</u>?
—No, no **tengo hambre** siempre.

4. —¿Es bueno para la salud comer mucho?
—No, es **malo** para la salud.

5. —¿<u>Prefieres</u> comer hamburguesas con papas fritas o pollo con verduras?
— **Prefiero** pollo con verduras.

6. —¿<u>Comes</u> conmigo o con ella mañana?
— **Como** contigo.

A Amanda has gone to her favorite restaurant, but she is having trouble deciding what to order. She loves everything on the menu! Identify the pictures and complete the sentences with the proper plural form when necessary. (50 points)

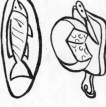

1. Me encanta _____ *el pescado* _____ .

2. Me encanta _____ *el queso* _____ .

3. Me encantan _____ *las papas al horno* _____ .

4. Me encanta _____ *el pan* _____ .

5. Me encantan _____ *las frutas* _____ .

B While working part-time at the school store you notice that someone made mistakes on the sign which advertises what the store sells. It is up to you to correct the mistakes. Write the singular form if the item is plural or write the plural form if the item is singular. (50 points)

1. un papel _____ *unos papeles*

2. los marcadores _____ *el marcador*

3. el lápiz _____ *los lápices*

4. una grabadora _____ *unas grabadoras*

5. un bolígrafo _____ *unos bolígrafos*

Prueba 4-6

Paso a paso 1

Nombre _____

Fecha _____

CAPÍTULO 4

A Some new students are asking your opinion about the food and beverages that are served in the cafeteria. Underline the correct word or words in parentheses. *(40 points)*

1. Las hamburguesas son (sabrosas / <u>horrible</u>).

2. La sopa es (horribles / <u>horrible</u>).

3. Los sandwiches son (muy malo / <u>muy malos</u>).

4. Las papas al horno son (buena para la salud / <u>buenas para la salud</u>).

B Those same new students want to know what the other students in your class are like. Complete the conversation by using the correct form of the word in parentheses. *(60 points)*

1. —¿Cómo es María?

—María es ___**ordenada**___ . (ordenado)

2. —¿Y Adolfo y Jesús?

—Adolfo y Jesús son ___**perezosos**___ . (perezoso)

3. —¿Y cómo son Raquel y Soledad?

—Raquel y Soledad son ___**graciosas**___ . (gracioso)

4. —¿Y Raúl y Roberto?

—Raúl y Roberto son ___**impacientes**___ (impaciente)

5. —¿Y Rebeca y Sara?

—Rebeca y Sara son ___**amables**___ . (amable)

6. —¿Y los profesores?

—Los profesores son ___**trabajadores**___ . (trabajador)

Prueba 4-7

Paso a paso 1

Nombre _____

Fecha _____

CAPÍTULO 4

A Gina and Omar are talking about the things they and their friends do when they go to a party. Complete their statements by writing the correct form of the verb in parentheses. *(60 points)*

1. Manolo ___**come**___ papas fritas. (comer)

2. Iván y Teodoro ___**beben**___ café y té. (beber)

3. Carmela ___**lee**___ un libro. (leer)

4. Nosotros ___**debemos**___ ir a la fiesta después. (deber)

5. Tú siempre ___**comes**___ mucho. (comer)

6. Yo ___**veo**___ la tele porque no me gustan las fiestas. (ver)

B Pablo is from Uruguay and he wants to spend the summer with Vicente and his family, who live in Arizona. He writes Vicente a letter asking him some questions. Complete Vicente's answers to Pablo. *(40 points)*

1. ¿Qué comes en el almuerzo?

Siempre ___**como**___ un sandwich, con una sopa o con papas fritas.

2. ¿Qué beben ustedes en la cena?

A veces ___**bebemos**___ jugo de naranja o leche, pero nunca ___**bebemos**___ refrescos.

3. ¿Qué deben hacer tus amigos después de la escuela?

___**Deben**___ ayudar en casa o estudiar.

4. ¿Qué ven los fines de semana?

___**Vemos**___ los deportes en la tele.

Right page

Nombre _____

Fecha _____

Hoja para respuestas
Prueba cumulativa

Capítulo 4

A (12 points)

1. tomates   cebollas

2. zanahorias   *guisantes*

3. *manzanas*   uvas

B (30 points)

1. *el desayuno*   9. *(la) limonada*

2. (el) jamón   10. *(los) plátanos*

3. (los) huevos   11. *la cena*

4. *(el) pan tostado*   12. *(el) pollo*

5. *(el) jugo de naranja* 13. *(la) ensalada*

6. el almuerzo   14. *(las) papas al horno*

7. *(el) pescado*   15. *(la) leche*

8. *(el) arroz*

C (20 points)

1. *comes*   6. *beben*

2. *como*   7. *deben*

3. *bebo*   8. *comemos*

4. *debes*   9. *debes*

5. *comen*   10. *debes*

D (8 points)

1. *desayuno*   5. *comen*

2. *buenos*   6. *sabrosas*

3. *café*   7. *necesitamos*

4. *malo*   8. *hambre*

E (30 points)

1. *tengo hambre*   4. *me gusta*

2. *Prefiero*   5. *me gustan*

3. *tengo sed*   6. *Me encantan*

62

Left page

Nombre _____

Fecha _____

Prueba **4-8**

Capítulo 4

A You are directing the school play this year. Today you are explaining to the actors and actresses what they should do during the first act. Underline the correct form of the verb for each statement you make. *(50 points)*

1. Mario y yo (escuchan / escuchamos) la música.

2. Clara y Luz (leen / leemos) el libro.

3. Ustedes y Andrés (hablan / hablamos) por teléfono.

4. Él y ella (comemos / comen) un sandwich.

5. Julio y Natalia (deben / debemos) cocinar.

B Laura and Angelita should be doing their homework today, but they are gossiping about their friends instead. Write the correct form of the verb in parentheses for each statement the girls make. *(50 points)*

1. Manolo y Carmen ___*practican*___ (practicar) la guitarra.

2. Mis amigos ___*comen*___ (comer) mucho todos los días.

3. Gloria y tú nunca ___*beben*___ (beber) leche.

4. Victoria y Samuel siempre ___*dibujan*___ (dibujar) en la clase.

5. Mis amigos y yo ___*leemos*___ (leer) todos los días.

6. Tú y Diana siempre ___*ven*___ (ver) la tele.

7. Paco y yo ___*vamos*___ (ir) al cine el domingo.

8. Guille y mis amigos ___*deben*___ (deber) estudiar.

9. Mis amigos y el profesor ___*van*___ (ir) al parque el sábado.

10. Tú y yo siempre ___*ayudamos*___ (ayudar) en casa.

T70

Paso a paso 1

CAPÍTULO 4

Nombre _____

Fecha _____

Hoja para respuestas 1
Examen de habilidades

I. Listening Comprehension *(20 points)*

1. Mary prefiere comer las papas
   a. al horno.
   b. en el almuerzo.
   c. fritas.

2. Robert nunca come
   a. huevos y jamón.
   b. pan tostado.
   c. cereal con leche.

3. De lunes a viernes después de las clases, Jenny
   a. no come nada.
   b. no tiene hambre.
   c. come frutas.

4. James no puede comer después de la escuela porque
   a. come mucho en el almuerzo.
   b. practica deportes.
   c. bebe mucha leche en la cena.

II. Reading Comprehension *(20 points)*

1. _____ *b*
2. _____ *c*
3. _____ *c*
4. _____ *b*

III. Writing Proficiency *(20 points)*

[See page T7 for suggestions on how to evaluate student writing.]

MENÚ (1) _____

_____

MENÚ (2) _____

_____

MENÚ (3) _____

_____

Paso a paso 1

CAPÍTULO 4

Nombre _____

Fecha _____

Hoja para respuestas 2
Examen de habilidades

IV. Cultural Knowledge *(20 points)*

Answers will vary, but students may say they'd expect to eat breakfast, lunch, and dinner.

Breakfast would take place between 7:00 and 8:30 and would include coffee, hot chocolate, and rolls with butter and jam. Lunch would be around noon to 2:00 and would be the heaviest meal of the day. Dinner would be around 7:00 or later and would be a light meal, sometimes including leftovers from lunch. The merienda is a small late afternoon meal similar to a desayuno.

V. Speaking Proficiency *(20 points)*

[See pages T37-T45 for suggestions on administering this portion of the test.]

Prueba 5-1 (left page)

A Ignacio is introducing Gabi to different members of his family. Select what he is saying by underlining the correct statement. (60 points)

1. Es mi padre Manolo. / Es mi abuelo Manolo.
2. Es mi prima Julia. / Es mi tía Julia.
3. Es mi abuela Betina. / Es mi madre Betina.
4. Es mi hermana Carolina. / Es mi prima Carolina.
5. Es mi primo José Emilio. / Es mi tío José Emilio.
6. Es mi hermano Gregorio. / Es mi primo Gregorio.

B Clara would like to meet the good-looking boy she sees at Elena's party. Match Clara's questions with Elena's answers. (40 points)

a. Se llama Santiago.	e. No, es hijo único.
b. Tienes catorce.	f. No, tengo quince.
c. Sí, le gustaría bailar conmigo.	g. No, tiene dieciséis.
d. Se llaman Vicente y Víctor.	h. Sí, le gustaría bailar contigo.

_a_ 1. —¿Cómo se llama?

_g_ 2. —¿Cuántos años tiene? ¿Quince?

_h_ 3. —¿Le gustaría bailar conmigo?

_e_ 4. —¿Tiene hermanos?

Vocabulario para conversar   67

Prueba 5-2 (right page)

A Ignacio is drawing his family tree for a project in his social science class. Which family members has he placed on his family tree? Write out the correct answer. (60 points)

1. Amalia es _la tía_ de Ignacio.
2. Leticia es _la abuela_ de Ignacio.
3. José Emilio es _el tío_ de Ignacio.
4. Manolo es _el abuelo_ de Ignacio.
5. Alejandro es _el padre_ de Ignacio.
6. Gregorio y Julia son _los primos_ de Ignacio.
7. Ana es _la hermana_ de Ignacio.
8. Ana y Carolina son _las hijas_ de Betina y Alejandro.
9. Gregorio es _el primo_ de Ignacio.
10. José Emilio y Amalia son _los tíos_ de Ignacio.

B Anita and Luisita are playing a guessing game during recess. Complete Anita's answers by underlining the correct words. (40 points)

1. La madre de mi madre es (mi abuela / mi tía).
2. La hija de mi padre es (mi prima / mi hermana).
3. El hijo de mi tía es (mi primo / mi hermana).
4. Los hijos de mis abuelos son (mis padres / mis hermanos).

68   *Vocabulario para conversar*

CAPÍTULO 5

Prueba **5-3**

Salvador and Juan are exchanging facts about members of their respective families. Complete their statements by underlining the correct word. (100 points)

1. Mi madre tiene treinta años. Mi padre tiene cuarenta. Él es (menor / simpático / mayor).

2. Tengo una abuela de ochenta años. Ella es (pelirroja / joven / vieja).

3. Mi madre es guapa e inteligente. No es nada (cariñosa / mayor / antipática).

4. Mi hermano tiene los ojos y el pelo castaño. Es muy (atractivo / viejo / menor).

5. Mi prima Carmen es muy sociable y graciosa. Es muy (antipática / alta / simpática).

6. Tengo una familia muy (antipática / cariñosa / gemela).

7. Mi padre es (menor / mayor / alto) que mi abuelo.

8. Mis dos hermanas menores son (gemelas / antipáticos / viejas).

9. Mi abuelo Miguel tiene el pelo canoso. Es (joven / viejo / pelirrojo).

10. Mi tío Pepe es alto, tiene los ojos azules y el pelo negro. Es muy (feo / guapo / bajo).

CAPÍTULO 5

Prueba **5-4**

A Juanita has gone backstage to see her friends after the rehearsal of the school play. She doesn't recognize any of them because they are still in makeup and wearing their costumes, and they look totally different. Complete Juanita's statements by writing out the opposite word. (40 points)

1. Claudia tiene el pelo negro, pero ahora tiene el pelo __rubio / canoso__ .

2. Paco es joven, pero ahora es __viejo__ .

3. Daniel es bajo, pero ahora es __alto__ .

4. Bernardo es guapo pero ahora es __feo__ .

B Ramón is going to have a party for his birthday. His parents ask him to describe to them some of his friends that they have not yet met. Read Ramón's descriptions, then complete them by writing the appropriate word. (60 points)

1. —Todos mis amigos son simpáticos. No son __antipáticos__ .

2. —Toña tiene catorce años. Felipe tiene quince años. Él es __mayor__ .

3. —Lupe es una muchacha amable, pero Guadalupe es un __muchacho__ cariñoso.

4. —Gerardo es muy guapo. Es __atractivo__ .

5. —Dora y Joaquín son hermanos. Los dos tienen catorce años. Son __gemelos__ .

6. —Miguel tiene ojos azules pequeños, pero Susana tiene ojos negros __grandes__ .

CAPÍTULO 5

A Your Spanish teacher asked the class to bring family photographs so that you could learn more about each other's family. Use the correct form of the verb ser to complete each description. (60 points)

1. Mi primo __es__ alto y guapo.
2. Tus hermanas __son__ bajas.
3. Mi tía __es__ joven.
4. Mis primos __son__ gemelos.
5. Mis abuelos __son__ viejos, pero practican deportes.
6. Mi padre y mi madre __son__ amables y cariñosos.
7. Mis hermanas y yo __somos__ deportistas.
8. Yo __soy__ hija única.
9. Carmen, tú __eres__ muy inteligente.
10. Mi familia __es__ simpática, amable y cariñosa.

B As your classmates look at your family pictures, they ask you to identify your relatives. Use the correct form of the verb ser to complete the conversation. (40 points)

1. —¿Quién __es__ la muchacha de ojos azules?
   —Ella __es__ mi prima Celia.
2. —¿Quiénes __son__ este hombre y esta mujer?
   —Ellos __son__ mis padres.
3. —¿Quién es este niño pequeño? ¿ __Eres__ tú?
   —Sí, __soy__ yo. Aquí tengo cinco años.
4. —¿Quiénes __son__ los muchachos en esta foto? ¿Tus hermanos?
   —Sí, __somos__ mis hermanos y yo.

CAPÍTULO 5

A Your teacher has divided the class into several groups today in order to give students the opportunity to practice speaking in Spanish. Complete the different conversations the teacher hears while walking around the room. Use the correct form of the verb tener in your answers. (60 points)

1. VICTORIA Mi hermano __tiene__ catorce años. ¿Cuántos años __tiene__ tu hermano?
   CRISTINA Yo no __tengo__ hermanos, pero sí tengo hermanas. Ellas son gemelas y __tienen__ trece años.

2. ARTURO ¿ __Tienen__ ustedes un gato o un perro?
   ROBERTO __Tenemos__ un gato. Es un gato muy simpático y __tiene__ los ojos verdes.

3. PATRICIO Marcos, ¿ __tienes__ el marcador verde?
   MARCO No, pero Justino y Lucho __tienen__ un bolígrafo verde.
   PATRICIO ¿Quién __tiene__ el marcador verde?
   SIMÓN Nosotros __tenemos__ el marcador verde.

4. ÓSCAR ¿Cuántos primos __tiene__ Hernando?
   PABLO Él __tiene__ tres primos: un primo en California y dos primas en Nevada. ¿Cuántos años __tienen__ ellas?
   ÓSCAR Ellas __tienen__ dieciséis años.

B Luis and his friends from Mexico and Spain, Arturo and Patricio, are looking at photographs of their families. They are surprised to find that the families look different than they expected. Complete their descriptions using the correct form of the verb tener. (40 points)

PATRICIO Es mi familia en España. Ellos __tienen__ el pelo rubio y los ojos azules. Mi padre __tiene__ los ojos verdes. Mis dos hermanas __tienen__ el pelo castaño.

ARTURO Es mi familia en México. Yo __tengo__ el pelo rubio. Mi padre y mi hermano __tienen__ el pelo rubio también. Y en tu familia, Luis, ¿ __tienen__ el pelo rubio o castaño?

LUIS En mi familia en Nebraska todos __tienen__ el pelo negro, pero yo no. __Tengo__ el pelo castaño. Arturo, ¿ __tienen__ ustedes los ojos negros o marrones?

ARTURO Mis padres, mi hermano y yo __tenemos__ los ojos verdes.

T74

Paso a paso 1 Nombre ______

CAPÍTULO 5 Fecha ______ Prueba 5-7

Alfredo and his friend Diego are waiting for Alfredo's relatives from Peru to arrive at the airport. The plane has just landed and the passengers have entered the terminal, but are still too far away to be recognized. Complete the boys' conversation with the correct possessive adjective *(mi, mis, tu, tus, su, sus)* in your answer. *(100 points)*

DIEGO ¿Es el muchacho de pelo rubio ___*tu*___ primo Roberto?

ALFREDO No, ___*mi*___ primo tiene el pelo negro.

DIEGO ¿Son ellos ___*tus*___ tíos Berta y Raimundo?

ALFREDO No, tía Berta es alta y tío Raimundo es bajo.

DIEGO ¿Son ellos ___*tus*___ abuelos Don Carlos y Doña Francisca?

ALFREDO No, ___*mis*___ abuelos son mayores.

DIEGO ¡Mira, Alfredo! Allí están ___*tus*___ tíos y ___*su*___ hijo Roberto.

ALFREDO A ver... ¡Sí, son ellos! ¿Y quién es la guapa joven pelirroja y alta que está con ellos?

DIEGO ¿No es ella ___*tu*___ prima Felipa, Alfredo?

ALFREDO Creo que sí. Voy a hablar con ellos. ¿Vienes conmigo?

DIEGO Sí, voy contigo. Yo también quiero hablar con ___*tus*___ tíos y ___*sus*___ hijos, Roberto y Felipa.

Paso a paso 1 Nombre ______

CAPÍTULO 5 Fecha ______ Hoja para respuestas **Prueba cumulativa**

A *(10 points)*

1. *abuelos*
2. *tía*
3. *hermano*
4. *prima*
5. *tíos*

B *(14 points)*

1. *hombre*
2. *mujer*
3. *muchacho*
4. *hombre*
5. *viejo*
6. *muchacha*
7. *baja*

C *(24 points)*

1. *Tienes*
2. *tengo*
3. *tenemos*
4. *tiene*
5. *tienen*
6. *tenemos*

D *(24 points)*

1. *son*
2. *es*
3. *es*
4. *eres*
5. *soy*
6. *somos*

E *(12 points)*

1. *Nadie*
2. *antipática*
3. *fea*
4. *menor*

F *(16 points)*

1. *Cuántos años tiene*
2. *Cómo se llaman*
3. *Tiene hermanos*
4. *Qué le encanta / gusta*

CAPÍTULO 5

I. Listening Comprehension (20 points)

1. El abuelo de Sergio tiene
   a. sesenta y cinco años.
   b. cincuenta y dos años.
   c. cuarenta y dos años.

2. El padre de Sergio es muy
   a. deportista.
   b. canoso.
   c. bajo.

3. La madre de Sergio es
   a. alta.
   b. baja.
   c. guapa.

4. Sergio
   a. tiene una hermana gemela.
   b. tiene un hermano.
   c. no tiene hermanos.

5. La abuela de Sergio tiene
   a. ojos verdes.
   b. pelo castaño.
   c. cincuenta años.

II. Reading Comprehension (20 points)

1. *Spain*

2. *Ricki Rey Roquero*

3. *She has red hair and brown eyes.*

4. *They are blondes with blue eyes.*

5. *They are twins.*

III. Writing Proficiency (20 points)

[See page T7 for suggestions on how to evaluate student writing.]

79

CAPÍTULO 5

IV. Cultural Knowledge (20 points)

She would most likely use her first name and her father's last name: Ana Ríos.

V. Speaking Proficiency

[See pages T37–T45 for suggestions on how to administer this portion of the test.]

80

Prueba 6-1

Paso a paso 1
Nombre
Fecha

CAPÍTULO 6

A Yoli and Maribel are in the mall shopping for some new clothes. Choose the letter of the picture which matches the article of clothing they refer to in their statements. *(60 points)*

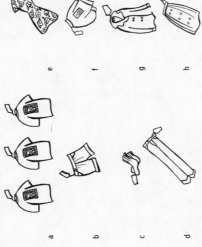

a   e

b   f

c   g

d   h

1. __f__ Me encanta esta sudadera.
2. __e__ Me gustaría comprar un vestido rosado.
3. __a__ Necesito tres camisetas.
4. __h__ La falda gris no me queda bien.
5. __c__ Prefiero los calcetines amarillos.
6. __b__ Me gustan mucho los pantalones cortos.

B Mateo has gotten a summer job working at a department store. Today he is waiting on some friends who have decided to shop where he works. Underline the word that completes his conversation with each friend. *(40 points)*

1. —Berto, ¿cómo (me queda / te queda) la camisa?
   —Muy bien, Mateo.

2. —Sarita, voy a buscar un suéter bonito (para ti / para mí).
   —¿De veras? Gracias, Mateo.

3. —Mateo, ¿cuánto (cuesta / cuestan) los tenis?
   —Sólo quince dólares.

4. —Julia, (ese / esa) vestido es muy feo.
   —Sí, creo que sí. Prefiero el vestido blanco.

Vocabulario para conversar 81

Prueba 6-2

Paso a paso 1
Nombre
Fecha

CAPÍTULO 6

A Olivia is looking through her favorite clothing catalog to buy some gifts. Help her by writing the article of clothing and the price of each item on the blank lines. *(70 points)*

1. __Los calcetines__ azules cuestan __cuatro__ dólares. $4

2. __Los pantalones__ negros cuestan __treinta y cinco__ dólares. $35

3. __La chaqueta__ marrón cuesta __ciento cincuenta y ocho__ dólares. $158

4. __La sudadera__ blanca cuesta __quince__ dólares. $15

5. __El vestido__ rojo cuesta __cien__ dólares. $100

6. __Los pantalones cortos__ anaranjados cuestan __veinticinco__ dólares. $25

7. __Los zapatos__ grises cuestan __sesenta y dos__ dólares. $62

B As you walk through the department store, you overhear different conversations. Complete each conversation by choosing the correct answer. *(30 points)*

1. —¿Cómo te quedan los suéteres?
   __a.__ Me quedan bien.   b. Te quedan mal.   c. Me gusta mucho.

2. —¿Es para ti la camisa?
   a. No, es para mí.   __b.__ Sí, es para ti.   c. Sí, es para ti.

3. —¿La camisa es para un señor mayor?
   a. Sí, es para un muchacho.   b. Sí, es para la señora.   __c.__ Sí, es para mi abuelo.

82 *Vocabulario para conversar*

T77

Prueba 6-3

LEFT SHEET

Paso a paso 1   Nombre

CAPÍTULO 6   Fecha _____

Prueba **6-3**

A Diego and Rebeca are out on a date. Each one likes the outfit the other is wearing, so they start a conversation about their clothes. Underline the correct verb forms or expressions that complete their conversation. *(70 points)*

1. —Me gusta mucho tu blusa, Rebeca. ¿Cuánto (pagué / <u>pagaste</u>)?

2. —Gracias, Diego. Sólo (<u>pagué</u> / pagaste) quince dólares.

3. —¿Dónde la (<u>compré</u> / compraste), Rebeca?

4. —Yo la (<u>compré</u> / compraste) en el centro comercial Loma Verde.

5. —Diego, ¿es muy (cara / <u>barata</u>) tu camiseta?

6. —¡No! Es muy (cara / <u>barata</u>). Sólo cuesta cuatro dólares.

7. —Diego, ¿te gustan (estos / <u>estas</u>) zapatos?

—Sí, Rebeca, me gustan mucho.

B Álvaro's mother wants to know when and where her son bought the fancy clothes he is wearing. She also wants to know how much he paid for them. Choose the correct letter of the word that completes Álvaro's conversation with his mother. *(30 points)*

a. barata	d. hace una semana	g. esa	j. sábado
b. compré	e. almacén	h. ganga	
c. zapatería	f. pagaste	i. pagué	

1. —¿Dónde compraste esos zapatos nuevos, Álvaro?

—Los __b__ en la __c__ Suelas de Oro.

2. —¿Cuándo los compraste? ¿El __j__ ?

—No, __d__ .

3. —¿Y cuánto __f__ por ellos?

—__i__ sólo catorce dólares.

4. —Y __g__ camisa roja, ¿dónde la compraste?

—La compré en el __e__ Galerías.

5. —¿ __a__ o cara?

—¡Una __h__ !

Vocabulario para conversar   83

T78

RIGHT SHEET

Paso a paso 1   Nombre

CAPÍTULO 6   Fecha _____

Prueba **6-4**

A Paca wants to know where her friend just bought her beautiful new clothes. Complete what her friend tells her by identifying the pictures which show where the articles of clothing were purchased. *(50 points)*

1. Compré el vestido azul en (<u>el almacén</u> / la tienda de descuentos).

2. Estos zapatos los compré en (el almacén / <u>la zapatería</u>).

3. Los calcetines verdes los compré en (la tienda de ropa / <u>la tienda de descuentos</u>).

4. Ese vestido que te encanta lo compré en (<u>la tienda de ropa</u> / la zapatería).

5. También compré mis tenis en (<u>la zapatería</u> / el almacén).

B Celia and Marisa are admiring the new clothes they just bought. Complete what the girls say about their purchases. Use either another verb form or a word that means the opposite of the underlined word. *(50 points)*

1. —Celia, ¿cuánto pagaste por los zapatos marrones?

—Yo ___*pagué*___ sólo diez dólares.

2. —Marisa, ¿dónde compraste los jeans negros?

—Los ___*compré*___ en la tienda de descuentos.

3. —Celia, ¿es caro tu suéter?

—No, es ___*barato*___ . Sólo cuesta siete dólares.

4. —Marisa, ¿esa blusa es vieja?

—¡No, Celia! ¡Es ___*nueva*___ !

5. —¿Y dónde compraste estos tenis?

—___*Esos*___ tenis los compré en la zapatería.

84   *Vocabulario para conversar*

CAPÍTULO 6

Paso a paso 1

Nombre _____

Fecha _____

Prueba **6-6**

A You want to buy some gifts for your family because they all have birthdays soon. A friend is trying to help you by suggesting different articles of clothing, but you see something else you prefer to buy. Complete your answers by using a form of the demonstrative adjective different from the one in your friend's statement. *(60 points)*

1. —¿Te gustan estos calcetines negros?
   —No, prefiero **esos** calcetines blancos para mi papá.

2. —¿Te gusta esta chaqueta blanca?
   —No, me gusta **esa** chaqueta negra para mi hermano.

3. —¿Te gustaría comprar estas camisetas azules?
   —No, me gustan más **esas** camisetas rojas para mis primos.

4. —¿Prefieres esos pantalones rosados?
   —No, me gustan **estos** pantalones marrones para mi mamá.

5. —¿No te gustaría ese vestido amarillo?
   —No, pero me gustaría **este** vestido blanco para mi abuela.

6. —¿Te gusta esa camisa gris?
   —No, me gusta **esta** camiseta azul para mi abuelo.

B Marcela is in a shopping mood today and wants to buy everything she sees in the department store. Underline the correct demonstrative adjective in parentheses to complete her statement. *(40 points)*

1. Me gustan _____ blusas. (esos / esas / estos)
2. Me encantan _____ calcetines azules. (<u>esos</u> / esas / estas)
3. Me gustaría comprar _____ suéter. (<u>este</u> / esta / esos)
4. Me gustan mucho _____ tenis. (ese / esas / <u>esos</u>)
5. Quiero comprar _____ chaqueta. (ese / estas / <u>esa</u>)
6. Me encanta _____ vestido. (<u>ese</u> / estas / esa)
7. Me gustan _____ zapatos. (este / esta / <u>esos</u>)
8. Y también me gusta _____ sudadera. (este / <u>esa</u> / ese)

CAPÍTULO 6

Paso a paso 1

Nombre _____

Fecha _____

Prueba **6-5**

Joaquín and Rodrigo are pretending that they have lots of money to buy anything they want. Complete their statements by writing the name of the pictured item and the correct form of the adjective or adjectives given in parentheses. Be sure to write the words in the correct order. *(100 points)*

1. Necesito comprar una
   grabadora nueva . (nuevo)

2. Me gustaría comprar un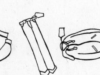
   perro bonito y pequeño . (bonito; pequeño)

3. Me gustaría comprar una
   sudadera amarilla . (amarillo)

4. Voy a comprar unos
   pantalones negros . (negro)

5. Me gustaría comprar una
   chaqueta marrón . (marrón)

6. No me gustaría tener un
   perro feo y grande . (feo; grande)

7. Me gustaría comprar esas
   camisas blancas y caras . (blanco; caro)

8. Debo comprar una
   falda roja y barata . (rojo; barato)

9. Quiero comprar tres
   grabadoras viejas . (viejo)

10. Me gustaría comprar dos
    sandwiches grandes y sabrosos . (grande; sabroso)

T79

Paso a paso 1

Nombre _____

Fecha _____

Prueba **6-7**

The Spanish Club has planned a rummage sale to earn extra money. You and your friends are trying to sort through the many articles of clothing you have received. Replace the underlined noun with the appropriate direct object pronoun in the dialogue. (100 points)

1. —¿Tienes los zapatos negros, José?
 —No, no **los** tengo.

2. —¿Dónde está la sudadera amarilla?
 —Carmen **la** tiene.

3. —Necesitamos las faldas. ¿Dónde están?
 —Yo **las** tengo aquí.

4. —Ese suéter es muy bonito.
 —Sí, pero **lo** compré hace un año. No me gusta porque no me queda bien.

5. —También me gustan mucho esos pantalones.
 —Sí, pero son muy viejos. **Los** compré hace dos años.

6. —¿Quién tiene el vestido que me gusta?
 —María **lo** tiene.

7. —¿Necesitas estos tenis?
 —No, no **los** necesito.

8. —Estas camisetas son muy feas. ¿Quién compra camisetas moradas?
 —Pues, a mí me gustan. Yo **las** compro. ¿Cuánto cuestan?

9. —¿Y tus calcetines rojos, Felipe? ¿Dónde están?
 —Aquí están. Yo **los** tengo.

10. —¿Y tu blusa blanca, Andrea?
 —No **la** quiero llevar. Voy a comprar otra.

Paso a paso 1

Nombre _____

Fecha _____

Hoja para respuestas
Prueba cumulativa

A (24 points)
1. *el (un) vestido* — *sesenta dólares*
2. *los (unos) zapatos* — *ciento veinte dólares*
3. *los (unos) pantalones* — *veinticinco dólares*
4. *la (una) camisa* — *cuarenta y cinco dólares*
5. *el (un) suéter* — *setenta dólares*
6. *la (una) chaqueta* — *treinta y dos dólares*

B (6 points)
1. *señor*   2. *señorita*

C (18 points)
1. *para ti* — 4. *Me quedan bien*
2. *para mí* — 5. *cuestan*
3. *cómo te quedan* — 6. *baratos*

D (12 points)
1. *Las compro* — *la (una) tienda de descuentos*
2. *Los compro* — *la (una) zapatería*

E (16 points)
1. *esas* — 3. *ese*
2. *esa* — 4. *estos*

F (24 points)
1. *compraste* — 4. *pagaste*
2. *compré* — 5. *pagué*
3. *cara* — 6. *cuesta*

90

Paso a paso 1

Nombre _____

Capítulo 6

Fecha _____

I. Listening Comprehension (20 points)

DIÁLOGO 1

1. Marta compra una
   a. chaqueta verde.   b. blusa y un suéter.   c. chaqueta negra.
2. La chaqueta negra
   a. es muy grande.   b. es muy pequeña.   c. no es muy cara.
3. La chaqueta verde es
   a. más bonita.   b. más grande.   c. más barata.

DIÁLOGO 2

4. La tienda de ropa no tiene
   a. faldas de color amarillo.   b. zapatos.   c. pantalones.
5. Todo cuesta treinta y cinco:
   a. los zapatos.   b. los pantalones azules.   c. los pantalones y la falda.

II. Reading Comprehension (20 points)

1. _a_
2. _b_
3. _b_
4. _a_
5. _a_

III. Writing Proficiency (20 points)

[See page T7 for suggestions for evaluating student writing.]

Hola, _____ :

_____

_____

_____

_____

Saludos,

_____

Paso a paso 1

Nombre _____

Capítulo 6

Fecha _____

IV. Cultural Knowledge (20 points)

Answers will vary, but students might say that tailors custom-make clothes or people shop for clothes off-the-rack at shopping cneters and special dressmaking stores.

_____

_____

_____

V. Speaking Proficiency (20 points)

[See pages T37–T45 for suggestions on how to administer this portion of the test.]

T81

Left page (Prueba 7-1)

A There are so many places to go on vacation! How will you ever decide? You and your family are glancing through some brochures from a travel agency. Write the number of each descriptive statement from the brochures below the appropriate picture. *(25 points)*

2 ___   3 ___   1 ___   4 ___   5 ___

1. ¡Qué genial! Descansar y tomar el sol en una bonita playa.
2. En México puedes ¡subir pirámides!
3. ¿Es Ud. atrevido? ¿Por qué no explora la selva tropical en Costa Rica?
4. ¿Quisiera bucear en el mar? ¡Pues, a Puerto Rico de vacaciones!
5. ¿Quisiera esquiar en julio? ¡Lo puede hacer en las montañas de Chile!

B Now it's up to you to discuss the brochures with a travel agent. Underline the missing words in your conversation with the travel agent. *(75 points)*

—(Cuando / Quisiera) visitar un (país / pasado) nuevo para mí.

—Puedes ir a México. Teotihuacán es muy bonito. Allí puedes (subir / terminar) pirámides.

—Pero quiero (tener / descansar).

—¿Por qué no vas a la playa? Puedes (visitar / tomar el sol) y nadar.

—La playa no me gusta nada.

—¿Te gustaría (explorar la selva / los recuerdos)?

—Tampoco soy atrevido.

—Puedes ir a las (mar / montañas) para (bucear / esquiar).

—Pero no puedo esquiar.

—¿Por qué no vas a Bolivia? Allí puedes visitar el (lugar / lago) Titicaca y (pasado / pasear en bote).

—Los botes no me gustan.

—¡Vaya! Pues... ¿Quieres (fuiste / visitar) España? Allí puedes ver de (ruinas / vacaciones), (años / catedrales), museos...

—No me gustan ni los museos ni las catedrales.

—Pues, ¿qué te gusta hacer (ciudad / cuando) vas de (ruinas / vacaciones)?

—Soy muy (deportista / perezoso); me gusta comer y dormir.

Right page (Prueba 7-2)

A Your older brother Paco is also thinking of the places he would like to visit this summer. Look at the pictures, then write down where he wants to go and what he would like to do there. *(60 points)*

 mar   para *bucear*

 las ruinas   para *subir una pirámide*

 *las cataratas*   para *sacar fotos*

 la selva tropical   para *pasear en bote*

 las montañas   para *esquiar*

1. Me gustaría ir al _____ para _____.

2. Me gustaría ir a _____ para _____.

3. Me gustaría ver _____ para _____.

4. Me gustaría ir a _____ para _____.

5. Me gustaría ir a _____ para _____.

Your cousins, Mateo and Sara, are talking about last year's vacation and what they are planning to do for this year's vacation. Underline the words which best answer each question in their conversation. *(40 points)*

B

1. —¿Adónde fuiste las vacaciones pasadas?
   —(Fui / fuiste) a las montañas.

2. —¿Cuándo fuiste al mar?
   —(El año pasado / En una semana).

3. —¿Adónde vas este verano?
   —Quisiera visitar un (ninguna parte / lugar de interés).

4. —¿Dónde está ese lugar?
   —En (la ciudad / el país) de Barcelona.

Prueba 7-4

A You have been invited to spend a long holiday weekend with some friends, but you don't know what the weather is like where you are going. For that reason you've made a list of the clothing you would need for different weather conditions. Identify the articles of clothing and the weather shown in the pictures. *(30 points)*

1. Necesito **(el) impermeable** cuando **llueve**

2. Necesito **(el) bronceador** cuando **hace sol / buen tiempo**

3. Necesito **(el) traje de baño** cuando **hace calor**

B Maribel is talking to her friend Gladys on the telephone, but the connection is not very good and we can only hear a part of the conversation. Select and write the words from the list to complete their conversation. *(70 points)*

regresar	vacaciones	bronceador	maleta
qué tiempo hace	salir	pienso	hace sol

MARIBEL   Sí, voy a Puerto Rico de **vacaciones** .

GLADYS   ¿De veras? ¿Cuándo vas a **salir** para Puerto Rico?

MARIBEL   El trece, y voy a regresar el día veinte. **Pienso** bucear y visitar todos los lugares de interés.

GLADYS   ¿Qué ropa vas a llevar en la **maleta** ? ¿Suéteres? ¿Sudaderas con jeans?

MARIBEL   Pues, no. Allí hay muchas playas. Voy a necesitar pantalones cortos y camisetas.

GLADYS   ¿ **Qué tiempo hace** en Puerto Rico?

MARIBEL   ¡ **Hace sol** todo el año!

GLADYS   ¡Fantástico! No olvides llevar el **bronceador** .

Vocabulario para conversar   98

Prueba 7-3

A You are advising Carlos, an exchange student, about what to wear during the school year where you live. Use the pictures to help you fill in your answer with the letter of the correct word or words. *(80 points)*

1. Necesitas un ___b___ en el verano. Siempre ___d___ .
   a. bufanda   b. traje de baño   c. hace viento   d. hace sol

2. Necesitas un ___a___ en la primavera. Siempre ___d___ .
   a. paraguas   b. anteojos de sol   c. hace calor   d. llueve

3. Necesitas un ___b___ en el otoño. Siempre ___c___ .
   a. bronceador   b. abrigo   c. hace fresco   d. hace calor

4. Necesitas ___b___ en el invierno. Siempre ___d___ .
   a. impermeable   b. guantes   c. hace buen tiempo   d. nieva

B Now tell Carlos some of the items you wear when going out in your city, depending on the weather. Write the number of the corresponding statement below the appropriate word. *(20 points)*

paraguas	botas	guantes	traje de baño
2	3	4	1

1. Cuando hace calor, llevo . . .
2. Cuando llueve, llevo . . .
3. Cuando nieva, llevo . . .
4. A veces también llevo . . . cuando hace mucho frío.

Vocabulario para conversar   97

Prueba 7-5 (page 99)

Paso a paso 1 Nombre _____

CAPÍTULO 7   Fecha _____   Prueba **7-5**

A Some of your friends are unable to do certain activities during this vacation for various reasons, including the weather. Write the correct form of the verb *poder* to complete each statement. *(25 points)*

1. Yo no ___ **puedo** ___ ir al campo este fin de semana. Debo estudiar.

2. Mis amigos y yo no ___ **podemos** ___ nadar en la piscina. Hace mucho frío.

3. Lorenzo no ___ **puede** ___ esquiar. No nieva.

4. Pablo y Marta no ___ **pueden** ___ ir a la playa el domingo. Hace mal tiempo.

5. Y tú, Víctor, no ___ **puedes** ___ salir de casa. Nieva mucho.

B Enrique and Eugenio want others to accompany them on their trip to the mountains. Finish their conversation by writing the correct form of the verb *poder* in both the question and the answer. *(75 points)*

1. —Mariana, ¿qué ___ **podemos** ___ hacer Eugenio y yo en las montañas?

   — ___ **Pueden** ___ bucear en el lago.

2. —Eugenio, ¿ ___ **puedes** ___ bucear?

   —No, no ___ **puedo** ___ bucear muy bien, pero me gustaría aprender.

3. —Rafael, ¿tú y Pepe ___ **pueden** ___ ir con nosotros a las montañas?

   —No, no ___ **podemos** ___ . Yo voy a visitar a mi tía y Pepe va a ayudar en casa.

4. —Enrique, ¿tus hermanos ___ **pueden** ___ ir con nosotros?

   —Mi hermano Chuy no ___ **puede** ___ ir y mi hermano Ángel está con mis abuelos.

5. —Eugenio, ¿quién ___ **puede** ___ ir con nosotros?

   —Nadie ___ **puede** ___ ; creo que sólo tú y yo vamos a ir a las montañas.

Gramática en contexto / El verbo poder   99

Prueba 7-6 (page 100)

Paso a paso 1 Nombre _____

CAPÍTULO 7   Fecha _____   Prueba **7-6**

Marga and a friend are talking about the things they will need to take with them when they go to the beach this weekend. Complete each statement by choosing and then filling in the blank with the correct combination of *para + infinitivo*. *(100 points)*

1. —¿Qué necesitamos ___ **para ir** ___ a la playa?

   (para salir / para ir)

2. —Necesitamos el bronceador ___ **para tomar** ___ el sol.

   (para tomar / para bucear)

3. —Yo quiero llevar la cámara ___ **para sacar** ___ fotografías.

   (para practicar / para sacar)

4. —Y tú debes llevar un libro ___ **para leer** ___ .

   (para escuchar / para leer)

5. —¿Llevas una grabadora ___ **para escuchar** ___ música?

   (para hablar / para escuchar)

6. —Sí, también llevo el traje de baño ___ **para nadar** ___ en el mar.

   (para comer / para nadar)

7. —Marga, ¿qué quieres llevar ___ **para comer** ___ ?

   (para comer / para esquiar)

8. —Quiero frutas ___ **para hacer** ___ una ensalada de fruta.

   (para beber / para hacer)

9. —¡Qué sabrosa! También debemos llevar refrescos fríos ___ **para beber** ___ .

   (para comer / para beber)

10. —Necesitamos dinero ___ **para comprar** ___ todas esas cosas.

    (para llevar / para comprar)

100   *Gramática en contexto / Para + infinitivo*

T84

Capítulo 7

Fecha _____

Vicente's little brother has said that he wants to stay home and watch television rather than go with the family on vacation. Now that he sees Vicente packing, he's curious about what he might be missing. Complete the boys' conversation with the correct forms of the verb *pensar*. *(100 points)*

1. —Vicente, ¿qué ___*piensas*___ hacer ustedes en la playa?

2. —Pues, ___*pensamos*___ nadar, bucear y jugar vóleibol.

3. —¿Qué ___*piensan*___ hacer mamá y papá en la ciudad?

4. —Ellos van a pasear, ir de compras y, por la noche, todos ___*pensamos*___ comer una cena sabrosa.

5. —Y, ¿qué ___*piensas*___ hacer tú en las montañas?

6. —___*Pienso*___ esquiar o visitar lugares de interés.

7. —¿Qué ___*piensan*___ hacer papá y tú en el lago?

8. —___*Pensamos*___ ir de pesca y descansar.

9. —Vicente, yo ___*pienso*___ que no quiero ver la televisión estas vacaciones.

10. —¿De veras? ¿___*Piensas*___ ir con nosotros? ¡Genial! Pero necesitas hacer la maleta. Lleva el traje de baño, jeans, calcetines, camisetas y también pantalones cortos y unos tenis. Vamos a salir en una hora.

Capítulo 7

Fecha _____

A What does the weather make you and your friends feel like doing? Finish the following sentences with the correct forms of the verb *querer*. *(50 points)*

—Hoy va a hacer calor. ¿Qué ___*quieren*___ hacer Uds.?

—Pues, Pablo y yo ___*queremos*___ ir a nadar.

—Juan y Cecilia ___*quieren*___ tomar el sol.

—Marta ___*quiere*___ ir a bucear.

—Roberto ___*quiere*___ pasear en bote.

—Yo ___*quiero*___ descansar.

—Y tú, ¿qué ___*quieres*___ hacer?

—Pues, ___*quiero*___ jugar béisbol. ¿Quién ___*quiere*___ jugar conmigo?

—Cuando hace calor, ¡nadie ___*quiere*___ hacer nada!

B Marisa is complaining to her sister Sara because Sara never wants to do anything with the family. Complete Marisa's statements with the correct forms of the verb *querer*. *(50 points)*

MARISA Tú nunca ___*quieres*___ hacer nada conmigo. "Estoy cansada, ___*quiero*___ descansar", dices siempre. Mamá ___*quiere*___ jugar tenis contigo, pero tú nunca puedes. Tomás y Gabi ___*quieren*___ jugar videojuegos, pero tú siempre estás ocupada. Todos nosotros ___*queremos*___ hacer algo contigo, pero tú siempre estás ocupada o cansada.

SARA ¿Y vosotros qué queréis? Soy una muchacha muy sociable y tengo muchos amigos.

MARISA ¡No me digas! Pues, también tienes una familia.

Paso a paso 1   Nombre _____
Fecha _____
Hoja para respuestas

CAPÍTULO 7

Prueba cumulativa

A *(20 points)*

1. *montañas*   3. *mar*
2. *botas*   4. *traje de baño*

B *(24 points)*

1. *piensas*   5. *lugares de interés*
2. *pienso*   6. *Qué tiempo hace*
3. *ninguna parte*   7. *llueve*
4. *país*   8. *hace calor*

C *(15 points)*

1. *puede*   4. *puedes*
2. *puedo*   5. *podemos*
3. *pueden*

D *(16 points)*

1. *para tomar el sol*   3. *para sacar fotos*
2. *para bucear*   4. *para pasear en bote*

E *(20 points)*

1. *quiero*   6. *quieren*
2. *quieren*   7. *piensan*
3. *pensamos*   8. *quieres*
4. *quiere*   9. *pienso*
5. *piensa*   10. *queremos*

F *(5 points)*

1. _____ *a*   4. _____ *a*
2. _____ *a*   5. _____
3. _____ *a*

CAPÍTULO 7

Prueba **7-9**

A You are helping your best friend Tania pack for a trip to Florida. Discuss what she's going to do and what she should pack. Read the conversation. Decide whether or not the personal *a* is needed. If it is, write *a* on the line. If not, leave the line blank. *(50 points)*

YOU   ¿ __*A*__ quién vas a visitar?

TANIA __*A*__ mis primas gemelas.

YOU   ¿Vas a llevar _____ mucha ropa?

TANIA No, sólo voy a llevar _____ una maleta pequeña.

YOU   ¿Vas a ver __*a*__ tu amigo Alejandro?

TANIA Sí, y también __*a*__ Marta.

YOU   ¡Qué bueno! A ver, ¿vas a llevar _____ este traje de baño?

TANIA Sí, también necesito llevar _____ bronceador.

YOU   ¿Vas a llevar __*a*__ tu hermana pequeña?

TANIA Sí, ¡pero no voy a llevar __*a*__ su perro!

B Celia and her family can't decide what to do for the weekend. Each one has a different plan. Use the pictures to complete their statements. Remember to include the personal *a* when it's needed. *(50 points)*

Juan

mis primos

1. —Yo quiero __*tomar el sol*__ en la playa.

2. —Yo quiero visitar __*a Juan*__.

3. —Quisiera explorar __*la selva tropical*__ con mis amigos.

4. —Yo quiero buscar __*a mi perro*__.

5. —Yo quiero visitar __*a mis primos*__.

Gramática en contexto / La a personal   103

T86

CAPÍTULO 7
Fecha _____

I. Listening Comprehension (20 points)

DIÁLOGO 1

1. Esta persona busca
   a. los guantes.   (b.) el pasaporte.   c. la bufanda.

2. En sus vacaciones, esta persona va a poder
   a. bucear.   (b.) sacar fotos.   c. buscar pasaportes.

DIÁLOGO 2

3. Esta persona debe regresar a la escuela
   (a.) en el otoño.   b. en la primavera.   c. en el invierno.

4. En esta ciudad en la primavera generalmente
   (a.) hace buen tiempo.   b. hace frío.   c. hace calor.

5. En el verano todos van
   a. a esquiar en las montañas.   (b.) al campo para tomar el sol.   c. a la escuela.

II. Reading Comprehension (20 points)

1. _b_
2. _b_
3. _a_
4. _a_

5. _a_
6. _b_
7. _a_
8. _a_

9. _b_
10. _b_

III. Writing Proficiency (20 points)

[See page T7 for suggestions on how to evaluate student writing.]

Hola, _____ :

_____

_____

_____

_____

_____

Saludos,

_____

CAPÍTULO 7
Fecha _____

IV. Cultural Knowledge (20 points)

Answers will vary, but students may say that vacations in Chile depend on the geographic location. Along the coast, for example, vacationers can swim or boat, while in the mountains they can ski.

_____

_____

_____

V. Speaking Proficiency (20 points)

[See pages T37–T45 for suggestions on how to administer this portion of the test.]

CAPÍTULO 8   Fecha   Prueba **8-1**

A You have a weekend house-cleaning job. A new client has given you instructions about what you need to do in the different rooms of the house. Match the chores with the rooms in the pictures. Write the number of the corresponding chore to the left of the appropriate picture. *(70 points)*

1. Tienes que sacudir los muebles de la sala.

2. Debes lavar los platos en la cocina.

3. ¿Puedes lavar la ropa en el lavadero?

4. Necesitas limpiar el baño.

5. También tienes que arreglar los dormitorios y hacer las camas.

6. Necesitas pasar la aspiradora en el comedor.

7. Y también tienes que sacar la basura del garaje.

2 _____   6 _____

5 _____   4 _____

1 _____   3 _____

7 _____

B Bertin wants an increase in his monthly allowance so that he can take his girlfriend to the spring prom. His parents have agreed to give him the extra money, but Bertin must help with some chores first. Identify the chore in the picture, then underline the matching statement. *(30 points)*

1. Debes (arreglar el cuarto / <u>cortar el césped</u>).

2. Debes (<u>quitar la mesa</u> / poner la mesa).

3. Debes (hacer la cama / <u>pasar la aspiradora</u>).

CAPÍTULO 8   Fecha   Prueba **8-2**

A You and your family are getting ready for a big party in your house, so your mother is assigning each one of you a particular chore. Identify the chore and the room in which you will be working as you prepare your house for the party. *(50 points)*

1. —Rafa, tienes que ___*hacer la cama*___ en tu ___*dormitorio*___.

2. —Andrea, tú vas a ___*quitar la mesa*___ en ___*el comedor*___.

3. —Maricruz, debes ___*sacar la basura*___ que está en ___*el sótano*___.

4. —Diego, tú vas a ___*sacudir los muebles*___ en ___*la sala de estar*___.

5. —Y tú, Elisa, tienes que ___*lavar los platos*___ en ___*la cocina*___.

B Your older sister Araceli wants to know all about her friend Irma's new apartment. Complete their conversation by selecting the correct words from the list. Refer to the underlined words in the questions to help you make the appropriate choice. *(50 points)*

vivo	tengo que	lejos	hago	primer
bastante	más	coche	cerca	edificio

1. —¿Dónde vives ahora, Irma?
   —Yo ___*vivo*___ en un apartamento.

2. —¿Está cerca de mi casa?
   —No, está ___*lejos*___.

3. —¿Qué <u>haces</u> el sábado?
   —Yo ___*hago*___ mis quehaceres.

4. —¿Tienes que cortar el césped?
   —No, no ___*tengo que*___ cortar el césped. No hay césped.

5. —¿Tu apartamento está en el segundo piso?
   —No, está en el ___*primer*___ piso.

T88

Left worksheet

Paso a paso 1 Nombre

CAPÍTULO 8 Fecha Prueba 8-3

A Silvia wants to be an interior designer when she's older, but for now she enjoys rearranging the furniture in her bedroom. Complete the statements below by writing in each blank the appropriate letter of the words that describe each picture. (50 points)

1. Me gustaría poner __b__ cerca de __c__ .
   a. la silla b. la cama c. la ventana d. la puerta

2. Creo que prefiero __a__ cerca de __d__ .
   a. el cartel b. el espejo c. el guardarropa d. la cómoda

3. Voy a poner __a__ cerca del __b__ .
   a. el escritorio b. el cuadro c. espejo d. cartel

4. No me gusta __b__ cerca del __c__ .
   a. la cómoda b. el sillón c. guardarropa d. la cómoda

5. ¡Me encanta __a__ cerca del __c__ !
   a. la lámpara b. la silla c. equipo de sonido d. cuadro

B Lupe has invited her girlfriend Camila to spend the weekend, but Lupe is worried about how the house looks. Finish Lupe's thoughts by underlining the correct words. (50 points)

1. ¡Qué horrible! El refrigerador está (sucio / limpio). Lo tengo que limpiar.
2. Creo que estos sillones son muy (cuadrados / antiguos).
3. ¡Qué asco! Nuestra estufa no está (sucia / limpia).
4. También necesito (poner / pongo) la ropa en la lavadora.
5. ¡Ay! Quisiera un sofá (incómodo / cómodo) para Camila.

Right worksheet

Paso a paso 1 Nombre

CAPÍTULO 8 Fecha Prueba 8-4

A Mariano works part-time for a moving company. The new owners of a house are telling Mariano where to place the furniture as they move in. Use the pictures to help you complete the statements by writing the missing word in the blank space. (60 points)

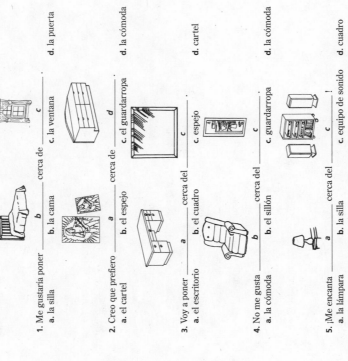

1. Quisiera **el refrigerador** cerca de **la estufa** en la cocina.

2. **La mesa redonda** debe estar en el comedor. _____ debe estar en la sala y **la mesa cuadrada**.

3. Vamos a poner **el sillón** cerca del **sofá**.

4. Prefiero **el espejo** lejos de **la ventana**.

5. No me gusta **el escritorio** cerca de **la puerta**.

6. Voy a poner **la videocasetera** cerca del **equipo de sonido**.

B Dora and Olivia are preparing to clean an apartment as part of the part-time job they have with a cleaning service. Underline the appropriate words from among those in parentheses to complete their conversation. (40 points)

1. —Aquí están (las cosas / <u>las sillas</u>) que necesito para limpiar el baño.
2. —Dora, ¿dónde vamos a (arreglar / <u>poner</u>) la basura? ¿En el garaje o en el sótano?
3. —Olivia, tú (no me digas / <u>tienes razón</u>). Este apartamento no está muy limpio.
4. —Sí, los cuartos están bastante (<u>sucios</u> / limpios). ¡Vamos a estar aquí todo el día!

T89

T90

Paso a paso 1 | Nombre

CAPÍTULO 8
Fecha

Prueba **8-5**

A It's your first day at your new job in a clothing store. You're being trained because you don't know where to place the new merchandise. Complete your conversation with the manager by using the correct forms of the verb *poner*. (60 points)

1. —¿Y los pantalones azules? ¿Dónde los **pongo** yo?
   —Tú los **pones** aquí, con las camisas blancas.

2. —¿Y esas sudaderas verdes? ¿Dónde las **ponen** ustedes?
   —Las **ponemos** allí con los jeans verdes.

3. —¿Y los calcetines negros? ¿Dónde los debo **poner**?
   —El señor Salas los **pone** con los tenis, pero yo los prefiero con los zapatos.

B Rogelio's dad, Florencio, is trying to get everyone in the family to do the weekend chores, but each one is occupied doing something else. Complete their conversation by using the correct forms of the verb *hacer*. (40 points)

1. —Rogelio, debes sacar la basura. ¿Qué haces ahora?
   —Lo siento, papá, pero ahora **hago** la tarea de biología.

2. —Sofía, tienes que arreglar los cuartos del segundo piso.
   —Ahora no puedo, papá. Victoria y yo **hacemos** limonada para la fiesta de mañana.

3. —Paquita, las niñas deben pasar la aspiradora en la sala de estar.
   —¡Ay, Florencio, después! Ellas **hacen** otro quehacer ahora.

4. —¿Dónde está Virgilio? Él tiene que sacudir los muebles.
   —Está en el garaje, papá. Él **hace** una casa de madera para su perro.

5. —¡Florencio! Tengo hambre. ¿Cuándo vamos a comer?
   —Lo siento, Paquita. ¡Tú **haces** el almuerzo! Yo voy de compras.

Gramática en contexto / Los verbos poner y hacer   115

Paso a paso 1 | Nombre

CAPÍTULO 8
Fecha

Prueba **8-6**

You and your friends have just been assigned to the homes where you will live in Madrid as exchange students this summer. Since you are all good friends, you're hoping that you will live close to one another. Complete your conversation using the correct forms of the verb *vivir*. (100 points)

1. —Claudio, ¿dónde **vives** tú? ¿Cerca o lejos del centro comercial Galerías?
   —Yo **vivo** muy cerca de ese centro comercial.

2. —Gabriela, ¿dónde **viven** ustedes?
   —Felipa y yo **vivimos** lejos del centro comercial, pero cerca del parque del Retiro.

3. —Marcia, ¿dónde **vive** Simón?
   —Él **vive** cerca de la catedral.

4. —Lucho, tus primos **viven** en Madrid, ¿verdad?
   —Sí, pero uno **vive** lejos del centro de la ciudad y el otro cerca.

5. —Domingo y Jacinto, ¿dónde **vive** su profesor de guitarra?
   —Él y sus padres **viven** allí, en un apartamento en el cuarto piso.

Gramática en contexto / Los verbos que terminan en -ir   116

CAPÍTULO 8

Fecha   Prueba **8-7**

Isidro and his brothers and sisters are anxious to get to the beach before the day ends, but they must finish the household chores before they go. Isidro thinks that if each one does the chore that he or she prefers to do, they might finish earlier than usual and have plenty of time left for the beach. Finish their conversation using the correct forms of the verb *preferir*. *(100 points)*

1. —Fausto y Ángel, ¿qué **prefieren** hacer ustedes?

    —Nosotros **preferimos** lavar el coche.

2. —Y tú, Lourdes, ¿qué **prefieres** hacer?

    —Yo **prefiero** pasar la aspiradora y sacudir los muebles.

3. —Armando, ¿qué **prefieren** hacer Nicolás y Eugenio?

    —Ellos **prefieren** cortar el césped.

4. —Rosana, ¿qué **prefieren** hacer tú y nuestra hermana Gracia?

    —Nosotras **preferimos** hacer el desayuno para mamá y papá.

5. —Luz, ¿qué piensas que yo **prefiero** hacer?

    —Pues, Isidro, yo pienso que tú **prefieres** descansar, porque ¡tus hermanos hacen todos los quehaceres!

CAPÍTULO 8

Fecha   Prueba **8-8**

A In your computer graphics class you and your friends are presenting the houses and furnishings you have designed to complete a class assignment. Select the correct form of the possessive adjective in the list to finish each statement. *(60 points)*

su	sus	nuestro	nuestra	nuestros	nuestras

1. —Mi casa es moderna. Todos mis parientes viven en casas viejas. **Sus** casas son viejas, pero bonitas.

2. —A mí me gustan las casas y los muebles antiguos. Mi tía, que vive en Florida, tiene una casa colonial. **Su** casa es antigua.

3. —En esta casa yo pongo muebles de cuero porque me gustan mucho. En la casa de mi familia **nuestros** muebles no son de cuero.

4. —Aquí está mi casa y la de Marcial. **Nuestra** casa es bastante moderna con muebles de metal.

5. —Liliana y yo necesitamos una casa de tres pisos. En **nuestro** primer piso hay muebles de madera.

6. —Juana y yo preferimos hacer dos casas de sólo un piso. En **nuestras** casas hay diez cuartos y un sótano.

B Lalito is an inquisitive child who is always asking his baby sitter, Rita, personal questions. Complete her answers with the correct form of the possessive adjective. *(40 points)*

1. —¿Cómo es la casa de ustedes?

    — **Nuestra** casa es de madera.

2. —¿Cómo es la casa de tus abuelos?

    — **Su** casa es antigua y tiene cuatro pisos.

3. —¿Cómo son los muebles de ustedes?

    — **Nuestros** muebles no son modernos, pero son cómodos.

4. —¿Cómo es el perro de ustedes?

    — **Nuestro** perro es grande y bonito.

CAPÍTULO 8

Paso a paso 1

Nombre _____

Fecha _____

Hoja para respuestas
Prueba cumulativa

A (24 points)

1. sacar la basura ___ la cocina
2. pasar la aspiradora ___ la sala
3. hacer la cama ___ el dormitorio
4. poner la mesa ___ el comedor

B (12 points)

1. vives ___ vivo
2. viven ___ vivimos
3. viven ___ vive

C (20 points)

1. el sofá ___ sillón
2. cuadro ___ la ventana
3. el escritorio ___ la cómoda
4. el refrigerador ___ la mesa redonda

D (16 points)

1. haces ___ hacemos
2. hago ___ tienen que
3. tienes que ___ tengo que
4. hacen ___ tenemos que

E (20 points)

1. incómoda ___ limpios
2. cuadrada ___ antiguo

3. ___ Nuestra
4. ___ Sus

F (8 points)

1. Tu
2. Tienes razón

CAPÍTULO 8

Paso a paso 1

Nombre _____

Fecha _____

Hoja para respuestas 1
Examen de habilidades

I. Listening Comprehension (20 points)

1.
Sí (No)

Sí (No)

(Sí) No

(Sí) No

(Sí) No

Sí (No)

(Sí) No

Sí (No)

2.

II. Reading Comprehension (20 points)

1. _b_
2. _a_
3. _b_
4. _c_
5. _c_

6. _a_
7. _b_
8. _b_
9. _c_
10. _a_

Capítulo 9

A Amado's health class is practicing first aid procedures today to prepare for an emergency. Each student has to pretend to have a particular health problem. Identify the part of the body each student mentions, then write the correct letter in the blank space. *(40 points)*

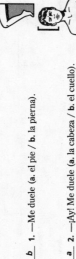

_b_ 1. —Me duele (**a.** el pie / **b.** la pierna).

_a_ 2. —¡Ay! Me duele (**a.** la cabeza / **b.** el cuello).

_b_ 3. —A mí me duele (**a.** la mano / **b.** el dedo).

_b_ 4. —Pues, a mí me duele (**a.** el oído / **b.** la nariz).

_b_ 5. —¿Qué te duele a ti, (**a.** la pierna / **b.** el pie)?

_a_ 6. —Me duele (**a.** la espalda / **b.** el estómago).

_a_ 7. —A mí me duele (**a.** el brazo / **b.** la pierna).

_b_ 8. —Me duele (**a.** el ojo / **b.** la garganta).

B Manuel is talking to his little sister, Tita. Tita has been complaining that she doesn't feel well today. Finish Manuel's conversation with his sister by underlining the correct words. *(60 points)*

1. —A ver, Tita. ¿Qué _____ a ti? (me duele / te duele)

2. —¡Ay!, _____ todo el cuerpo. (me duelen / me duele)

3. —¡No me digas! ¿Cuánto tiempo _____ tienes ese dolor? (hace que / tienes que)

4. —Pues, mucho tiempo. Me duele mucho la _____. (estómago / garganta)

5. —¿Y te duele el _____ también? (cabeza / oído)

6. —Sí, me duele todo. No _____. (me siento mal / me siento bien)

Vocabulario para conversar   127

Capítulo 8

III. Writing Proficiency *(20 points)*

[See page T7 for suggestions for evaluating student writing.]

Hola, _____:

_____

_____

_____

_____

Saludos,

_____

IV. Cultural Knowledge *(20 points)*

Answers will vary, but students may say that in Sevilla, a patio is an uncovered area in the middle of the house. It consists of a garden and is accessible from all areas of the house. In Madrid, it is an air shaft in the center of an apartment building that may be connected to the apartment by a window from the kitchen. In the United States, a patio is thought of as a small concrete area in the backyard of a house.

V. Speaking Proficiency *(20 points)*

[See pages T37–T45 for suggestions on how to administer this portion of the test.]

125

T93

CAPÍTULO 9

A. Benito would like to do some activities with his friends. The problem is that some of his friends aren't feeling so well today. Look at the pictures, then underline the reply each friend gives to Benito's questions. *(60 points)*

1. —Tomi, ¿quieres estudiar conmigo?
—Me gustaría, pero tengo (dolor de garganta / <u>dolor de muelas</u>).

2. —Pati, voy al gimnasio para jugar voleibol. ¿Quieres jugar conmigo?
—No puedo, Benito. Tengo (dolor de muelas / <u>dolor de cabeza</u>).

3. —Samuel, vamos a hacer ejercicio por la tarde. ¿Te gustaría?
—Sí, pero tengo un (<u>resfriado</u> / dolor de muelas).

4. —Víctor, ¿quieres ir al centro comercial para jugar videojuegos?
—Ay, no, Benito. Tengo un horrible (dolor de oído / <u>dolor de estómago</u>).

5. —Mariana, ¿puedes ir conmigo al cine?
—Lo siento, Benito, pero tengo (<u>dolor de garganta</u> / dolor de cabeza).

6. —¿Vamos a escuchar música esta noche en el parque, Luz?
—Me encanta la música, pero tengo (dolor de garganta / <u>dolor de oído</u>).

B. Agustín is worried about his friend Jorge who didn't come to school today. Agustín has telephoned Jorge to find out what's wrong. Underline the best answer to each of Agustín's questions. *(40 points)*

1. —¿Qué tienes, Jorge?
—_____ un brazo en el gimnasio. (<u>Me lastimé</u> / Tengo gripe)

2. —¿Vas a la escuela mañana?
—No. Creo que debo _____. (hacer ejercicio / <u>quedarme en la cama</u>)

3. —¿Te sientes mejor?
—No. Me siento _____. (<u>peor</u> / ahora)

4. —¿Fuiste al médico?
—No, pero fui _____. (al dentista / <u>a la enfermería</u>)

CAPÍTULO 9

A. Mónica gives Spanish lessons to elementary students. Today she is teaching her students the different parts of the body. To practice the words, each student is to pretend that a particular part of the body is hurting. Write the part of the body represented by the picture and a correct form of the verb *doler* for each answer. *(60 points)*

1. —¿Qué te duele, Carlitos?
—**Me duelen los pies.**

2. —Clarisa, ¿qué te duele?
—**Me duelen los oídos.**

3. —¿Te duele el dedo, Berta?
—**No. Me duele el estómago.**

4. —Y a ti, Joaquín, ¿qué te duele?
—**Me duelen los brazos.**

5. —¿Te duele el ojo, Diana?
—**No. Me duele la boca.**

6. —Fermín, ¿qué te duele?
—**Me duelen la nariz y el cuello.**

B. Adán is waiting to see the doctor for his regular check-up. While waiting, he notices a chart which advises patients about what to do for different problems. However, some joker has vandalized the chart and added his / her own comments. Read each sentence carefully, then underline the appropriate words. *(40 points)*

1. ¿Te duele la espalda? Debes (hacer mucho ejercicio / <u>llamar a tu médico</u>).
2. No te sientes bien y te duele la garganta. Pues, debes (<u>quedarte en la cama</u> / beber café frío).
3. ¿Te duelen las piernas cuando caminas? No debes (<u>hacer ejercicio</u> / pasear en bote).
4. Hace días que te sientes cansada. Tienes que (<u>dormir</u> / patinar) de siete a nueve horas por la noche.

Paso a paso 1

Nombre _____

CAPÍTULO 9

Fecha _____

Prueba **9-4**

A It's Monday morning at school during the flu season. You decide to go to the nurse's office because you're not feeling well. Several of your classmates are also waiting to see the nurse. Look at the pictures, then write what each classmate tells you. *(80 points)*

1. —*Tengo dolor de estómago.*

2. —*Tengo dolor de garganta.*

3. —*Tengo dolor de oído.*

4. —*Tengo dolor de cabeza.*

5. —*Tengo fiebre.*

6. —*Tengo un resfriado.*

7. —*Tengo dolor de muelas.*

8. —*Tengo gripe.*

B Now it's your turn to be seen by the nurse. Complete your conversation by underlining the correct words. *(20 points)*

—¿Qué (tienes / tomar)? ¿Tienes (hambre / fiebre)?

—Creo que tengo un (resfriado / frío).

—Tienes catarro porque nunca llevas gorro. A ver... También tienes fiebre. Debes (todavía / tomar) esta medicina y (quedarme / quedarte) en la cama mañana.

Si (te sientes / ya no) (peor / mejor), puedes regresar a la escuela.

—Pero (ahora / me lastimé) tengo que jugar béisbol... Puedo jugar, (¿no? / porque)

—¡Claro que no!

—Pues, creo que (ya no / ahora) me duele nada.

—¡No me digas!

Paso a paso 1

Nombre _____

CAPÍTULO 9

Fecha _____

Prueba **9-5**

It's finals week and Gloria and her classmates are complaining about the little sleep they're getting lately because of all the homework and studying they have to do. Complete their conversation by writing the correct form of the verb *dormir*. *(100 points)*

GLORIA   Estoy cansada. Tengo mucha tarea y nunca **duermo** bien cuando tengo mucha tarea. Y tú, Rocío, ¿ **duermes** muchas horas?

ROCÍO   No. Rosita y yo no **dormimos** muchas horas tampoco, sólo cinco o seis horas. Debemos estudiar para el examen de biología.

ALONSO   Pues, las dos **duermen** mucho. Yo practico deportes después de las clases y trabajo de las seis a las diez, de lunes a viernes. Mi amigo Toño tampoco **duerme** mucho porque él trabaja conmigo en el almacén.

GLORIA   Mis hermanos menores **duermen** todo el día porque no van a la escuela todavía. Sólo tienen cuatro años.

TOÑO   Tengo un gato que **duerme** noche y día. ¡Quisiera dormir noche y día también, pero tengo tres exámenes esta semana!

ROSARIO   ¿Cuánto tiempo hace que tú y Valeria no **duermen** ocho horas?

SAÚL   Hace tres semanas que no **dormimos** mucho porque la clase de química es muy difícil.

ROCÍO   Lo siento. Nadie **duerme** mucho por aquí. Creo que todos necesitamos unas vacaciones.

TODOS   ¡Qué buena idea!

A Because Dr. Anaya wants to diagnose more accurately what's wrong with his patients, he asks them how long they have had a particular symptom. First write the question asking how long the patient has had the symptom, then complete the answer each patient gives. (50 points)

1. —¿ **Cuánto tiempo hace que** tienes este resfriado?
   —Creo que **hace** diez días que lo tengo.

2. —¿ **Cuánto tiempo hace que** te duelen las muelas?
   —Pues, **hace** cinco días que me duelen.

3. —¿ **Cuánto tiempo hace que** tiene Ud. dolor de cabeza?
   —Doctor, **hace** una semana que tengo este horrible dolor.

4. —¿ **Cuánto tiempo hace que** te duele la espalda?
   — **Hace** más o menos un mes.

5. —¿ **Cuánto tiempo hace que** tienes fiebre?
   — **Hace** unos tres días.

B In a conversation with your friend Isabel, you discover that she is a multi-talented person. Complete your conversation with her by writing the correct form of the expression hace... que. (50 points)

1. —Isabel, ¿ **cuánto tiempo hace que** sacas fotos?
   — **Hace** más de un mes.

2. —¿ **Cuánto tiempo hace que** dibujas?
   — **Hace** dos años.

3. —¿ **Cuánto tiempo hace que** tocas la guitarra?
   — **Hace** cuatro meses.

4. —¿ **Cuánto tiempo hace que** cocinas tan sabroso?
   — **Hace** cinco meses.

5. —¿ **Cuánto tiempo hace que** te gusta jugar fútbol?
   — **Hace** tres semanas.

A You, your friends, and the director of the school play, Sr. Sánchez, stayed up too late at a cast party last night. Now everyone's feeling... a little under the weather. Complete the statements describing how they feel by writing in the correct form of the verb doler and the appropriate indirect object pronoun: me, te, or le. (60 points)

1. —¿Qué tienes, Marta?
   — **Me duele** la cabeza y tengo fiebre.

2. —Y a ti, Rebeca, ¿ **te duelen** los oídos?
   —Sí, **me duelen** mucho.

3. —¿Qué tiene esa muchacha?
   —A ella **le duele** mucho la garganta.

4. —¿Qué **le duele** al director?
   —A él **le duelen** las piernas.

5. —¿Cómo te sientes ahora, Rebeca?
   —Todavía **me duelen** los oídos.

6. —¿ **Te duele** algo a ti, Simón?
   —Sí, **me duele** la garganta. ¿Y cómo está Roberto?

7. —A él ya no **le duele** el estómago. ¿Y Yolanda?
   —¿ **Le duele** los ojos.

8. —¿ **Le duele** algo a Ud., Sr. Sánchez?
   —¡Ay, sí! Tengo un dolor de cabeza terrible... Yo creo que ir a fiestas no es una buena idea.

B It seems like there are a lot of germs in the air, and you're catching all of them. Admit to the doctor what you've been overdoing lately. Write the correct forms of the verbs doler, gustar, and encantar on the blank lines. (40 points)

1. — **Me duelen** los ojos... (doler)
   — **Te encanta** jugar videojuegos, ¿no? (encantar)
   —Pues, a veces...

2. —¡Ay! **Me duele** el estómago. (doler)
   — **Te gusta** comer mucho, ¿verdad? (gustar)
   —Pues, sí...

Nombre _____

CAPÍTULO 9
Fecha _____

Hoja para respuestas
Prueba cumulativa

A (24 points)
1. *la mano*
2. *el pie*
3. *el brazo*
4. *la cabeza*
5. *el dedo*
6. *la nariz*

B (16 points)
1. *Me duelen los ojos*
2. *Le duele la pierna derecha*
3. *Te duelen los brazos*
4. *Te duele la cabeza*

C (18 points)
1. *tienes / Me lastimé / hospital*
2. *te sientes / fiebre / la clínica*
3. *te duele / dolor de muelas / dentista*

D (10 points)
1. *duermes*
2. *duermo*
3. *dormimos*
4. *duerme*
5. *duermen*

E (12 points)
1. *te gusta*
2. *me encanta*
3. *te duelen*
4. *le gusta*
5. *le encanta*
6. *le duele*

F (8 points)
1. *Cuánto tiempo hace que / hace*
2. *Cuánto tiempo hace que / hace*

G (12 points)
1. *Prefiero la rosada.*
2. *Me gusta el morado.*
3. *Quiero una blanca.*
4. *Prefiero uno negro.*

Nombre _____

CAPÍTULO 9
Fecha _____

Prueba **9-8**

A After the soccer game everyone's complaining to the coach about their injuries. Finish the sentences using the correct forms of the adjectives according to the pictures. (30 points)

1. —Me lastimé la pierna.
—¿La pierna ___derecha o la izquierda___ ?　**La izquierda**

2. —Yo me lastimé el brazo.
—¿El brazo ___derecho o el izquierdo___ ?　**El derecho**

3. —Yo me lastimé el pie.
—¿El pie ___derecho o el izquierdo___ ?　**El izquierdo**

B Susana is helping out at a clothing sale. She asks the customers what colors they prefer. Choose the underlined color and write it as the answer, along with the appropriate definite or indefinite article. (70 points)

1. —¿Qué prefiere, joven, la camiseta azul o la amarilla?
—Prefiero ___**la azul**___

2. —¿Qué desea, señorita, una sudadera blanca o una verde?
—Deseo ___**una verde**___

3. —¿Qué prefiere, señor, un gorro rojo o uno negro?
—Prefiero ___**uno rojo**___

4. —¿Qué te gustaría, muchacho, el suéter gris o el azul?
—Me gustaría ___**el gris**___

5. —¿Qué quisiera, señora, una chaqueta amarilla o una roja?
—Quisiera ___**una amarilla**___

6. —Señora, ¿le gusta la falda rosada o la azul?
—Me gusta ___**la rosada**___

7. —A ver, joven, ¿de qué color quiere los tenis, azules o blancos?
—Quiero ___**los blancos**___

CAPÍTULO 9
Paso a paso 1   Nombre
Fecha
Hoja para respuestas 2
Examen de habilidades
141

III. Writing Proficiency (20 points)

[See page T7 for suggestions for evaluating student writing.]

Hola, _____ :

Saludos,

IV. Cultural Knowledge (20 points)

Answers will vary, but students may say that they could get medicine for a stomachache by filling a prescription from a medical doctor or by going to a folk healer for an herbal remedy.

V. Speaking Proficiency (20 points)

[See pages T37–T45 for suggestions on how to administer this portion of the test.]

CAPÍTULO 9
Paso a paso 1   Nombre
Fecha
Hoja para respuestas 1
Examen de habilidades
140

I. Listening Comprehension (20 points)

_1_

_4_

_3_

_2_

II. Reading Comprehension (20 points)

1. Sí   (No)
2. Sí   (No)
3. Sí   (No)
4. (Sí)   No
5. (Sí)   No

T98

CAPÍTULO 10

Paso a paso 1

Nombre _____

Fecha _____

Prueba 10-2

A You and your friends are anticipating the amount of money each of you will have after working a summer job. Read each statement carefully, then write out the amount in Spanish. (20 points)

1. —Quisiera depositar 900 dólares en dos meses. __novecientos__
2. —Pienso depositar 400 dólares en tres semanas. __cuatrocientos__
3. —Voy a depositar 700 dólares en julio. __setecientos__
4. —Quisiera depositar 1,000 dólares, pero no sé si voy a poder. __mil__

B Diego forgot to do several errands last week, so he's trying to get them finished today after school. Look at the pictures and underline the correct word or expression missing from each statement. (30 points)

1. —Tengo que comprar (jabón / <u>pastillas</u>) para mi papá.
2. —Necesito enviar (<u>una carta</u> / comestibles) a mi abuela.
3. —También tengo que (devolver un libro / sacar un libro) a la biblioteca.
4. —Debo comprar un libro para mamá en (la farmacia / <u>la librería</u>).
5. —Necesito (ir a pasear / ver un partido de fútbol) con el perro.

C Mariana and Inés decided to have lunch together after running some errands. Complete their lunchtime conversation by filling in the blank with the word which is the opposite of the underlined word in the first statement. (50 points)

1. —Fui a la librería <u>temprano</u>.
   —Yo también fui a la librería, pero fui __tarde__.
2. —Fui al banco y <u>saqué</u> dinero.
   —Yo __deposité__ dinero.
3. —Fui a la farmacia <u>hoy</u>.
   —Pues, yo fui __ayer__.
4. —Anoche <u>saqué</u> un libro de la biblioteca.
   —Yo __devolví__ un libro ayer.
5. —El correo va a <u>cerrar</u> ahora.
   —El banco va a __abrir__ luego.

144 *Vocabulario para conversar*

CAPÍTULO 10

Paso a paso 1

Nombre _____

Fecha _____

Prueba 10-1

A Your friends have invited you to a beach party, but you can't go because you promised your family you would do some errands for them. Underline the words which best correspond to each picture. (50 points)

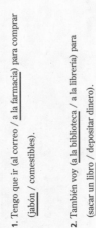
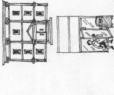

1. Tengo que ir (al correo / <u>a la farmacia</u>) para comprar (<u>jabón</u> / comestibles).
2. También voy (<u>a la biblioteca</u> / a la librería) para (<u>sacar un libro</u> / depositar dinero).
3. Necesito ir (a la tienda de regalos / <u>al correo</u>) para comprar (pastillas / <u>sellos</u>).
4. Por la tarde voy (al banco / <u>al supermercado</u>) para comprar (<u>comestibles</u> / regalos).
5. Luego voy (<u>a la tienda de regalos</u> / a la biblioteca) para comprar (sellos / <u>una tarjeta de cumpleaños</u>).

B Twin brothers Tobías and Jorge Luis have agreed to split their errands for the week. For that purpose, they have created a list of things to do. Help them choose the correct answer to each statement by circling the appropriate letter. (50 points)

1. Jorge Luis tiene que ir al banco y _____
   a. sacar un libro.   **b.** depositar dinero.   c. comprar pastillas.
2. Tobías debe enviar las cartas en _____
   a. la tienda de regalos.   b. el supermercado.   **c.** el correo.
3. Jorge Luis va a ir a _____ para comprar jabón y champú.
   a. la librería   **b.** la farmacia   c. la tienda de regalos
4. Tobías necesita sacar un libro _____ para hacer su tarea.
   a. de la librería   b. del supermercado   **c.** de la biblioteca
5. Jorge Luis y Tobías van _____ para comprar los comestibles de la semana.
   a. al banco   b. a la farmacia   **c.** al supermercado

143 *Vocabulario para conversar*

CAPÍTULO 10

Paso a paso 1   Nombre _____   Fecha _____   Prueba **10-4**

A Lidia is on vacation with her sister Norma. They are writing a letter to their parents, but forget to include some important details. Complete their letter by selecting and writing the missing words and expressions from the list. *(80 points)*

estación del tren	iglesia	plaza	pasear
monumento	cuadras	restaurante	hotel

Hoy llegamos en tren a esta ciudad. Ahora estamos en el **hotel**. Está en una bonita **plaza** cerca de la **estación del tren**. Por la ventana de nuestro cuarto podemos ver una **iglesia** o catedral; todavía no sé qué es. A tres **cuadras** hay un **restaurante** donde la comida es muy sabrosa y barata. En la plaza hay un **monumento** muy artístico. Mañana temprano vamos a **pasear** por la ciudad.

B Your friends said they would meet you at the new bookstore, but you're not sure where it's located. Complete the directions different people give you by selecting one of the expressions in parentheses and underlining it. *(20 points)*

1. —¿Está lejos la librería Universal?
   —Lo siento, pero (¿Cómo? / no sé). No vivo por aquí.

2. —¿Debo ir en autobús?
   —Puedes ir (en taxi / a pie) porque queda cerca.

3. —¿Está en la calle Rivera?
   —No, (cuadra / queda) en la calle Tamayo.

4. —¿Está entre un hotel y un teatro?
   —Pues creo que está (¿A cuántas cuadras de? / enfrente de) la estación de policía.

146   *Vocabulario para conversar*

CAPÍTULO 10

Paso a paso 1   Nombre _____   Fecha _____   Prueba **10-3**

A Milagros loves her work at the Chamber of Commerce because she gets to help tourists find where various places are located in her community. Circle the letter of the words which match the place shown in the picture. *(50 points)*

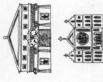

1. —¿Dónde queda ___?
   a. la cuadra   (b.) el teatro

2. —¿Está lejos ___?
   (a.) la iglesia   b. la esquina

3. —¿Cómo vamos a la ___?
   a. parada del autobús   (b.) estación del metro

4. —¿Está cerca ___?
   a. la esquina   (b.) el estadio

5. —¿Cómo vamos ___?
   (a.) al zoológico   b. al monumento

B Some exchange students have stopped you on the street to ask for directions to certain buildings. Look at the map and then select one of the expressions shown in parentheses to indicate where the buildings are located. *(50 points)*

[Map: Avenida Juárez, Calle Rivera, Hotel, Farmacia, Banco, Monumento, Estación de servicio, Restaurante, Museo]

1. El hotel queda (al lado de / enfrente de) la farmacia.
2. El banco queda (entre / enfrente de) la farmacia.
3. La estación de servicio queda (a la izquierda / en la esquina) de Rivera y Juárez.
4. El restaurante queda (detrás del / a la derecha del) museo.
5. El monumento queda (a la izquierda / entre) del banco.

145   *Vocabulario para conversar*

CAPÍTULO 10   Fecha

After a long day spent running errands and doing chores at home, you and your friends have decided to meet at a favorite ice cream shop for a treat. Complete your conversation by using the correct form of the verb in parentheses in the preterite tense. *(100 points)*

1. —¿Qué hiciste por la mañana, Carmela?
   —___Compré___ unos regalos para mis amigos. (comprar)

2. —Y tú, Juan, ¿fuiste al banco?
   —Sí, y ___depositè___ doscientos dólares. (depositar)

3. —Inés, ¿adónde fuiste tú?
   —No fui a ninguna parte. Mi hermano y yo ___limpiamos___ el garaje. (limpiar)

4. —¿Y qué hicieron tus hermanas?
   —Ellas ___arreglaron___ la casa para una fiesta. (arreglar)

5. —Y ustedes, Fabio y Rogelio?
   —___Cortamos___ el césped enfrente y detrás de la casa. (cortar)

6. —¿Dónde están Aurora y Débora?
   —___Trabajaron___ todo el día y ahora están cansadas. (trabajar)

7. —Álvaro, ¿viste un libro bueno en la librería para el cumpleaños de Felipe?
   —No, la librería ___cerró___ temprano hoy. (cerrar)

8. —¿Qué hiciste en el correo, Berta?
   —___Envié___ unas cartas a mis primos en Utah. (enviar)

9. —¿Dónde está Guille? No está con nosotros hoy.
   —Le duele la cabeza. Él ___bailó___ toda la noche en una fiesta. (bailar)

10. —Y tú, Marta, ¿no ___bailaste___ con Guille? (bailar)
    —No. Yo no fui a la fiesta. Fui a ver un partido de béisbol con Alejandro.

CAPÍTULO 10   Fecha

You are sitting at an outdoor café with your friends when you notice some tourists who are lost. You decide to help them find their way. Complete your conversations by choosing the correct answer from the list. Write the correct form of the preposition de + article in the space. *(100 points)*

del   de la   de los   de las

1. —¿Dónde está la plaza central y el monumento al sol?
   —Los dos quedan cerca ___del___ hotel Acapulco.

2. —¿Queda lejos ese hotel?
   —No. Está cerca ___de los___ otros hoteles que están en la calle Juárez.

3. —Y el restaurante Taxco, ¿dónde queda?
   —No está lejos tampoco. Está a tres cuadras ___de las___ tiendas de regalos que están en la calle Juárez.

4. —También necesitamos enviar unas cartas y tarjetas postales.
   —El correo queda cerca ___del___ banco, que está en la avenida Colón.

5. —¿Está a la derecha o a la izquierda la farmacia?
   —Queda a la izquierda ___de los___ bancos en la avenida Colón.

6. —¿Y la parada del autobús?
   —Pues, no está cerca. Está al otro lado ___de la___ biblioteca.

7. —¿Dónde está el supermercado?
   —Detrás ___de la___ estación del metro.

8. —¿Y dónde está la iglesia?
   —Queda a tres cuadras de aquí, enfrente ___del___ teatro.

9. —¿Debo ir en taxi o en autobús al zoológico?
   —Pues, creo que en autobús. Queda a muchas cuadras ___del___ hotel donde estás.

10. —Quisiera comprar unas tarjetas de cumpleaños.
    —Hay una tienda de regalos al otro lado ___de la___ calle.

Prueba 10-7

Paso a paso 1   Nombre

Fecha

CAPÍTULO 10

A In the school cafeteria some friends are talking about the party they went to last Friday night. Complete the answers by using another form of the preterite of the verb that is underlined in the question. *(50 points)*

1. —¿Pagaste mucho por los pantalones nuevos que llevaste en la fiesta?
   —Sí. **Pagué** cincuenta dólares, pero me gustan mucho.

2. —¿Quién tocó la guitarra en la fiesta de anoche?
   —Yo **toqué** toda la noche. Hace una semana que compré una guitarra nueva.

3. —¿A qué hora llegaste a la fiesta, Flor?
   —**Llegué** tarde, pero mis amigos llegaron tarde también.

4. —¿Jugaste o bailaste en la fiesta de Mario?
   —**Jugué** videojuegos con el hermano de Marta.

5. —Y tú, Mónica, ¿qué sacaste del garaje para la fiesta?
   —**Saqué** unos discos viejos de papá. ¡Me encanta la música antigua!

B Hugo's dad is checking to make sure Hugo has finished all of his errands. He is surprised to discover that each errand has already been completed. Complete the answers by writing the verbs in the preterite tense. *(50 points)*

1. —¿Vas a sacar libros de la biblioteca hoy?
   —Ya los **saqué** anoche, papá.

2. —¿Vas a buscar un regalo para mamá? ¿Qué le vas a comprar?
   —Lo **busqué** ayer, papá. Le **compré** una blusa muy bonita.

3. —¿Vas a enviar las cartas a los abuelos?
   —Ya las **envié** temprano esta mañana, papá.

4. —¿Cuándo sacas la basura?
   —Ya la **saqué** hace una hora, papá.

5. —¿Cuándo vas a visitar a tu tía Carlota?
   —Ya la **visité** la semana pasada, papá.

Prueba 10-8

Paso a paso 1   Nombre

Fecha

CAPÍTULO 10

A Paulina has written a letter to her favorite cousin telling her all about the terrific vacation she just took. Complete her letter with the correct form of the verb *ir* in the preterite tense. *(50 points)*

Querida Silvia:

En las vacaciones de primavera, mi familia y yo **fuimos** a las montañas para esquiar. Mi amiga Celina también **fue** con nosotros. ¡Qué genial! Ella y yo esquiamos todos los días. El jueves me lastimé el brazo y no **fui** con los otros a esquiar. Visité los lugares de interés y saqué unas fotos. ¡Te van a gustar mucho mis fotos! El año pasado mis hermanos no **fueron** a ninguna parte con nosotros, pero este año sí. Ellos también esquiaron todo el día. Regresamos anoche para celebrar la fiesta de cumpleaños de papá. Y tú, Silvia, ¿adónde **fuiste** estas vacaciones? Cuando me envíes una carta no olvides poner el sello, como hiciste el mes pasado.

Cariños,

tu prima, Paulina

B Miguel likes to talk to his friends about the things he and his family are going to do. But one friend, rather than listening to Miguel, prefers to brag about his own family. Complete each response by changing the underlined verb to the preterite tense. *(50 points)*

1. —En junio voy a Teotihuacán porque quiero subir las pirámides.
   —Yo ya **fui** a Teotihuacán el año pasado.

2. —Mis padres van a explorar la selva tropical en Venezuela.
   —Mis padres ya **fueron** a Venezuela y exploraron la selva.

3. —Mi tío va a sacar fotos de las cataratas de Iguazú en Argentina.
   —Tengo un tío que ya **fue** a Argentina y sacó fotos de las cataratas.

4. —Mis abuelos y yo vamos a Perú para visitar las ruinas incas.
   —Mis abuelos ya **fueron** a Perú y visitaron las ruinas incas.

5. —¿Vas a bucear en el mar Caribe?
   —Y tú, Miguel, ¿ya **fuiste** a bucear en el mar Caribe?

CAPÍTULO 10

Paso a paso 1   Nombre _____

Fecha _____

Hoja para respuestas 1
Examen de habilidades

I. Listening Comprehension (20 points)

1. La estación del metro
   a. está lejos de la plaza.
   b. queda a doce cuadras de la plaza.
   (c.) queda a dos cuadras de la plaza.

2. El banco está
   (a.) detrás del teatro.
   b. muy lejos del parque.
   c. en la cuadra del hotel.

3. Hay un delicioso restaurante
   a. lejos de la farmacia.
   b. cerca de la biblioteca.
   (c.) entre la farmacia y la librería.

4. En el correo pueden comprar sellos. Queda
   a. lejos del banco.
   b. cerca de un parque y muchos restaurantes.
   (c.) a unas tres cuadras del banco.

5. Para ir al museo y al monumento del Sol
   (a.) puedes ir en autobús.   c. puedes ir en metro.
   b. puedes ir a pie.

II. Reading Comprehension (20 points)

1. _No_
2. _Sí_
3. _No_
4. _Sí_
5. _Sí_

6. _No_
7. _Sí_
8. _No_
9. _Sí_
10. _Sí_

CAPÍTULO 10

Paso a paso 1   Nombre _____

Fecha _____

Hoja para respuestas
Prueba cumulativa

A (24 points)

1. correo _____ sellos
2. librería _____ tarjeta de cumpleaños
3. banco _____ depositar dinero
4. supermercado _____ comestibles

B (16 points)

1. trescientos _____
2. quinientos _____
3. dos mil _____
4. setecientos _____

C (20 points)

1. Devolví _____
2. Envié _____
3. Saqué _____
4. Vi _____

D (24 points)

1. fuimos _____ zoológico
2. fui _____ estadio
3. fueron _____ teatro
4. Fuiste _____ plaza

E (16 points)

1. de la _____
2. del _____
3. de la _____
4. del _____

CAPÍTULO 10

III. Writing Proficiency (20 points)

[See page T7 for suggestions for evaluating student writing.]

Hola, _____ :

_____

_____

_____

_____

Saludos,

_____

IV. Cultural Knowledge (20 points)

Answers will vary, but may include: availability of Spanish-language newspapers, movies, records, and books; Spanish-speaking doctors, lawyers, and other professionals; grocery stores which carry imported foods; and the proximity of the Mexican Fine Arts Center Museum.

_____

V. Speaking Proficiency (20 points)

[See pages T37–T45 for suggestions on how to administer this portion of the test.]

CAPÍTULO 11

A You have been asked by a local television station to fill out a questionnaire about the programs you prefer to watch on TV. Circle the letter of the appropriate answer for each question. *(50 points)*

1. ¿Qué piensas sobre los programas musicales de los sábados por la noche?
a. Me gustan, pero me dan miedo.
(b) No me gusta esa clase de programas.

2. ¿Te gustan los programas de entrevistas de los jueves por la tarde?
a. Pues, no estoy de acuerdo con las noticias.
(b) Me aburren porque hablan demasiado.

3. ¿Te gusta ver los dibujos animados los domingos?
(a) Sí, porque son muy divertidos.
b. Sí, pero son muy tristes.

4. ¿Ves las telenovelas de lunes a viernes?
(a) Sí, las veo todos los días. Me fascinan.
b. No me gustan porque me dan miedo.

5. ¿Qué piensas del programa de hechos de la vida real del miércoles por la noche?
a. Me interesa mucho porque es muy cómico.
(b) Prefiero los programas menos realistas.

B You and a friend are looking through the TV guide trying to decide what to watch on television tonight. Underline the words which describe the kind of program shown in the pictures of the guide. *(50 points)*

1. —Me gustan más (las comedias / los programas deportivos).

2. —Yo pienso que (los documentales / los pronósticos del tiempo) son fascinantes.

3. —Bueno, pero creo que (los programas de detectives / los programas educativos) son más emocionantes.

4. —No me gustan (los anuncios / las noticias). ¿Y a ti?

5. —A mí tampoco, pero sí me encantan (los dibujos animados / las comedias).

Vocabulario para conversar

Capítulo 11

Paso a paso 1
Nombre
Fecha
Prueba 11-2

A Your social science teacher has asked you to write a report about the TV viewing habits in your community. Complete the discussion you have with other students in the class by selecting from the list the words that best complete each statement. Write your selection in the blank space. (60 points)

| me aburren | triste | mejor | cuales |
| demasiado | realistas | por eso | sobre |

1. —¿Qué piensas _sobre_ los programas del sábado por la noche?
2. —Pues, prefiero ver la telenovela por la tarde. ¿_Cuáles_ te interesan a ti?
3. —Me encantan las telenovelas también, pero a veces son _demasiado_ tontas.
4. —Sí, estoy de acuerdo contigo. Y a veces no son muy _realistas_.
5. —No me gustan los programas educativos. No son interesantes y _me aburren_.
6. —¿Qué piensas de la comedia *La familia Sánchez*? Yo creo que es el _mejor_ programa de televisión.

B Marisa and Chucho are reviewing TV programs and films for their weekly column in the school newspaper. Which ones have they selected for their review? (40 points)

1. _el programa de entrevistas_
"¡Interesante!"

2. _el programa musical_
"¡Divertido!"

3. _los dibujos animados_
"¡Cómicos!"

4. _las noticias_
"¡Interesantes!"

Capítulo 11

Paso a paso 1
Nombre
Fecha
Prueba 11-3

A Fabián is talking with his cousin Mario about the movies they've seen lately. Look at the pictures and complete their discussion by underlining the movie each one of them has seen. (60 points)

1. —¿Viste (la película del oeste / la película de terror) ayer?
2. —Sí, la vi. Hoy quiero ver una (película de aventuras / película musical).
3. —A mí no me gustan (las películas románticas / las películas de terror).
4. —Pues, a mí sí me gustan, pero prefiero (las películas de terror / las películas de ciencia ficción).
5. —A mi hermana le encantan (las películas del oeste / las películas musicales).
6. —Bueno, Mario, ¿y qué piensas de (las películas del oeste / las películas de aventuras)?

B A friend from another country is asking you about different local TV programs. Select from the list the words that complete your answers. (40 points)

| el tiempo | corto | un poco | en punto | largo | de la noche |

1. El programa deportivo es muy _corto_. Solamente dura veinte minutos.
2. En la noticia _de la noche_ siempre dan el pronóstico del tiempo de mañana.
3. Las noticias de la tarde siempre empiezan a las cinco _en punto_. Nunca empiezan tarde.
4. El programa musical es demasiado _largo_. Empieza a las ocho y dura hasta las once.

Paso a paso 1 Nombre

CAPÍTULO 11

Fecha

Prueba **11-4**

A Omar and his friends are worried about getting to a concert on time because Omar's car ran out of gas. Complete their conversation by circling the letter of the appropriate expression. *(40 points)*

1. —¿Vamos a llegar tarde al concierto?

   —Creo que no. A veces no empiezan a tocar ________.

   a. en punto (b.) puntualmente

2. —¿Cuánto tiempo dura el concierto?

   —Dos horas. Dura ________ las once.

   (a.) hasta b. casi

3. —¿Está lejos la estación de servicio?

   —Queda cerca. ________ a diez minutos a pie.

   a. Un poco (b.) Solamente

4. —Podemos ir en taxi al concierto y regresar ________ con la gasolina.

   a. más temprano (b.) más tarde

B Berta and her friend Beatriz have made plans to go to the movies tonight. Prior to meeting, they talk on the phone to confirm their plans. Complete their conversation by selecting and writing the missing words. *(60 points)*

tiempo	media hora	casi	larga
cortas	más temprano	en punto	hasta

BERTA ¿A qué hora quieres ir al cine, Beatriz?

BEATRIZ Pues, la película de terror empieza a las siete ***en punto*** y la de aventuras empieza treinta minutos ***más temprano***. ¿A cuál vamos?

BERTA ¿Cuánto ***tiempo*** dura la de aventuras?

BEATRIZ No es muy ***larga***. Solamente dura una hora. Yo prefiero las películas ***cortas***.

BERTA Yo también. Bueno, son las seis y media. La película de aventuras empieza en ***media hora***. ¿Vamos?

BEATRIZ Sí, ¡vamos!

Copyright © Prentice-Hall, Inc.

Paso a paso 1 Nombre

CAPÍTULO 11

Fecha

Prueba **11-5**

A Graciela wants to please her guest Felisa, so she's asking her about the programs or films she likes to watch on TV. Complete their conversation by using *más que* or *menos que* with the adjective in parentheses. Be sure that the words are in the correct order and that the adjective agrees with the subject. *(60 points)*

1. —¿Qué piensas de las películas de ciencia ficción?

   —Me gustan porque son ***más interesantes que*** las películas de detectives. (interesante)

2. —¿Te gustan las telenovelas?

   —No, no me gustan porque son ***menos realistas que*** los programas de hechos de la vida real. (realista)

3. —¿Y los dibujos animados?

   —Me encantan porque son ***más cómicos que*** las comedias. (cómico)

4. —¿Qué opinas de los programas de entrevistas?

   —Me aburren porque pienso que son ***más tontos que*** las telenovelas. (tonto)

5. —¿Te interesan las películas de aventuras?

   —Me gustan mucho porque me dan ***menos miedo que*** las películas de terror. (miedo)

6. —¿Qué piensas de las películas del oeste?

   —Me encantan porque son ***más divertidas que*** las películas de terror. (divertido)

B Cora doesn't always agree with Diego's descriptions. Use the singular or plural form of the comparisons listed below to complete the description Cora prefers. *(40 points)*

mejor que	peor que	mayor que	menor que

1. —El restaurante Azteca es bueno.

   —Sí, pero el restaurante Maya es ***mejor que*** el restaurante Azteca.

2. —Tu amiga es demasiado joven.

   —Sí, pero su hermana Sara es ***mayor que*** tú.

3. —Las películas de ciencia ficción que dan en el cine Pala son malas.

   —Sí, pero las que dan en el cine Regis son ***peores que*** las del cine Pala.

4. —Tu perro es muy viejo.

   —Sí, pero mi perro es ***menor que*** tu gato.

Copyright © Prentice-Hall, Inc.

Copyright © Prentice-Hall, Inc.

Capítulo 11

Paso a paso 1   Nombre

Fecha

Prueba **11-6**

As Lázaro walks through the hallway on his way to class, he overhears several conversations. Complete each conversation by using a correct form of the superlative. Be sure to change the expressions, if necessary, so that they agree with the noun they are describing. *(100 points)*

1. —¿Cuál es la fruta más sabrosa?
—Las manzanas son   **las más sabrosas**   de todas las frutas.

2. —¿Cuál es la mejor verdura para la salud?
—Las zanahorias son   **las mejores**   de todas las verduras.

3. —¿Cuáles son los pantalones más caros en la tienda Félix?
—Los pantalones negros son   **los más caros**   de todos los pantalones.

4. —¿Cuál es el color menos atractivo para ti?
—El amarillo es   **el menos atractivo**   de todos los colores.

5. —¿Cuál es el actor más fascinante en la tele?
—La actriz Conchita Coral es   **la más fascinante**   de todas las actrices.

6. —¿Cuál es el programa más cómico en la tele?
—Los dibujos animados son   **los más cómicos**   de todos los programas.

7. —¿Cuál de tus hermanos es el mayor?
—José Luis es   **el mayor**   de mis hermanos.

8. —¿Cuál es el peor sandwich en el restaurante Luz?
—Los sandwiches de huevos son   **los peores**   de todos.

9. —¿Cuál es la gemela más cariñosa?
—Mariana es   **la más cariñosa**   de las dos gemelas.

10. —¿Cuál es el mejor lugar de interés por aquí?
—El lago es   **el mejor**   de todos los lugares por aquí.

Capítulo 11

Paso a paso 1   Nombre

Fecha

Prueba **11-7**

A Your family wants to know if you have completed your chores. You admit that you haven't finished yet, but you promise that you will do everything soon. Change the underlined words in the question to a pronoun, then write both the verb and the pronoun in your answer. *(50 points)*

1. —¿Ya compraste los comestibles?
—No, todavía no, pero voy a   **comprarlos**   esta tarde.

2. —¿Ya lavaste la ropa?
—No, todavía no, pero pienso   **lavarla**   ahora.

3. —¿Ya cortaste el césped?
—No, todavía no. Voy a   **cortarlo**   más tarde.

4. —¿Ya enviaste la carta y la tarjeta de cumpleaños a tu abuela?
—No, todavía no, pero necesito   **enviarlas**   esta tarde.

5. —¿Ya devolviste el equipo de sonido y la videocasetera a la tienda?
—No, todavía no, pero quiero   **devolverlos**   mañana temprano.

B Bruno hasn't seen any of the programs or films his friends like, but he plans to see them soon. Change the underlined words in the question to a pronoun, then write both the pronoun and a form of the verb *ir + a* in your answer. *(50 points)*

1. —¿Ya viste la película de terror que dan en el cine Zamora?
—No, pero   **la voy a**   ver el domingo por la tarde.

2. —¿Ya viste los nuevos dibujos animados del canal 3?
—No, pero   **los voy a**   ver el sábado por la mañana.

3. —¿Cuándo vas a ver las telenovelas *El amor es triste* y *Cartas de terror*?
—Pienso que   **las voy a**   ver esta noche.

4. —¿Cuándo piensas ver el programa educativo del canal 9?
—   **Lo voy a**   ver en media hora.

5. —¿No te gustan los actores de la comedia *La familia García*?
—Sí, me encantan.   **Los voy a**   ver en persona el sábado por la tarde en el centro comercial.

T107

Prueba 11-8 (page 166)

Alexis and her friends Angelina and Andrea review films and TV programs for the school newspaper.
Add a correct form of the verb *ver* in the preterite tense to complete the review the girls have
written. *(100 points)*

LAS PELÍCULAS DEL MES.   La mejor película del mes la dan en el cine Versalles. Yo la
____ **vi** ____ el sábado y también el domingo porque es muy emocionante. Se llama

Aventura de terror. Angelina la ____ **vio** ____ y piensa que es una buena película también.

Otra película genial es la película de ciencia ficción que dan en el cine Valdéz, *Un país de otro*

tiempo. Si no la ____ **viste** ____ todavía, tienes que verla esta semana porque termina el

viernes. La tercera película que Angelina, Andrea y yo ____ **vimos** ____ esta semana se llama

Las tontas aventuras de Abelín. Es una comedia, pero a veces es un poco aburrida. Abelín es el

mejor actor de la película, pero los otros actores son los peores del año.

LOS PROGRAMAS DE LA TV.   Hay cuatro programas nuevos en la televisión este

mes. El primero se llama *Tres gatos atrevidos y un perro simpático.* Son unos dibujos animados

que dan el sábado por la mañana en el canal 5. Angelina y Andrea lo ____ **vieron** ____ el

sábado pasado y piensan que es un programa fantástico para niños. Yo no estoy de acuerdo

porque pienso que es un programa bastante tonto. Otro programa interesante este mes es el

programa de entrevistas con Reina Rosaura. Mis padres lo ____ **vieron** ____ anoche y piensan

que es el mejor programa del lunes. Si te gustan los programas musicales, esta semana

en el canal 5 hay *Conciertos de rock y rap,* un programa del año pasado. Amigos míos, si no

lo ____ **vieron** ____ el año pasado, pueden verlo este jueves a las nueve. No sé cuáles son los

programas que ____ **vieron** ____ ustedes este año, pero hay otro programa nuevo que deben

ver. Mis amigas y yo lo ____ **vimos** ____ anoche y es muy divertido. Es un programa de cocina.

Tina y Toño son unos hermanos gemelos de trece años que cocinan toda clase de comida para

los jóvenes. Y, ¿qué otros programas o películas ____ **vieron** ____ tú y tus amigos hace poco?

¡Nos interesa la opinión de todos!

Angelina, Andrea y Alexis

Prueba 11-9 (page 167)

Sarita's young cousin, Paquito, is visiting this weekend. Paquito is inquisitive about everything that's
going on. Answer his questions using a correct form of the verb shown in parentheses, along with
one of the pronouns from the list. *(100 points)*

me	te	le	nos	les

1. —¿Por qué escuchas las noticias, Sarita?

—Porque ____ **me interesan** ____ mucho las noticias. (interesar)

2. —¿Por qué limpia Carmen el coche?

—Porque ____ **le gusta** ____ tener su coche limpio. (gustar)

3. —¿Por qué miran ustedes la telenovela todas las noches?

—Porque ____ **nos fascinan** ____ las telenovelas. (fascinar)

4. —¿Por qué no mira Melisa la película de terror, Sarita?

—Porque ____ **le dan miedo** ____ las películas de terror. (dar miedo)

5. —¿Por qué no van ustedes al cine hoy?

—Porque no ____ **nos interesa** ____ la película que dan hoy. (interesar)

6. —¿Por qué no miras los dibujos animados conmigo, Sarita?

—Porque ____ **me aburren** ____ los dibujos animados. (aburrir)

7. —¿Por qué estudian Gaspar y Gavino ahora?

—Porque ____ **les encanta** ____ estudiar. (encantar)

8. —¿Por qué está tío Alonso en cama hoy, Sarita?

—Porque ____ **le duele** ____ mucho el pie. (doler)

9. —¿Por qué no sacan la basura Gaspar y Gavino, Sarita?

—Porque no ____ **les gusta** ____ mucho hacer los quehaceres de la casa. (gustar)

10. —¿Qué te pasa, Sarita?

—¡ ____ **Me duelen** ____ la cabeza y los oídos de escuchar tus preguntas! (doler)

Paso a paso 1

Nombre

Fecha

CAPÍTULO 11

Hoja para respuestas 1
Examen de habilidades

I. Listening Comprehension (20 points)

1. La película que se llama *Terror en la medianoche*
   a. empieza a las ocho y cuarto.
   b. ya empezó.
   c. termina a las diez y media.

2. Los jóvenes
   a. van a comer bistec.
   b. van a la casa de Ana y Luisa.
   c. van a ver una película en casa.

3. Los jóvenes van a ver a Ana y Luisa
   a. en el cine Hidalgo.
   b. en la casa de Sebastián.
   c. en la taquería.

4. Cuando hablan Julio y Sebastián
   a. son las seis menos cuarto.
   b. son las cinco.
   c. son las ocho y cuarto.

5. La película dura
   a. tres horas.
   b. una hora y media.
   c. dos horas y quince minutos.

II. Reading Comprehension (20 points)

1. *Sí*
2. *Sí*
3. *No*
4. *Sí*
5. *Sí*
6. *Sí*
7. *Sí*
8. *No*
9. *Sí*
10. *No*

III. Writing Proficiency (20 points)

[See page T7 for suggestions for evaluating student writing.]

Hola, _____ :

_____

_____

Saludos, _____

173

Paso a paso 1

Nombre

Fecha

CAPÍTULO 11

Hoja para respuestas
Prueba cumulativa

A (24 points)

1. *una película del oeste* — *en punto*

2. *una telenovela* — *emocionante*

3. *la película romántica* — *noticias*

B (12 points)

1. *más fascinantes que* — 3. *mejores que*

2. *menos aburrido que*

C (20 points)

1. *vi* — *película de terror*

2. *vimos* — *programa educativo*

3. *vieron* — *comedia*

4. *vio* — *película de ciencia ficción*

D (16 points)

1. *va a sacarla / la va a sacar* — 2. *voy a lavarlos / los voy a lavar*

E (18 points)

1. *el mejor*

2. *las más sabrosas* — 3. *las peores*

F (10 points)

1. *Les da miedo* — 3. *me encantan*

2. *nos interesa / te gustan* — 4. *les gustan*

170

T109

Left page

Paso a paso 1   Nombre

CAPÍTULO 11   Fecha

IV. Cultural Knowledge *(20 points)*

Answers will vary, but may include that in addition to local television, many popular

American shows are shown; most teens choose to watch shows produced in Venezuela,

such as variety shows and soap operas, because they are the most interesting.

V. Speaking Proficiency *(20 points)*

[See pages T37-T45 for suggestions on how to administer this portion of the test.]

Right page

Paso a paso 1   Nombre

CAPÍTULO 12   Fecha

Prueba **12-1**

A You and your friends are eating in a Mexican restaurant to celebrate the Cinco de Mayo holiday. Match the foods shown in the pictures with each conversation. Write the correct letter in the space. *(60 points)*

a   b   c   d   e   f   g   h

d 1. —¿Has probado el chile con carne alguna vez?
—No, nunca, pero me gustaría.

a 2. —¿Qué vas a pedir de plato principal?
—Quisiera probar las enchiladas de carne de res.

f 3. —¿Con qué se hacen las quesadillas?
—Con tortillas de harina.

g 4. —¿Quieres probar los churros?
—No, prefiero el helado.

e 5. —¿Quieres algo más?
—Sí, voy a pedir el guacamole.

c 6. —¿Vas a pedir los burritos?
—No, prefiero los chiles rellenos.

B You are naming the ingredients of different Mexican dishes during your demonstration in cooking class. Underline the correct word in parentheses. *(40 points)*

1. Los tacos son de (pollo / pescado).

2. La salsa tiene (flan / <u>chile</u>).

3. El burrito se hace con (<u>frijoles</u> / churros).

4. (Las tortillas / <u>Los pasteles</u>) se hacen con chocolate.

Prueba 12-2

Paso a paso 1 Nombre _____

CAPÍTULO 12 Fecha _____

A James is talking to his friend Mauricio about Mexican food. Select the missing word or words from the list, then complete the conversation by writing the word in the blank space. *(50 points)*

aguacate   he probado   de postre   algo más

picante   de merienda   a menudo   probar

1. —¿Con qué se hace el guacamole?
   —Se hace con _____aguacate_____ .

2. —¿Te gusta la salsa mexicana?
   —A veces sí, pero a veces es demasiado _____picante_____ .

3. —¿Te gusta el flan?
   —Me encanta el flan _____de postre_____ .

4. —¿Comes en restaurantes mexicanos?
   —Sí, _____a menudo_____ . ¡Me encanta la comida mexicana!

5. —¿Has probado las quesadillas alguna vez?
   —No, nunca las _____he probado_____ .

B Blanca and Carlota are trying to decide which foods to order from the menu. Write the names of the different foods they are considering. *(50 points)*

1. _(el) chile con carne_

2. _(los) tacos de carne de res_

3. _(los) churros y (el) chocolate_

4. _(los) chiles rellenos_

5. _(los) frijoles refritos_

Prueba 12-3

Paso a paso 1 Nombre _____

CAPÍTULO 12 Fecha _____

A Gerardo and Emilio work as waiters on weekends. One of their responsibilities is to set the tables for the evening meal. Complete their statements by circling the letter that corresponds to the item represented in each picture. *(60 points)*

1. —Me falta _____ .
   a. un tenedor   b. una cuchara (circled)   c. un cuchillo

2. —Emilio, ¿me pasas _____?
   a. un tenedor   b. una cuchara   c. un cuchillo (circled)

3. —No veo _____ .
   a. el vaso   b. el tazón (circled)   c. la taza

4. —Gerardo, ¿dónde está _____?
   a. el platillo   b. el mantel (circled)   c. la servilleta

5. —Emilio, ¿me pasas _____, por favor?
   a. la pimienta (circled)   b. la sal   c. la mantequilla

6. —En esta mesa me falta poner _____ .
   a. la sal   b. el azúcar   c. la mantequilla (circled)

B You and your friends are talking to the waiter in your favorite restaurant. Circle the letter of the word missing from the conversation. *(40 points)*

1. —No, ese menú no es para mí. Yo _____ la cuenta.
   a. traigo   b. me trae   c. comí   d. pedí (circled)

2. —¿ _____ la especialidad de la casa, por favor?
   a. traigo   b. me trae (circled)   c. comí   d. pedí

3. —Sí, en seguida. Y le _____ la cuenta también.
   a. traigo (circled)   b. me trae   c. pediste   d. pedí

4. —No, yo _____ lo mismo, un vaso de leche.
   a. traigo   b. me trae   c. bebí (circled)   d. bebiste

T111

Right page (Prueba 12-5)

A Your friends are talking about the different foods they order when they go out to eat. Complete each conversation by using a correct form of the verb *pedir* in the present tense. (*50 points*)

1. —Isabel, ¿qué **pides** tú en un restaurante mexicano?
   —Yo siempre **pido** enchiladas o chiles rellenos.

2. —¿Qué **piden** ustedes, Aurelio y Mario?
   —Nosotros siempre **pedimos** guacamole y quesadillas.

3. —¿Y qué **pide** Gabriela y su hermana?
   —Gabriela y su hermana **piden** hamburguesas y papas fritas.
   —Gabriela nunca _____ tacos.

4. —Y en España, Pilar y Luis, ¿qué pedís vosotros en un restaurante mexicano?
   —Pues, **pedimos** algo no muy picante.

5. —¿Qué **piden** tus padres, Mario?
   —Mis padres siempre **piden** comida picante.

B Lilia is not sure which foods would impress her dinner guests, so she's asking different people what they serve. Complete her conversation by using a correct form of the verb *servir* in the present tense. (*50 points*)

1. —Profesor Anaya, ¿qué platos principales **sirve** usted?
   —A veces **sirvo** pescado o carne de res.

2. —Sarita, ¿qué **sirves** de merienda?
   —No cocino muy bien, pero mi mamá siempre **sirve** fruta o unos pasteles.

3. —Rebeca y Dora, ¿qué **sirven** ustedes de postre?
   —Nosotras siempre **servimos** flan.

4. —¿Qué **sirve** la profesora en la clase de cocina?
   —La señora Flores siempre **sirve** ensaladas sabrosas.

5. —Guille, tu abuela cocina bien. ¿Qué **sirve** ella para las cenas de tu familia?
   —No sé, pero a veces vamos a un restaurante que queda cerca. Allí **sirven** comida muy buena.

Left page (Prueba 12-4)

A Your friends have taken you to a restaurant to celebrate your birthday. Select the appropriate expressions from the list, then write them in the spaces to complete each conversation. (*50 points*)

| en seguida | lo mismo | me falta | pediste | bebí |
| debajo de | la cuenta | bebiste | comiste | traigo | pedí |

1. —Camarero, **me falta** una servilleta.
   —Sí, **en seguida** la traigo.

2. —Eva, ¿qué **pediste** de postre?
   —**Pedí** el flan.

3. —Beto, ¿ **bebiste** el refresco?
   —Sí, lo **bebí** . Me gustan mucho los refrescos de fruta.

4. —Camarero, no me gusta el plato del día. Quisiera **lo mismo** que mi amigo.
   —Bueno. Le **traigo** la especialidad de la casa.

5. —Lucho, quisiera pagar **la cuenta** pero no la veo.
   —Aquí la tienes. Está **debajo de** la servilleta.

B Juanita promised her mother she would set the table for tonight's dinner. Write the names of the different items she needs. (*50 points*)

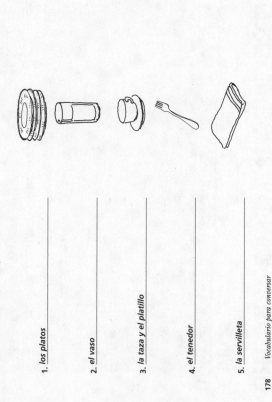

1. **los platos**
2. **el vaso**
3. **la taza y el platillo**
4. **el tenedor**
5. **la servilleta**

T112

CAPÍTULO 12

Fecha

You and your friends are planning a party at the beach next Saturday. You are organizing the day so that each person brings something you will need for the party. Use a form of the verb *traer* in the present tense to complete your conversation. *(100 points)*

1. —¿Quién **trae** los sandwiches?

2. —Yo **traigo** los sandwiches de jamón.

3. —Nora y Joel, ¿qué **traen** ustedes?

4. —Pues, Nora **trae** los refrescos y yo la videocasetera.

5. —No tenemos película para la cámara. Claudia, ¿ **traes** la película?

6. —No, Dolores y Elisa la **traen** .

7. —Me falta un bronceador bueno. ¿Ustedes lo van a **traer** ?

8. —Sí, Jesús y yo lo **traemos** .

9. —Arturo, tus amigos nunca **traen** comida a las fiestas.

10. —Sí, pero ellos siempre **traen** la música.

CAPÍTULO 12

Fecha

A Timo and Tomi are bragging about their grandparents, who always do wonderful things for others. Write the indirect object pronoun which corresponds to the underlined words in each statement. *(60 points)*

1. Cuando yo quiero nadar, mi abuelo siempre **me** lleva a la piscina.

2. Cuando mi papá tiene hambre, mi abuela siempre **le** trae una ensalada sabrosa.

3. Cuando mis hermanos y yo tenemos sed, mis abuelos siempre **nos** hacen un sabroso jugo de fruta.

4. Cuando mi hermana quiere comer comida mexicana, mi abuelo siempre **le** sirve tacos o enchiladas.

5. Cuando mis amigos quieren algo de comer, mi abuela siempre **les** trae un sandwich o chocolate con churros.

6. ¿Qué hacen tus abuelos cuando tú quieres comer? ¿ **Te** sirven una merienda o van todos a un restaurante?

B You and your friends forgot to bring some of the things you need for school today. Write the correct form of the indirect object pronoun to complete the conversations you and your friends are having. *(40 points)*

1. —No tengo un bolígrafo para la clase de inglés. ¿ **Me** traes uno, por favor?

—¡Claro que sí! ¿Y **te** traigo papel también?

2. —Queremos estudiar para el examen, pero no tenemos el libro. ¿ **Nos** traes uno, por favor?

—Pues sí. **Les** traigo mi libro.

3. —Soledad no tiene su almuerzo hoy. ¿ **Le** traes algo para comer, por favor?

—¿Qué **le** traigo, una hamburguesa o un taco?

4. —Mis amigos necesitan un diccionario. ¿ **Les** vas a traer uno?

—Sí, **les** traigo uno en seguida.

Vicente works as a baby sitter for the neighbors next door. Tonight they are asking Vicente all about the different things their children did while they were away for the evening. Use the verb in parentheses to complete each question or statement. Write the verbs in the preterite tense. (100 points)

1. —¿Qué _comió_ Rebeca? (comer)

2. —¿ _Bebió_ Pablo su leche a las nueve? (beber)

3. —¿Qué _comieron_ los gemelos de postre? (comer)

4. —¿ _Abrieron_ ustedes la caja de los chocolates? No la veo en la mesa. (abrir)

5. —No, nosotros no la _abrimos_ . (abrir)

6. —¿Quién _comió_ los churros de la abuela? (comer)

7. —Vicente, ¿ _saliste_ tú con los niños esta tarde? (salir)

8. —No, yo no _salí_ con ellos. Vimos la tele. (salir)

9. —¿Qué _bebieron_ los niños con la cena? (beber)

10. —Los niños y yo _bebimos_ jugo de naranja. (beber)

T114

Paso a paso 1
Nombre

CAPÍTULO 12
Fecha

Hoja para respuestas
Prueba cumulativa

A (24 points)

1. los burritos _las enchiladas_

2. chiles rellenos _frijoles refritos_

3. flan _churros_

B (10 points)

1. pedir

2. Con qué se hacen _4. Has probado_

3. Se hacen con _5. he probado_

C (32 points)

1. el mantel _5. la servilleta_

2. sobre _6. el cuchillo_

3. el vaso _7. la cuchara_

4. detrás _8. tenedores_

D (9 points)

1. Te traigo _3. Me traes_

2. Les traemos

E (9 points)

1. pido _sirven_

2. pedimos _sirve_

3. piden _servimos_

F (16 points)

1. comiste _3. bebieron_

2. pedí _4. bebimos_

CAPÍTULO 12

Paso a paso 1

Nombre

Fecha

Hoja para respuestas 2
Examen de habilidades

III. Writing Proficiency *(20 points)*

[See page T7 for suggestions for evaluating student writing.]

Hola, _____ :

_____

_____

_____

_____

Saludos,

_____

IV. Cultural Knowledge *(20 points)*

Answers will vary, but activities might include getting together with the entire family, conversing, eating, and listening to live music.

V. Speaking Proficiency *(20 points)*

[See pages T37–T45 for suggestions on how to administer this portion of the test.]

CAPÍTULO 12

Paso a paso 1

Nombre

Fecha

Hoja para respuestas 1
Examen de habilidades

I. Listening Comprehension *(20 points)*

1.
2.
3.
4.
5.

II. Reading Comprehension *(20 points)*

1. _c_
2. _c_
3. _b_
4. _c_
5. _c_

Page 13-2

A You have designed a poster hoping to win the prize offered by the Recycling Center in your city. Label the pictures you have placed on your poster by writing the appropriate word or expression. (40 points)

1. ¿Sabes cómo reciclar ___*el vidrio*___ y el papel?

2. Tenemos que separar las botellas de ___*plástico*___ también.

3. Puedes ___*montar en bicicleta*___ y usar menos el coche.

4. Debes separar ___*el cartón*___ y el papel.

5. Tenemos que usar menos ___*madera*___ .

B Jacobo is interviewing students on campus to find out what they know about recycling and saving energy. Select the word or expression missing from each interview. (60 points)

no vale la pena	saber	proteger	la gente
vale la pena	conservarla	apagar	a la vez

1. —¿Qué debemos hacer para reducir el problema de la basura?
   — *La gente* tiene que reciclar más a menudo.

2. —¿Piensan ustedes que tenemos un problema con la energía?
   —Sí, por eso tenemos que *conservarla* si queremos un futuro mejor.

3. —¿Qué podemos hacer en casa?
   —Todos debemos *apagar* las luces en casa.

4. —¿Debemos reciclar más?
   —Pues, claro que sí. *Vale la pena* *proteger* el medio ambiente.

5. —Mucha gente dice que *no vale la pena* reciclar porque no todos lo hacen. ¿Qué piensas tú?

Page 13-1

A You and other members of the Recycling Club have been asked to speak to the sociology class about ways to recycle and save energy. Match the pictures with each conversation, then write the correct letter in the space. (60 points)

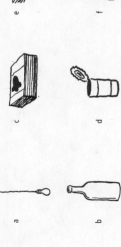

_e_ 1. —¿Podemos reciclar los periódicos y las revistas?
—¡Claro que sí! Casi todos saben que pueden hacerlo.

_c_ 2. —¿Qué otra cosa podemos reciclar?
—Pueden reciclar la guía telefónica.

_a_ 3. —Yo no sé cómo puedo conservar energía. ¿Qué hago?
—¡Puedes apagar las luces cuando sales de un cuarto!

_f_ 4. —¿Tenemos que reciclar la madera?
—Pues, sí. Vale la pena.

_b_ 5. —Hay que separar las botellas, ¿verdad?
—Sí, hay que separarlas.

_d_ 6. —¿Qué podemos reciclar en la escuela?
—Pueden reciclar las latas de refrescos y de jugos.

B Nicolás is reading a brochure left on the front doorstep of his house. The city has distributed the brochures throughout the community to get people to recycle and to conserve more energy. Underline the word or words that best complete each statement. (40 points)

1. Para conservar energía tenemos que reducir (la piel / la basura).

2. Para conservar energía, también podemos (montar en bicicleta / usar el coche).

3. Tenemos que (proteger / apagar) el medio ambiente.

4. Hay que reducir la basura. (¡A la vez! / ¡Vale la pena!)

5. ¿(Sabes / Sé) dónde queda el centro de reciclaje más cercano a tu casa?

T116

Paso a paso 1

Nombre _____

CAPÍTULO 13

Fecha _____

A Your biology class has taken a trip to the city zoo to observe the animals for a report you have to write later. Match the animals shown in the pictures with each statement. Write the correct letter in the blank space. *(50 points)*

a   b   c   d   e   f   g   h

__h__ 1. Esta clase de serpiente vive en la selva de Venezuela.

__b__ 2. ¿Crees que el oso está en peligro de extinción?

__d__ 3. No sé, pero creo que el elefante si está en peligro de extinción.

__f__ 4. Estos pájaros son de la selva tropical de Guatemala.

__c__ 5. Dicen que la ballena es muy inteligente.

B Your science teacher has divided your class into groups to discuss the environment. Underline the word or expression that best completes each statement. *(50 points)*

1. Creo que de todos los problemas que tenemos en la Tierra, la contaminación es (el mayor peligro / la amenaza).

2. No creo que la vaca está (en el medio ambiente / en peligro de extinción).

3. ¿Crees que las fábricas son (una amenaza / un centro de reciclaje) al medio ambiente?

4. Si queremos tener aire puro, debemos proteger (los árboles / los caballos).

5. Hay que reducir el agua contaminada de (las flores / los océanos).

Paso a paso 1

Nombre _____

CAPÍTULO 13

Fecha _____

A Your teacher has asked the class to list some animals that you think might be endangered. Write the name of each animal pictured on the list. *(60 points)*

1. ___ *el tigre*

2. ___ *el elefante*

3. ___ *la ballena*

4. ___ *el gorila*

5. ___ *el lobo*

6. ___ *la serpiente*

B Irene and Rolando are watching a science documentary presented on television during Earth Day. Complete the narrator's statements by selecting a word or expression from the list. Write the correct letter in the space. *(40 points)*

a. forman parte de
b. por supuesto
c. el medio ambiente
d. amenaza
e. fábricas
f. en peligro de extinción

1. Las plantas y los animales __a__ la Tierra y por eso hay que protegerlos.

2. Tenemos que proteger __c__ y los animales __f__

3. Los coches contaminan y son una __d__ para el aire puro.

4. __b__ que las vacas no están en peligro de extinción, pero muchos animales sí.

CAPÍTULO 13

Fecha   Prueba **13-5**

Along with the other members of the newspaper staff, you are reporting the results of what others have said during an interview about the environment. Use a correct form of the verb *decir* in the present tense to complete the following statements. *(100 points)*

1. —Muchas personas __**dicen**__ que tenemos un problema serio en la Tierra.

2. —La gente __**dice**__ que las fábricas no son buenas, pero las necesitamos para vivir.

3. —El profesor de ciencias __**dice**__ que los estudiantes deben saber más sobre los problemas de la selva tropical.

4. —Nosotros, los estudiantes, __**decimos**__ que debemos montar más en bicicleta y usar menos el coche.

5. —Nadie __**dice**__ que los caballos y las vacas están en peligro de extinción.

6. —Mi mejor amiga __**dice**__ que debemos plantar más árboles en las ciudades.

7. —Yo __**digo**__ que estoy de acuerdo con ella.

8. —Mis padres __**dicen**__ que para conservar agua no debemos lavar el coche a menudo.

9. —Mis amigos y yo __**decimos**__ que debemos escribir un informe en el periódico esta semana sobre estos problemas.

10. —Francisco, ¿qué __**dices**__ tú? ¿Debemos escribirlo hoy o mañana?

CAPÍTULO 13

Fecha   Prueba **13-6**

A Clara enjoys giving advice to her friends. In each of Clara's statements below, change the verb in parentheses to the command form. *(20 points)*

JOEL   Tengo que reciclar la basura mejor. ¿Qué debo hacer?

CLARA   Pues, Joel, __**separa**__ las latas de las botellas. (separar)

MARTÍN Tengo sed y calor, Clara.

CLARA   Martín, __**bebe**__ un refresco frío. (beber)

ANABEL Siempre tengo sueño, Clara. ¿Qué crees que debo hacer?

CLARA   Pues, __**duerme**__ más horas. (dormir)

TEODORO No me siento muy bien. No tengo mucha energía, Clara.

CLARA   __**Haz**__ ejercicio más a menudo. (hacer)

LILIA   ¿Necesitas ayuda con la cena esta noche?

CLARA   Sí, Lilia. __**Pon**__ la mesa, por favor. (poner)

B Your friends have come over to your house to prepare a special dinner for the Spanish Club. Since they are unfamiliar with your kitchen, help them by telling each one what to do. Answer each question by changing the underlined verb to a command and by substituting the noun with a direct object pronoun. Don't forget to place the pronoun in the right place and to add an accent where necessary in each of your answers. *(80 points)*

1. —¿Debo cortar el pan ahora?
   —Sí, __**córtalo**__ ahora.

2. —¿Crees que debo lavar estas cucharas?
   —Sí, __**lávalas**__ , por favor.

3. —¿Puedo abrir esta lata de frijoles?
   —Sí, __**ábrela**__ .

4. —Estos vasos están sucios. ¿Los limpio?
   —Sí, __**límpialos**__ .

5. —¿Cuándo debo preparar las ensaladas?
   —__**Prepáralas**__ en media hora.

6. —¿Debo traer más sandwiches?
   —Sí, __**tráelos**__ , por favor.

7. —¿Debo hacer la limonada en seguida?
   —No, __**hazla**__ más tarde.

8. —¿A qué hora tengo que poner la mesa?
   —__**Ponla**__ a las seis en punto.

9. —¿Debo reciclar las botellas y las latas después de la cena?
   —Sí, __**recíclalas**__ .

10. —¿Debo llamar a todos para comer?
    —Sí, __**llámalos**__ y, ¡a comer!

Paso a paso 1
CAPÍTULO 13

Nombre _____

Fecha _____ Prueba **13-7**

Your job as a teacher's aid in an elementary school sometimes includes teaching a lesson. Today you are asking your students what they know about the environment. Complete the conversation below by using a correct form of the verb saber in the present tense. *(100 points)*

1. —Daniel, ¿qué **sabes** de los animales de la selva tropical?
 —Yo **sé** que el elefante y el gorila están en peligro de extinción.

2. —Leonor y Elisa, ¿qué **saben** ustedes sobre el reciclaje?
 —Nosotras **sabemos** que tenemos que separar la basura.

3. —Laurita, ¿qué **saben** tus padres sobre el problema de la energía?
 —Mi mamá **sabe** que debemos conservarla. Mi papá siempre me dice que debo apagar las luces.

4. —Hernán, ¿tus amigos **saben** cómo separar la basura?
 —¡Por supuesto! Benito y yo **sabemos** separar el cartón de los periódicos.

5. —¿Qué **saben** ustedes de la energía y los coches?
 —Pues, **sabemos** que debemos usar más el transporte público y también montar en bicicleta.

 —¡Ustedes son estudiantes muy inteligentes!

Paso a paso 1
CAPÍTULO 13

Nombre _____

Fecha _____

Hoja para respuestas
Prueba cumulativa

A *(24 points)*
1. *latas*   3. *vidrio*
2. *botellas*   4. *periódicos*

B *(12 points)*
1. *peligro de extinción*   3. *apagar*
2. *El mayor peligro*   4. *la gente*

C *(16 points)*
1. *pájaros*   3. *las serpientes*
2. *elefantes*   4. *el tigre*

D *(18 points)*
1. *dices / digo*
2. *dice / dice*
3. *dicen / decimos*

E *(18 points)*
1. *prepárala*   4. *pruébalo*
2. *hazlos*   5. *tráelos*
3. *sírvelo*   6. *apágalas*

F *(12 points)*
1. *los árboles / sé*
2. *la madera / sabemos*
3. *montar en bicicleta / saben*

Paso a paso 1   Nombre
CAPÍTULO 13   Fecha
Hoja para respuestas 1
Examen de habilidades

I. Listening Comprehension (20 points)

A. (10 points)

 a

 b

c

 d

e

f

1. _d_   2. _e_   3. _a_   4. _f_   5. _c_

B. (10 points)

1. ¿Qué tienen que hacer este sábado Tomás y Rosalía?
   a. Tienen que trabajar en el centro de reciclaje.
   (b.) Deben separar la basura.
   c. Necesitan lavar unas camisas y unos pantalones.

2. ¿Qué quiere hacer Rosalía?
   a. Recoger el cartón de la basura.
   b. Poner la madera en la basura.
   (c.) Reciclar los periódicos y la guía telefónica.

3. ¿Qué quiere saber Tomás?
   (a.) Quiere saber cómo separar las latas de aluminio y las cosas de cartón.
   b. Quiere llevar las latas de aluminio al centro de reciclaje.
   c. Quiere poner el vidrio con el plástico.

4. ¿Qué piensan hacer Rosalía y Tomás más tarde?
   a. Van a una fiesta en un centro comercial.
   b. Van a estudiar las reglas de reciclaje.
   (c.) Van a llevar cosas al centro de reciclaje.

5. ¿Qué quiere hacer Rosalía hoy con la madera?
   a. Apagarla.   (b.) Reciclarla.   c. Protegerla.

203

Paso a paso 2   Nombre
CAPÍTULO 13   Fecha
Hoja para respuestas 2
Examen de habilidades

II. Reading Comprehension (20 points)

1. Sí   (No)
2. (Sí)   No
3. (Sí)   No
4. Sí   (No)
5. (Sí)   No

III. Writing Proficiency (20 points)

[See page T7 for suggestions for evaluating student writing.]

Hola, _____ :

_____

_____

_____

_____

Saludos,

_____

IV. Cultural Knowledge (20 points)

Answers will vary, but students may say that animals are disappearing in Cuba for the same reasons they are disappearing elsewhere: human population growth and industrial growth.

_____

_____

V. Speaking Proficiency (20 points)

[See pages T37–T45 for suggestions on how to administer this portion of the test.]

204

T120

CAPÍTULO 14

Paso a paso 1 Nombre

Fecha

Prueba **14-2**

A You don't understand it, but just as your social calendar has gotten very full, your friends won't stop calling you with invitations to different activities. Complete each statement by writing the word or expression represented by the picture. *(60 points)*

1. Gracias por la invitación, Pedro, pero el sábado voy a ___*la fiesta de cumpleaños*___ de Tina.

2. ¡Qué lástima, Trini! El viernes no puedo salir contigo porque voy a ___*una fiesta de sorpresa*___ para mi tío.

3. Gracias, pero el jueves tenemos una ___*fiesta de disfraces*___ .

4. Me gustaría ir a tu fiesta, Marcos, pero voy a ___*la fiesta de fin de año*___ en casa de Elena.

B Elena has taken Rodrigo to a family reunion to celebrate her grandparents' wedding anniversary. Complete their conversation by choosing and writing in the most appropriate word or expression from the list. *(40 points)*

| hechos a mano | parientes | conozco | conoces | da |
| te presento a | encantada | reunión | suelo | das |

1. —¿Están aquí todos tus ___*parientes*___ , Elena?
   —Sí, pero no los ___*conozco*___ a todos.

2. —¿Tú les ___*das*___ regalos siempre?
   —Depende. A veces ___*suelo*___ darles algo práctico para su casa.

3. —A mí me encantan los regalos ___*hechos a mano*___ . Elena, ¿quién es esa mujer amable y atractiva?
   —Es la más joven de mis tías. Se llama Paulina. Como tú no la ___*conoces*___ , voy contigo a hablar con ella.

4. —Tía Paulina, ___*te presento a*___ Rodrigo. Es mi mejor amigo.
   —¡ ___*Encantada*___ , Rodrigo!

5. —Igualmente, Paulina. ¡Qué simpática la ___*reunión*___ de tu familia!
   —Sí, nuestra familia siempre ___*da*___ fiestas muy buenas.

Vocabulario para conversar 206

CAPÍTULO 14

Paso a paso 1 Nombre

Fecha

Prueba **14-1**

A You have received several invitations to different events during the winter vacation. Write the number of the written invitation under the matching picture. *(60 points)*

3

2

1

4

1. El Club de español te invita a una fiesta en la Sala 215 el 21 de diciembre a las 6:00 P.M.

2. Vamos a dar una fiesta para MariCarmen porque, gracias a ella, somos la escuela número uno en tenis. Hay que llegar a las ocho en punto porque MariCarmen no sabe nada de la fiesta.

3. Todos los invitados van a llevar ropa de personas famosas. La fiesta empieza a las 9:00 P.M. el viernes 18 de diciembre, en casa de Roberto.

4. Va a ser el baile más genial del año con tu música favorita, este sábado a las 8:30 P.M. en la discoteca *Selva Musical*.

B Felipe's family has gathered at his house to celebrate the holiday season. Complete the various conversations they have as they exchange gifts by underlining the appropriate word or expression. *(40 points)*

1. —Rosalía, aquí tienes un regalo de una (parienta / encantada).

2. —Gracias. Ella siempre (recibe / suele) darme algo bonito.

3. —¡Me encanta! Es un pájaro amarillo y verde (encantada / hecho a mano).

4. —Felipe, ¿(conoces / conozco) a la novia de tu primo Gilberto?

5. —Pues, Felipe, (te doy / te presento) a Mariquita. Mariquita, Felipe.

Vocabulario para conversar 205

CAPÍTULO 14

Prueba **14-3**   Fecha

A Celia and Maribel are at a party talking to each other. Underline the appropriate word or expression to complete their conversation. *(60 points)*

1. —¡Qué aburrida está esta fiesta! Nadie está (viendo / bailando).
2. —Creo que no les gusta (la fecha / el ambiente).
3. —¿Crees que debemos (escoger / decorar) otra clase de música?
4. —Sí, porque yo quiero (pasarlo bien / pasarlo mal).
5. —¿Piensas que el problema es la comida? Nadie está (hablando / comiendo).
6. —(De ninguna manera / Creo que sí). ¡La comida está muy sabrosa!

B Nina and Claudia are excited because their boyfriends just invited them to the winter formal. Choose the pictures which best match their conversation. Write the number of the statement under the corresponding picture. *(40 points)*

1 ___

2 ___

3 ___

4 ___

1. —Quiero llevar el collar que mi tía me regaló para mi cumpleaños.
2. —¿Sabes que Julián compró un traje nuevo? ¡Le queda muy bien!
3. —¿Vas a llevar el vestido de fiesta rojo o el verde?
4. —¡Qué lástima! No puedo llevar los zapatos de tacón alto porque ayer me lastimé el pie.

Vocabulario para conversar   207

CAPÍTULO 14

Prueba **14-4**   Fecha

A Olivia has been nervous all week because she wants the party she's giving for her friends to be a success. Complete Olivia's conversation by choosing a correct word or expression from the list. Write the corresponding letter in the blank space. *(50 points)*

a. lo están pasando bien   d. escoges   g. escojo
b. viendo   e. lo están pasando mal   h. hablando
c. escuchando   f. el ambiente

1. —¿Crees que los invitados _e_ ?
2. —De ninguna manera. Todos están _h_ o comiendo.
3. —¿_g_ otro disco compacto?
4. —El que estamos _c_ es muy bueno. Por eso todos están bailando.
5. —Ya no me siento mal. Todos _a_ .

B Dolores and her twin brother Diego have just received an invitation to a formal party at the country club. To complete their conversation, write the word or expression which corresponds to each picture. *(50 points)*

1. —¡Diego! ¡Nos invitaron a una fiesta en el Club Campestre! Aquí está _la invitación_ .

2. —¿De veras? Pues, tengo que comprar un traje nuevo y también _una corbata_ .

3. —Y yo debo comprar un vestido de fiesta, un collar y _unos aretes_ .

4. —¿Vas a llevar _el reloj pulsera_ de nuestra abuelita?

5. —¡No! Es demasiado elegante, pero voy a llevar _una pulsera_ .

Vocabulario para conversar   208

T122

Page 14-6

Paso a paso 1   Nombre

CAPÍTULO 14   Fecha

Prueba **14-6**

The students in Estela's drama class have been asked to pantomime different actions. During each performance the teacher asks what action is being pantomimed. Complete the conversation by using the present progressive form of each verb in parentheses. Don't forget that the present progressive tense consists of two verbs and that you will need to include both in each of your answers. *(100 points)*

1. —Clase, ¿qué **está haciendo** María? (hacer)

2. —María **está nadando** . (nadar)

3. —Javier, ¿qué **estás haciendo** tú? (hacer)

4. —Pues, **estoy comiendo** un helado. (comer)

5. —Clase, ¿qué **están haciendo** Celia y Victoria? (hacer)

6. —Ellas **están cantando** en español. (cantar)

7. —Julio y Fausto, ¿qué **están haciendo** ustedes? (hacer)

8. —Pues, **estamos bebiendo** café. (beber)

9. —Clase, ¿qué **estoy haciendo** yo? (hacer)

10. —Usted **está enseñando** una lección. (enseñar)

Page 14-5

Paso a paso 1   Nombre

CAPÍTULO 14   Fecha

Prueba **14-5**

A Rolando is trying to get some help organizing a party for next weekend, but he isn't getting much cooperation from his friends. Choose the appropriate negative word for each answer to Rolando's questions. Write the word in the blank space. *(40 points)*

tampoco   nunca   nada

ni...ni   nadie   no

1. —¿Quién va a traer los discos compactos a la fiesta?

   — **Nadie** va a traerlos.

2. —Pepe, ¿vas a sacar fotos en la fiesta?

   —No saco fotos **nunca** . No tengo cámara.

3. —¿Qué día me pueden ayudar a decorar, el jueves o el viernes?

   — **Ni** el jueves **ni** el viernes. Tenemos que practicar fútbol.

4. —Gabriela, ¿tú me puedes ayudar?

   —No te puedo ayudar **tampoco** . Tengo que ayudar en casa.

5. — **No** creo que es buena fecha para una fiesta. Mejor voy al cine con mi novia.

B You and a friend are trying to decide what to do tonight. Underline the most appropriate word in parentheses to complete your conversation. *(60 points)*

1. —¿Hay _____ en la tele que podemos ver? (alguien / algo / nada)

2. —No, no hay _____ interesante. (alguien / algo / nada)

3. —¿Quieres llamar por teléfono a _____? (alguien / nadie / nada)

4. —Ya llamé a nuestros amigos y _____ está en casa. Todos fueron a la fiesta. (alguien / nadie / nada)

5. —¿ _____ te quedas en casa los viernes por la noche? (nunca / siempre / nadie)

6. —¡De ninguna manera! _____ me quedo en casa. Generalmente tengo dos o tres invitaciones. (nunca / siempre / nadie)

Capítulo 14

A. Sofía thinks that some people buy inappropriate gifts. Select the correct form of the verb *dar* and the indirect object pronoun to complete her conversation. *(60 points)*

me	te	le	nos	les
doy	das	da	damos	dan

1. —¿Quién **le da** a Roberto esas corbatas feas y grandes?
2. —Sus tíos **le dan** esas corbatas.
3. —¿Quién **te da** a ti esos discos compactos de música antigua?
4. —Mi novia **me da** esos discos porque ¡me encantan!
5. —¿Ustedes **les dan** a Sara y a Jorge esos videos de documentales aburridos?
6. —No, nosotros **les damos** los videos de películas de aventuras.

B. Carolina, Florencia, and Cira are trying to select some gifts. Use the correct form of the present tense of the verb *dar* for each answer. Don't forget to change the indirect object pronoun if necessary. *(40 points)*

1. —A mis tíos les encantan las fiestas. ¿Qué les doy por su aniversario?
—¿Por qué no **les das** una invitación a la fiesta de la escuela?

2. —¿Qué les dan ustedes a sus padres?
—**Les damos** una corbata a papá y un collar a mamá porque les gusta mucho la ropa elegante.

3. —¿Y qué les dan sus padres a ustedes, Carolina y Florencia? ¡Ya sé que a ustedes les encantan las joyas!
—Pues, **nos dan** aretes o pulseras.

4. —Bueno, Carolina, ¿qué me das a mí? Ya sabes que me encanta leer libros de ciencia ficción.
—Pues, **te doy** unos libros de ciencia ficción o te invito a ver una película de Julio Verne.

Capítulo 14

A *(20 points)*
1. una (la) fiesta de cumpleaños
2. una (la) fiesta de disfraces
3. (una) la fiesta de la escuela
4. una (la) fiesta de sorpresa

B *(18 points)*
1. *conoces*
2. *conozco*
3. *conocerlo*
4. *Te presento a*
5. *Encantado*
6. *Sueles*

C *(20 points)*
1. *los invitados*
2. *entradas*
3. *vestido de fiesta*
4. *traje / corbata*

D *(12 points)*
1. *nunca*
2. *ni / ni*
3. *nadie*

E *(15 points)*
1. *Le das*
2. *les dan*
3. *Les doy*

F *(15 points)*
1. *Están hablando*
2. *Está comiendo*
3. *Estoy escuchando*

214

T124

Capítulo 14   Fecha

I. Listening Comprehension *(20 points)*

1. ¿Quién invita a quién a una fiesta?

   a. María Teresa invita a Rosa.

   (b) Rosa invita a María Teresa.

   c. Ángela invita a María Teresa.

2. ¿Qué deben traer los invitados?

   a. Algo muy caro.

   b. Nada muy barato.

   (c) Algo barato.

3. ¿Qué clase de fiesta va a dar Rosa?

   a. Una fiesta para sus parientes de Venezuela.

   b. Una reunión de unos amigos para estudiar.

   (c) Una fiesta de sorpresa para Ángela.

4. ¿Quiénes van a estar en la fiesta del sábado también?

   a. Sólo los amigos de María Teresa.

   (b) Unas personas a quienes María Teresa no conoce.

   c. Todos los parientes de Gloria.

5. ¿Qué no debe hacer nadie?

   (a) Llegar después de las ocho y media.

   b. Llegar a las ocho y media.

   c. Llegar temprano.

II. Reading Comprehension *(20 points)*

1. _b_

2. _c_

3. _c_

4. _a_

5. _a_

Capítulo 14   Fecha

III. Writing Proficiency *(20 points)*

[See page T7 for suggestions for evaluating student writing.]

Hola, _____ ;

_____

_____

_____

_____

Saludos,

IV. Cultural Knowledge *(20 points)*

Answers will vary, but students may say that many Puerto Rican girls celebrate their entrance into adulthood by having a quince años party on their fifteenth birthday. The party is formal and the girl traditionally wears a white dress. Or they might say that some Puerto Rican girls take their first long trip alone. Students could mention the different cultural and religious groups in their school and how these groups celebrate the transition into adulthood.

V. Speaking Proficiency *(20 points)*

[See pages T37–T45 for suggestions on how to administer this portion of the test.]

EL PRIMER PASO

Paso a paso 1

Nombre _____

Fecha _____

I. Listening Comprehension (10 points each)

A. Name tags

NAMES

a. David   e. Esperanza
b. Emilia   f. Juancho
c. Patricia   g. Juanito
d. Soledad   h. Daniel

BIRTH DATES

a. June 29   e. January 5
b. August 30   f. November 20
c. February 14   g. January 15
d. March 12   h. March 2

NAMES	BIRTH DATES
1. _b_	1. _f_
2. _f_	2. _g_
3. _e_	3. _d_
4. _h_	4. _a_
5. _c_	5. _b_

B. Bus conversation

The lady wants to know:

a. your phone number.   d. the name of your school.   g. where you're from.
b. your name.   e. how old you are.   h. your birth date.
c. today's date.   f. how to spell your name.

1. _c_
2. _e_
3. _g_
4. _b_
5. _h_

EL PRIMER PASO

Paso a paso 1

Nombre _____

Fecha _____

C. Classroom materials

a. 3   d. 31   g. 31
b. 28   e. 18   h. 16
c. 13   f. 13   i. 26

1. _f_
2. _i_
3. _e_
4. _a_
5. _g_

II. Reading Comprehension (10 points each)

A. Calendars

DAYS OF THE WEEK

1.	2.	3.	4.	5.	6.	7.
lunes	martes	miércoles	jueves	viernes	sábado	domingo

MONTHS OF THE YEAR

1.	2.	3.	4.	5.	6.
enero	febrero	marzo	abril	mayo	junio
7.	8.	9.	10.	11.	12.
julio	agosto	septiembre	octubre	noviembre	diciembre

Paso a paso 1
Nombre _____
Fecha _____
Hoja para respuestas 1
Banco de ideas

CAPÍTULOS 1-6

I. Listening Comprehension *(10 points each)*

A. Weekend plans

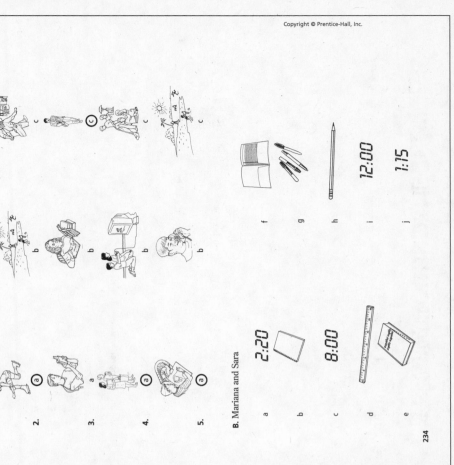

1. a   b   c
2. a   b   c
3. a   b   ⓒ
4. ⓐ   b   c
5. a   b   c

B. Mariana and Sara

a. 2:20
b. [square]
c. 8:00
d. [ruler]
e. [notebook]
f. [book with pens]
g. [pencil]
h. [pencil]
i. 12:00
j. 1:15

234

Paso a paso 1
Nombre _____
Fecha _____
Hoja para respuestas 3
Banco de ideas

EL PRIMER PASO

B. Hallway conversation with a teacher

1. *Buenos días*   6. *te llamas*
2. *Qué tal*   7. *Me llamo*
3. *Bien*   8. *De dónde eres*
4. *Y usted*   9. *Soy de*
5. *Muy*   10. *Mucho gusto*

C. Birthday

1. *Cuántos*   6. *tu*
2. *hay*   7. *mi*
3. *Hay*   8. *Cuántos*
4. *Qué día es*   9. *tienes*
5. *Hoy es*   10. *quince*

III. Writing Proficiency *(10 points)*

[See page T7 for suggestions on how to evaluate student writing.]

Answers will vary.

_____

_____

_____

_____

IV. Cultural Knowledge *(10 points)*

Answers will vary, but may include: Many words commonly used in English come directly from the Spanish language. Some of these words are adobe (clay; sun-dried brick), patio (courtyard), tango (popular dance), barrio (neighborhood), and pinto (horse with patches of white and some other color). Some names of states are in Spanish. These include Colorado (red), Nevada (snow-capped), Montana (mountain), Texas [Tejas] (roof tiles), and Florida (covered with flowers).

V. Speaking Proficiency *(10 points each)*

[See pages T37–T45 for suggestions on how to administer this portion of the test.]

226

T127

Paso a paso 1

Nombre

Fecha

Hoja para respuestas 3
Banco de ideas

CAPÍTULOS 1-6

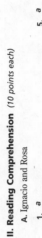

2.   c   b   a

3.   c   b $15

   $55 $50

4.   c   b   a

5.   c   b   (a)

II. Reading Comprehension *(10 points each)*

A. Ignacio and Rosa

1. _a_	5. _a_		
2. _b_	6. _b_		
3. _b_	7. _b_		
4. _b_	8. _b_		

B. Class schedule

a. _1_	f. _10_
b. _8_	g. _5_
c. _7_	h. _2_
d. _4_	i. _6_
e. _3_	j. _9_

C. Spare-time activities

1. _a_	4. _c_
2. _c_	5. _b_
3. _c_	

Paso a paso 1

Nombre

Fecha

Hoja para respuestas 2
Banco de ideas

CAPÍTULOS 1-6

1. _____ _f_

2. _____ _a, g_

3. _____ _h_

4. _____ _j, b_

5. _____ _c, e_

C. School radio talk show

_2_

_5_

_1_

_3_ _4_

D. Diana

1. El padre de Diana no es perezoso.   (Sí)   No
2. Diana es hija única.   Sí   (No)
3. La madre de Diana tiene el pelo rubio.   (Sí)   No
4. Tina es muy prudente.   Sí   (No)
5. La madre de Diana es artística.   (Sí)   No
6. Reina es muy impaciente.   Sí   (No)
7. Gregorio es el hermano gemelo de Diana.   (Sí)   (No)
8. Diana es mayor que Gregorio.   Sí   (No)
9. La abuela tiene el pelo canoso.   (Sí)   No
10. Gregorio, Diana y Tina son pelirrojos.   Sí   (No)

E. Shopping mall

1. $30 (a) $21 (b) $12 c

Page 237

Paso a paso 1 Nombre _____

CAPÍTULOS 1-6 Fecha _____

D. Tourists

3 ___   1 ___   4 ___   2 ___

E. Laura and Natalia

—Los compré para practicar deportes. 7

—Me encanta el suéter rosado que compré pero no me queda bien. 2

—Son para una fiesta en la piscina. No quiero llevar jeans. 6

—¿Pagaste sesenta y cinco dólares por la chaqueta? 4

—Compré esta blusa roja para esa falda y no me gusta. 1

—Nadie tiene las sudaderas que tiene Almacén Herrero. Compré cinco. 5

—Quiero llevar el vestido azul a una fiesta el sábado. 3

III. Writing Proficiency *(10 points each)*
Answers will vary for exercises A–F.

_____

_____

_____

_____

237

Page 238

Paso a paso 1 Nombre _____

CAPÍTULOS 1-6 Fecha _____

IV. Cultural Knowledge *(10 points)*

A. *Answers will vary, but may include: It's common to see Spanish teens walking arm in arm. Unlike many teens in the United States, they don't spend as much time talking on the phone because they rarely have their own phone. Spanish teens often go home to eat and watch television during their lunch break.*

B. *Answers will vary, but may include: In Mexico the main meal is called the comida and is eaten between twelve and two o'clock. Mexicans eat a merienda, or late-afternoon meal, instead of a big dinner. Mexican families spend Sundays together and it is common to have a family gathering in a park.*

C. *Answers will vary, but may include: Most Mexican teenagers wear uniforms to school. Mexican students stand up when the teacher enters the classroom. The grading system is different. The scale ranges from 1-10. A grade of 6 is the lowest passing grade, while a grade of 9 or 10 is equivalent to an A.*

D. *Answers will vary, but may include: Many Spanish-speaking people have names which consist of a first name, a middle name, and two surnames. The first surname is taken from the father's family and the second from the mother's family. When a woman marries, she frequently takes as a third surname her husband's paternal surname. The bride may choose to add the word de in front of her third surname. A person's full name is always used on official documents.*

E. *Answers will vary, but may include: In a Spanish-speaking community it is common to shop at specialty food stores. For example, one might go to a pescadería to buy fish, a panadería to buy bread, or a frutería to buy fruit. In the United States, most people shop at a supermarket where they can get most of their food all in one place. A grocery store is called by different names in the various Spanish-speaking countries. In Cuba it is a bodega, in Nicaragua a pulpería, and in Paraguay a despensas.*

V. Speaking Proficiency *(10 points each)*

[See pages T37–T45 for suggestions on how to administer this portion of the test.]

238

CAPÍTULO 7

Paso a paso 1

Nombre _____

Fecha _____

Hoja para respuestas 1
Banco de ideas

I. Listening Comprehension *(10 points each)*

A. Weather conditions

3 __ 1 __ 2 __ 4 __

B. Airport conversations

DIÁLOGO 1

1. En Buenos Aires en el mes de julio
   a. hace calor.   b. hace buen tiempo.   (c.) hace frío.
2. Cuando esta persona va a Buenos Aires en julio, no necesita llevar
   (a.) traje de baño.   b. paraguas.   c. impermeable.

DIÁLOGO 2

3. Esta muchacha quiere
   a. ir a las montañas.   (b.) pasear en bote.   c. nadar en el mar.
4. La muchacha
   (a.) necesita practicar en la piscina.
   b. piensa visitar las montañas.
   c. no puede nadar.

II. Reading Comprehension *(10 points each)*

A. Vacations

4 __ 2 __ 1 __ 1 __ 3 __

CAPÍTULO 7

Paso a paso 1

Nombre _____

Fecha _____

Hoja para respuestas 2
Banco de ideas

B. Marparaíso, Tamila y Gobatá

1. (Sí) No		6. (Sí) No
2. (Sí) No		7. Sí (No)
3. Sí (No)		8. Sí (No)
4. Sí (No)		9. Sí (No)
5. (Sí) No		10. (Sí) No

III. Writing Proficiency *(10 points each)*

Answers will vary.

_____

_____

[See page T7 for suggestions on how to evaluate student writing.]

IV. Cultural Knowledge *(10 points each)*

A. *Answers will vary, but may include: Since July is a winter month in Chile and Uruguay, students have a short winter vacation. Some students may go to a ski resort in the Andes while others visit relatives and friends. Students in Chile and Uruguay have a longer vacation during the summer months of January and February. Many teens spend the summer as we do here in the United States. Typical activities include going to the beach, playing sports, and going to a movie or to a dance.*

B. *Answers will vary, but may include: In Latin America, tourists can visit the Mayan ruins in Guatemala or climb a pyramid in Mexico. In Bogotá, Colombia, it's possible to visit the Museo del Oro. Some tourists go to Bariloche, Argentina, to ski because while it's summer in the United States, it's winter in Argentina. Some tourists explore the wildlife of the Galápagos Islands, located off the coast of Ecuador.*

V. Speaking Proficiency *(10 points each)*

[See pages T37–T45 for suggestions on how to administer this portion of the test.]

CAPÍTULO 8

Paso a paso 1

Nombre

Fecha

Hoja para respuestas 2
Banco de ideas

II. Reading Comprehension *(10 points each)*

A. Joaquín and Gonzalo

 4

 1

_____

5

3

2

B. Buenos Aires

1. *a*
2. *b*
3. *a*
4. *b*
5. *a*

III. Writing Proficiency *(10 points each)*

Answers will vary.

[See page T7 for suggestions on how to evaluate student writing.]

IV. Cultural Knowledge *(10 points each)*

A. *Answers will vary, but may include: Houses in Spain sometimes have a garden or patio, located just inside the front gate. In the United States, the patio is usually in the back of the house. In Madrid the patio is located in the center of the high-rise apartment buildings typical of that city. In both Spain and the United States, the patio is a place for friends and family to gather for conversation and meals.*

CAPÍTULO 8

Paso a paso 1

Nombre

Fecha

Hoja para respuestas 1
Banco de ideas

I. Listening Comprehension *(10 points each)*

A. Chores

5

3

_____

4

1

2

B. Doll house

1. a   b   c

2. a   b   c

3. a   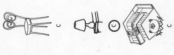 b   c

4. a   b   c

5. a   b   c

Paso a paso 1
Nombre
Fecha
Hoja para respuestas 1
Banco de ideas

CAPÍTULOS 9-12

I. Listening Comprehension *(10 points each)*

A. Radio

DIÁLOGO 1

1. A este estudiante
   a. no le gusta hacer ejercicio.
   b. le duele el brazo izquierdo.
   c. no le gusta practicar.
   d. le duele el brazo derecho.

2. El estudiante debe
   a. practicar menos con el brazo derecho.
   b. hacer menos ejercicio.
   c. practicar más con el brazo izquierdo.
   d. hacer más ejercicio.

DIÁLOGO 2

3. Este estudiante
   a. nunca duerme.
   b. tiene dolor de espalda.
   c. no quiere esquiar más.
   d. no quiere hacer nada.

4. El estudiante debe
   a. comer y dormir bien.
   b. practicar otro deporte.
   c. comer más papas fritas.
   d. esquiar menos.

5. El estudiante no debe
   a. practicar un deporte nunca.
   b. practicar un deporte y no comer bien.
   c. comer el desayuno.
   d. hacer ejercicio.

B. Errands

2   5   4

1   ___   3

C. Movies

a   c   e

b   d   f

256

Paso a paso 1
Nombre
Fecha
Hoja para respuestas 3
Banco de ideas

CAPÍTULO 8

B. *Answers will vary, but may include: The patio is where friends gather and talk. In the larger cities, such as Madrid, the patio is located in the center of a high-rise apartment building. Neighbors living in these apartments often talk to one another from the kitchen window that opens onto the patio.*

V. Speaking Proficiency *(10 points)*

[See pages T37–T45 for suggestions on how to administer this portion of the test.]

250

Paso a paso 1

Nombre _____
Fecha _____
Hoja para respuestas 3
Banco de ideas

CAPÍTULOS 9-12

C. Television

1. El programa a las 5:30 P.M. es probablemente
   a. una película de ciencia ficción.
   b. un programa de hechos de la vida real.
   c. las noticias.

2. El programa a las doce de la tarde es probablemente
   a. una película de terror.
   b. un programa de entrevistas.
   c. un programa de hechos de la vida real.

3. El programa del viernes a las 7:30 P.M. es probablemente
   a. un concierto.
   b. una comedia.
   c. un anuncio.

4. El programa de las 12:00 A.M. es probablemente
   a. una película del oeste.
   b. un programa de detectives.
   c. un programa educativo.

5. A las 9:00 P.M. puedes ver
   a. una telenovela.
   b. una película romántica.
   c. un programa de entrevistas.

D. Ana María and Irma

1. Sí **No**   6. Sí **No**
2. Sí **No**   7. **Sí** No
3. Sí **No**   8. Sí **No**
4. **Sí** No   9. Sí **No**
5. Sí **No**   10. **Sí** No

III. Writing Proficiency (10 points each)

[See page 17 for suggestions on how to evaluate student writing.]

A. *Answers will vary.*

B. *Answers will vary.*

Paso a paso 1

Nombre _____
Fecha _____
Hoja para respuestas 2
Banco de ideas

CAPÍTULOS 9-12

D. *Cinco de Mayo* dinner party

1. *b*   2. *a*   3. *d*   4. *e*   5. *f*

II. Reading Comprehension (10 points each)

A. Nurse's aid

B. Places

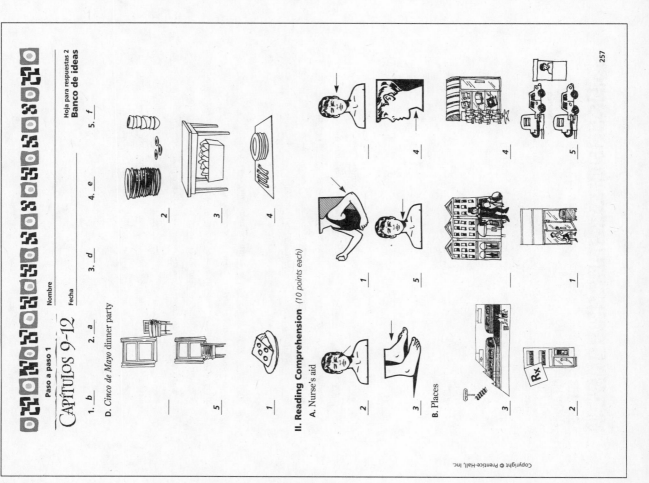

T133

C. Answers will vary, but may include: Some television programs shown in Venezuela come from the United States. It is more common to see programs produced in Venezuela, however, because Venezuela has one of the largest television industries in Latin America. It exports many variety shows and soap operas to Spain and other Spanish-speaking countries. One popular program in Venezuela is a variety show called Sábado sensacional. Soap operas, called culebras, are also very popular in Venezuela.

D. Answers will vary, but may include: The Sunday afternoon dinner is an important family event in Mexico. It is an occasion for the whole family to meet, either at home or sometimes at a restaurant. Unlike the custom in the United States, where it is common to leave children at home with the baby sitter, in Mexico the children are always included along with other members of the family, such as aunts, uncles, and godparents. On Friday or Saturday nights, it's common to see a family, including children and infants, arrive at a restaurant at 10 or 11 in the evening.

V. Speaking Proficiency *(10 points each)*

[See pages T37–T45 for suggestions on how to administer this portion of the test.]

260

C. *Answers will vary.*

D. *Answers will vary.*

IV. Cultural Knowledge *(10 points each)*

A. Answers will vary, but may include: In Spanish-speaking countries people may consult a doctor or a folk healer, depending on the particular illness. In some Spanish-speaking communities, folk remedies have been passed down from generation to generation. For example, mint tea (yerbabuena) is given to someone with a stomachache. A little piece of camphor (alcanfor) is wrapped in cotton and put in the ear to cure an earache. Rue (ruda) may also be applied to the ear for an earache.

B. Answers will vary, but may include: A Hispanic community can provide several unique services. Some merchants and professionals, such as dentists, doctors, and lawyers, are bilingual. It is possible to find bilingual or Spanish-language newspapers, or to see a movie or concert in which Spanish or Latin American artists are performing. Grocery stores, bookstores, and record stores often sell imported products or publications printed in Spanish. Pilsen, in Chicago, is one community with unique characteristics. The best tortillas in Chicago are made in Pilsen. Also, the community is the home of the Mexican Fine Arts Center Museum, where the work of Mexican and Mexican-American artists is always on exhibit.

259

T134

CAPÍTULO 13

Paso a paso 1

Nombre _____

Fecha _____

Hoja para respuestas 1
Banco de ideas

I. Listening Comprehension (15 points each)

A. Recycling center

1. Es necesario separar
   - (a.) las botellas de las latas.
   - b. las latas de las cosas de aluminio.
   - c. los periódicos y las guías telefónicas.

2. Ellos van a poner
   - a. las botellas de plástico con el vidrio.
   - b. la madera con el vidrio.
   - (c.) las latas con el aluminio.

3. Es necesario
   - a. recoger el cartón del centro comercial.
   - (b.) recoger las guías telefónicas también.
   - c. poner la madera con el cartón.

4. Rocío y José
   - a. van a traer revistas del centro comercial.
   - b. van a separar las bicicletas.
   - (c.) van a separar las revistas de los periódicos.

5. En el centro de reciclaje todos
   - (a.) van a trabajar seis horas, más o menos.
   - b. van a montar en bicicleta.
   - c. van a descansar.

B. Environmental problems

_3_

_4_

_5_

_1_

_2_

II. Reading Comprehension (15 points each)

A. Teacher's aid

1. (Sí) No
2. (Sí) No
3. Sí (No)
4. (Sí) No
5. (Sí) No

CAPÍTULO 13

Paso a paso 1

Nombre _____

Fecha _____

Hoja para respuestas 2
Banco de ideas

B. Science class

a. elephant b. tiger c. whale d. bird e. snake f. weasel

1. _b_
2. _d_
3. _c_
4. _f_
5. _e_

III. Writing Proficiency (20 points each)

[See page T7 for suggestions on how to evaluate student writing.]

Answers will vary.

_____

_____

_____

Answers will vary.

_____

_____

_____

T136

Page: Capítulo 14

Paso a paso 1

Nombre

CAPÍTULO 14

Fecha

I. Listening Comprehension *(20 points each)*

A. Photographs

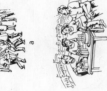
a

b

c

d

e

f

g

h

1. _a_
2. _c_
3. _d_
4. _f_
5. _h_

B. The coming weekend

1. Mariana recibió una invitación para comer y bailar el sábado. (Sí)   No
2. Mariana necesita comprar un collar y aretes nuevos.   Sí   (No)
3. Mariana va a una fiesta de cumpleaños.   Sí   (No)
4. Armando no quiere llevar su traje viejo.   (Sí)   No
5. A Armando no le gusta bailar.   Sí   (No)

Page: Capítulo 13

Paso a paso 1

Nombre

CAPÍTULO 13

Fecha

IV. Cultural Knowledge *(20 points each)*

A. *Answers will vary, but may include: The zunzún, Greta cubana, and almiquí are three animals living in Cuba. The zunzún lives only in Cuba and is the smallest bird in the world. The Greta cubana is a beautiful butterfly with transparent wings, and like the zunzún lives only in Cuba. The almiquí has furry feet like a rabbit, the tail of a mouse, and a long snout like an opossum. It's an insect-eating animal about the size of a cat, and one of the few remaining native mammals of Cuba. Each is an endangered species. The giant owl of Cuba is long extinct.*

B. *Answers will vary, but may include: The zunzún, Greta cubana, and almiquí are three animals living in Cuba. Each is an endangered species. The giant owl of Cuba is long extinct. These species are disappearing because of a process that started with the first human settlements in Cuba about 7,000 years ago. In recent years, more species have become endangered because of population growth and the development of the tourist industry, which has become an important aspect of the Cuban economy. One way to avoid the threat of extinction that faces these animals is to encourage the research done by scientists interested in the animal and plant life of Cuba. One such research effort is being done with the cooperation of Cuban scientists from the Museo Nacional de Historia Natural and U.S. scientists from the Museum of Natural History in New York.*

V. Speaking Proficiency *(20 points each)*
[See pages T37–T45 for suggestions on how to administer this portion of the test.]

Paso a paso 1

Nombre

CAPÍTULO 14

Fecha

II. Reading Comprehension *(20 points each)*

A. Notes in the library

1. _a_   _c_
2. _f_   _e_

B. Campus Capers

1. _b_   4. _c_
2. _b_   5. _c_
3. _b_

III. Writing Proficiency *(20 points each)*

[See page T7 for suggestions on how to evaluate student writing.]

Answers will vary.

Answers will vary.

Paso a paso 1

Nombre

CAPÍTULO 14

Fecha

IV. Cultural Knowledge *(20 points each)*

A. *Answers will vary, but may include: A quinceañera is the celebration for a girl on her fifteenth birthday. The quince años party may be lavish or simple. The family might first attend a special church service, then celebrate with a party that includes the extended family and many friends. Traditionally, the girl wears a long white dress and starts the party with a first dance with her father.*

B. *Answers will vary, but may include: A quinceañera is the celebration for a girl on her fifteenth birthday. Traditionally, the girl wears a long white dress and starts the party with a first dance with her father. After she moves on to dance with her escort, others in the party will join them. Another quinceañera tradition involves the girls at the party who gather around the cake to pull the ribbons from it. The one who pulls the ribbon with a ring attached will presumably be the first one to get married. Not all girls are interested in having their own quince años party. Some girls might ask for a trip or a special gift instead of a formal party and a white dress.*

V. Speaking Proficiency *(20 points each)*

[See pages T37–T45 for suggestions on how to administer this portion of the test.]

Tests
Pupil Answer Sheets

EL PRIMER PASO

I. Listening Comprehension *(30 points)*

A. The football players are running out onto the field before the game begins. You don't recognize any of your friends because they're wearing helmets. Listen as the announcer identifies the players by the number on the jersey each one is wearing. Circle the number you hear.

B. Laura is speaking to the new exchange students in the Spanish Club for the first time. She wants to make a good impression by using her best Spanish. Help her by matching the questions with the best responses.

C. You have been asked to write the invitations for a party because of your talent for doing calligraphy. Listen as a friend gives you the list of names during a telephone conversation. Write each name as your friend spells it out.

D. Some students are talking in the hallway before class begins. Listen to the different conversations, then circle the number you hear in the answer to each question.

E. You plan to spend a month in Chile as an exchange student. Because you want to avoid making mistakes when responding to questions, you have asked a friend to help you practice your Spanish. Listen, then choose the most appropriate response to each question.

II. Reading Comprehension *(20 points)*

A. Your friend is asking you how to write some words because he wants to get a good grade on the next Spanish test. Look at the pictures your friend shows you, then match each one with the appropriate word.

B. You have telephoned a friend to ask for help in planning a party sometime in November. Since you don't have a calendar, you're asking your friend some questions before you decide which day to have the party. Look at the calendar, then for each answer write the appropriate number (numeral only) or the day of the week.

1. ¿Cuántos días hay en noviembre?
2. ¿Cuántos viernes hay en noviembre?
3. ¿Qué día de la semana es el primero de noviembre?
4. ¿Qué día de la semana es el veintitrés de noviembre?
5. ¿Cuándo es el Día de los Muertos?

El Primer Paso

C. You're listening to some conversations before class starts. Choose the correct interrogative word from the list to complete each conversation.

    a. Cómo   **c.** Cuántas   **e.** Cuándo

    b. Cuál   **d.** Cuántos   **f.** Qué

1. —¿_____ es tu número de teléfono?

    —Es 57-34-29.

2. —¿_____ hojas de papel hay?

    —Tres.

3. —¿_____ es tu cumpleaños?

    —El veinticinco de julio.

4. —¿_____ años tienes?

    —Diecisiete.

5. —¿_____ se dice "video" en español?

    —¡Video!

D. Read the following conversation taking place in a Spanish class on the first day of school, then circle *Sí* if the statement is correct or *No* if it is incorrect.

PROFESOR	Buenos días. Me llamo señor Robles. ¿Cómo te llamas tú?
ESTUDIANTE	Me llamo Juan Carlos Villa. Mucho gusto.
PROFESOR	Igualmente. ¿Cómo estás, Juan Carlos?
ESTUDIANTE	Así, así, profesor. ¿Y usted?
PROFESOR	Muy bien, gracias. ¿De dónde eres? ¿De Estados Unidos?
ESTUDIANTE	No, soy de Guatemala. ¿Y usted? ¿De Puerto Rico?
PROFESOR	Soy de Panamá. Adiós, Juan Carlos. Hasta luego.
ESTUDIANTE	Hasta luego, profesor.

1. The people in this conversation know each other.
2. A teacher is talking to a student.
3. The teacher is feeling so so.
4. The student is feeling very well.
5. Both people in the conversation are males.
6. We know the last name of both people.

EL PRIMER PASO

7. One person in this conversation is from Puerto Rico.
8. One person in this conversation is from Panama.
9. This conversation will probably continue for a few more minutes.
10. The teacher is a woman.

III. Writing Proficiency *(20 points)*

Because you are a new member of the International Club, you have been asked to fill out a questionnaire. Answer each question with a complete sentence.

Bienvenido al Club Internacional

1. ¿Cuál es la fecha de hoy? _____

2. ¿Cómo te llamas? _____

3. ¿De dónde eres? _____

4. ¿Cuántos años tienes? _____

5. ¿Cuándo es tu cumpleaños? _____

IV. Cultural Knowledge *(10 points)*

Name three ways in which the Spanish-speaking world has influenced the United States. Choose from among the following topics for your answer:

- language
- names
- food
- music
- clothing
- holidays
- places of interest

El Primer Paso

V. Speaking Proficiency *(20 points)*

Your teacher may ask you to speak on one of the following topics.

A. You notice that I am a new student in the school. Introduce yourself to me and then ask me some questions. Include some information about yourself in the conversation as you ask me the following:

- my name
- where I come from
- how I'm feeling today
- how old I am
- my birthday
- my telephone number

B. You have just completed your first week of school. Tell me some things you have learned. I would like to know:

- how many students there are in your Spanish class
- the dates of some important holidays
- when some classmates have birthdays
- something about you

Now you may ask me some questions.

Nombre _____

EL PRIMER PASO

Fecha _____

I. Listening Comprehension *(30 points)*

A. Football players

1. 16 / 6 / 26

2. 6 / 10 / 7

3. 15 / 5 / 20

4. 12 / 22 / 2

5. 33 / 3 / 13

6. 4 / 24 / 14

7. 1 / 11 / 21

8. 16 / 29 / 9

9. 17 / 16 / 19

10. 21 / 31 / 13

B. Exchange students

a. Igualmente.

b. Estás bien, gracias.

c. Hasta luego.

d. Soy de Guatemala.

e. Bien, gracias, ¿y tú?

f. Me llamo Marta.

g. Mucho gusto.

h. No. Soy de San José, Costa Rica.

1. ____ **2.** ____ **3.** ____ **4.** ____ **5.** ____

C. Name spelling

1. _____

2. _____

3. _____

4. _____

5. _____

D. Hallway conversations

1. 4 / 40 / 14

2. 9 / 1 / 0

3. 16 / 10 / 19

4. 12 / 2 / 13

5. 21-31-8-0 / 21-8-10-30 / 30-21-0-8

E. Chile

a. Me llamo Ana María.

b. Hoy es miércoles.

c. Es el diez de marzo.

d. Tienes quince años.

e. Ayer fue el tres de abril.

f. Soy de Austin, Texas.

g. Así, así.

h. Tengo diecisiete años.

1. ____ **2.** ____ **3.** ____ **4.** ____ **5.** ____

El Primer Paso

II. Reading Comprehension (20 points)

A. Spanish words

a

g

b

h

c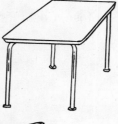

i

d

j

e

k

f

EL PRIMER PASO

Nombre _____

Fecha _____

1. la profesora _____   **6.** el estudiante _____

2. el bolígrafo _____   **7.** la pizarra _____

3. la compañera _____   **8.** el libro _____

4. la hoja de papel _____   **9.** el pupitre _____

5. la mesa _____   **10.** los compañeros _____

B. Calendar

Noviembre						
lunes	martes	miércoles	jueves	viernes	sábado	domingo
		1	2 *Día de los Muertos*	3	4	5
6	7	8	9	10	11	12
13	14	15	16	17	18	19
20	21	22	23	24	25	26
27	28	29	30			

1. _____   **4.** _____

2. _____   **5.** _____

3. _____

C. Conversations

1. _____   **2.** _____   **3.** _____   **4.** _____   **5.** _____

Nombre _____

EL PRIMER PASO

Fecha _____

D. Spanish class

1.	Sí	No	**6.**	Sí	No
2.	Sí	No	**7.**	Sí	No
3.	Sí	No	**8.**	Sí	No
4.	Sí	No	**9.**	Sí	No
5.	Sí	No	**10.**	Sí	No

III. Writing Proficiency *(20 points)*

1. _____

2. _____

3. _____

4. _____

5. _____

IV. Cultural Knowledge *(10 points)*

_____
_____
_____
_____
_____
_____
_____
_____
_____
_____
_____
_____
_____

V. Speaking Proficiency *(20 points)*

A group of friends are trying to decide what to do on a holiday, but first they want to tell each other about their favorite pastimes. Match the pictures with what you think they are saying by circling the appropriate letter. *(100 points)*

1. a. Me gusta mucho leer.
   b. Me gusta mucho dibujar.

6. a. No me gusta cocinar.
   b. No me gusta tocar la guitarra.

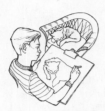

2. a. ¿Te gusta ir a la escuela?
   b. ¿Te gusta estudiar?

7. a. Me gusta más nadar.
   b. Me gusta practicar deportes.

3. a. No me gusta mucho ayudar en casa.
   b. A mí no me gusta nada cocinar.

8. a. A mí no me gusta nada escuchar música.
   b. A mí no me gusta patinar.

4. a. A mí me gusta ver la tele.
   b. A mí me gusta hablar por teléfono.

9. a. No me gusta nada ayudar en casa.
   b. A mí no me gusta estudiar tampoco.

5. a. ¿Qué te gusta hacer? ¿Patinar?
   b. ¿De veras? ¿Te gusta dibujar?

10. a. Me gusta dibujar. ¿Y a ti?
   b. Me gusta ir al cine. ¿Y a ti?

A Juan is talking to his new friends from Honduras. Complete his conversation by selecting the missing word or words from the list, then write them in the spaces below. *(50 points)*

¿De veras?   me gusta   tampoco   te gusta   ¿Y a ti?

JUAN   Tomás, ¿qué _____ hacer?

TOMÁS   _____ mucho tocar la guitarra.

JUAN   _____ A mí también me gusta tocar la guitarra, pero

no me gusta ver la tele. _____ ¿Te gusta ver la tele?

TERESA   No, a mí no me gusta _____ .

B Antonio is pointing out to his good friend Nacho photographs in a magazine that show what activities he likes and doesn't like to do. Look at the pictures, then underline what Antonio is saying to his friend. *(50 points)*

1. Me gusta (practicar deportes / dibujar).

4. No me gusta (estudiar / hablar por teléfono).

2. No me gusta (nadar / patinar).

5. Me gusta (ir al cine / leer).

3. Me gusta (cocinar / ayudar en casa).

Your teacher wants students with similar personality traits to work as partners today. Complete the survey he or she took of different students by circling the letter of the correct answer. *(100 points)*

1. Me gusta mucho patinar y nadar. Soy
    a. prudente.   **b.** deportista.   **c.** sociable.

2. No me gusta mucho dibujar. No soy
    a. artística.   **b.** callada.   **c.** tacaña.

3. No me gusta mucho ir a la escuela. Soy
    a. perezoso.   **b.** amable.   **c.** trabajador.

4. Me gusta leer, pero no me gusta nada hablar por teléfono. Soy
    a. sociable.   **b.** callada.   **c.** ordenada.

5. Me gusta mucho ir al cine y estar con amigos. Soy
    a. perezosa.   **b.** tacaña.   **c.** sociable.

6. Me gusta ayudar en casa y también me gusta cocinar. Soy
    a. trabajador.   **b.** perezoso.   **c.** deportista.

7. No me gusta practicar deportes. Me gusta más ver la tele. No soy
    a. trabajadora.   **b.** perezosa.   **c.** deportista.

8. A veces me gusta ir al cine, pero no me gusta mucho estar con amigos. No me gusta hablar por teléfono tampoco. No soy muy
    a. sociable.   **b.** callada.   **c.** seria.

9. A mí me gusta nadar, patinar y practicar deportes. Soy
    a. amable.   **b.** atrevido.   **c.** deportista.

10. No me gusta ni tocar la guitarra ni practicar deportes. No me gusta estar con amigos tampoco. Soy
    a. tacaño.   **b.** serio.   **c.** gracioso.

A Your friends are showing one another some photographs they have taken. Underline the word which describes the personality of each person pictured below. *(60 points)*

1. artístico / deportista

2. deportista / desordenada

3. prudente / atrevida

4. seria / graciosa

5. perezosa / trabajadora

6. tacaño / generoso

B The school has invited some businesspeople to interview students for part-time jobs. From the list, choose the words that are missing from the conversation and write them in the blank spaces. *(40 points)*

a veces   eres   pero   soy   callado   amable

—¿Cómo _____ ? ¿Paciente o impaciente?

—_____ paciente, pero _____ soy impaciente.

—¿Eres _____ o sociable?

—Pues, no me gusta hablar por teléfono ni estar con amigos, pero soy _____ .

A Pati is describing herself to Rocío, her new friend at school. Choose what Pati is saying by writing the word that best matches her description of herself. *(30 points)*

Pati

1. No me gusta dibujar. No soy muy _____ . (artística / atrevida)

Pati

2. Me gusta mucho practicar deportes. Soy _____ . (desordenada / deportista)

Pati

3. Me gusta ayudar en casa. Soy _____ . (tacaña / trabajadora)

B José Luis and his friends are discussing their opposite characteristics. Complete their conversation by writing the opposite adjectives. *(70 points)*

1. —Marcos, tú eres _____ pero, Diana, tú eres generosa.

2. —Yo soy prudente pero, María, tú eres _____ .

3. —Tania, tú eres seria pero, Armando, tú eres _____ .

4. —Yo soy _____ pero, Carmen, tú eres trabajadora.

5. —Pilar, tú eres paciente pero, Luz, tú eres _____ .

6. —Eduardo, tú eres sociable pero, Gregorio, tú eres _____ .

7. —Yo soy ordenado pero, Pablo, tú eres _____ .

You are on the yearbook staff and need to add captions to some photographs. Due to a computer error, some students have been assigned incorrect personality traits. Look at the pictures, then write complete sentences that describe the students pictured. Use *ni...ni* wherever necessary. *(100 points)*

Pepe

1. _____

Alma

2. _____

Carmen

3. _____

Rosa

4. _____

Mateo

5. _____

You have just met Emilio and the two of you are talking about things you like or don't like to do. Decide which answers below are the best responses to your questions, then circle the correct letter. *(100 points)*

1. ¿A ti te gusta ayudar en casa?
   a. Te gusta ayudar en casa.
   b. A mí sí me gusta.

2. ¿De veras? ¿No te gusta?
   a. No. No me gusta.
   b. Sí. No te gusta.

3. ¿Eres tacaño o generoso?
   a. Ni tacaño ni generoso.
   b. No soy tacaño tampoco.

4. A mí no me gusta nada ayudar en casa.
   a. Pues, a mí también.
   b. Pues, a mí tampoco.

5. ¿Te gusta más dibujar?
   a. No. Me gusta más cocinar.
   b. No. Me gusta más dibujar.

6. ¿Tampoco te gusta practicar deportes?
   a. No, tampoco me gusta.
   b. Me gusta practicar deportes.

7. ¿A ti te gusta tocar la guitarra?
   a. Sí, no me gusta nada.
   b. A mí sí me gusta.

8. No soy ni paciente ni trabajador. ¿Y tú?
   a. No soy paciente tampoco.
   b. Soy trabajador también.

9. Me gusta hablar por teléfono. ¿Y a ti?
   a. A mí también me gusta.
   b. Pues, tampoco me gusta.

10. A veces soy callado, pero no soy ni serio ni sociable. ¿Y tú?
    a. Sí. Soy gracioso también.
    b. No. No soy serio tampoco.

A You and your friends are sharing some photographs which show the different things each of you likes to do. Write the activity represented in each picture. *(20 points)*

1. _____

2. _____

3. _____

4. _____

B Manuel and Marianela are playing a guessing game in which they have to describe different personality traits. Help them by writing out the word for the personality trait shown in each picture. *(20 points)*

1. _____

2. _____

3. _____

4. _____

C Kati and Carlos like each other and want to know more about one another. Finish this part of their conversation by writing out the missing words. Choose from among the words listed below. Do not write any expression more than once. *(24 points)*

te gusta	también	tampoco	o
soy	a veces	cómo eres	me gusta

CAPÍTULO 1

CARLOS ¿Qué _____1_____ hacer, Kati?

KATI _____2_____ ver la televisión. Y tú Carlos, ¿ _____3_____ ?

¿Paciente _____4_____ impaciente?

CARLOS _____5_____ paciente. ¿Y tú, Kati?

KATI Paciente, pero _____6_____ impaciente.

CARLOS ¿Eres prudente o atrevida?

KATI Pues, ni prudente ni atrevida _____7_____ . Pero sí soy muy amable.

CARLOS Yo soy amable _____8_____ .

D Ana Luisa is a member of the Friendship Club and this week it is her responsibility to talk to the new students on campus to make them feel welcome. Write out complete questions and answers. Use each picture to help you write both the question and the answer. *(36 points)*

1. **ANA LUISA** Luz, ¿ _____ ?

2. **LUZ** _____ .

3. **ANA LUISA** Berta, ¿ _____ ?

4. **BERTA** _____ .

5. **ANA LUISA** Jorge, ¿ _____ ?

6. **JORGE** _____ .

CAPÍTULO 1

A *(20 points)*

1. _____   3. _____

2. _____   4. _____

B *(20 points)*

1. _____   3. _____

2. _____   4. _____

C *(24 points)*

1. _____   5. _____

2. _____   6. _____

3. _____   7. _____

4. _____   8. _____

D *(36 points)*

1. _____

2. _____

3. _____

4. _____

5. _____

6. _____

CAPÍTULO 1

I. Listening Comprehension *(20 points)*

You are listening to *INTERCAMBIO,* a radio program which gives young people the opportunity to hear students from Spanish-speaking countries. Listen to this week's students as they describe themselves, then decide which picture matches each description. Circle the correct letter.

II. Reading Comprehension *(20 points)*

Pablo works for an employment agency after school. He accidentally dropped a box of files and several photographs fell out of the files and got separated from the notes that describe the person in the picture.

Read the notes carefully. Help Pablo match the notes with the correct photograph. Write the number of the note under the appropriate picture.

1. Me gusta mucho la música. Me gusta tocar la guitarra. No me gusta mucho estudiar, pero sí me gusta ir a la escuela, practicar deportes y estar con amigos.

2. Me gusta mucho nadar. También me gusta leer y estudiar. Soy muy trabajador pero no me gusta mucho ayudar en casa.

3. Soy prudente y amable. Me gusta ayudar en casa y cocinar. También me gusta mucho escuchar música. No soy ni serio ni callado.

4. Me gusta escuchar música, patinar y también ir al cine con mis amigos. No soy nada seria. Tampoco soy prudente. Pero soy muy graciosa y generosa.

III. Writing Proficiency *(20 points)*

Using one of the notes in the reading section as a model, write a short letter to a Spanish-speaking student you have not yet met. The student plans to visit you soon, so you would like to tell him or her some things about yourself. Include information about:

- who you are
- your personality traits
- what you like or do not like to do and why

Remember to reread the note before you hand in the test. Are the words spelled correctly? Check the endings of your verbs. Do they correspond to the subject of your sentence? Make changes if necessary.

IV. Cultural Knowledge *(20 points)*

Answer in English based on what you learned in the *Perspectiva cultural*.

If you looked up the word *amigo* in a Spanish–English dictionary, you would find the word "friend." Do you think that the two words mean the same thing? Explain your answer.

V. Speaking Proficiency *(20 points)*

Your teacher may choose one of the following topics for you to speak about.

A. I am an exchange student from Madrid and we have just been introduced. Tell me some things about yourself, then ask some questions to try and find out something about me. I would like to know:

- some of the things you like or don't like to do

- more about your personality traits

B. You are in the school library talking to a classmate. Tell your classmate all about yourself, such as what things you like or don't like to do. Ask some questions to find out what he or she is like. Ask your classmate what he likes or doesn't like to do.

Paso a paso 1

Nombre

CAPÍTULO 1

Fecha

Hoja para respuestas 1
Examen de habilidades

I. Listening Comprehension *(20 points)*

1.
 a
 b

4.
 a
 b

2.
 a
 b

5.
 a
 b

3.
 a
 b

II. Reading Comprehension *(20 points)*

_____

_____

_____

_____

21

Paso a paso 1

Nombre _____

CAPÍTULO 1

Fecha _____

Hoja para respuestas 2
Examen de habilidades

III. Writing Proficiency *(20 points)*

Hola, _____ :

_____

_____

_____

_____

_____

_____

Saludos,

_____

IV. Cultural Knowledge *(20 points)*

_____

_____

_____

V. Speaking Proficiency *(20 points)*

A It's the first day of school and Lani just got her new schedule. Write (T) if the description matches Lani's schedule or (F) if it doesn't. *(60 points)*

1. ___ en la tercera hora, español

2. ___ en la segunda hora, matemáticas

3. ___ en la tercera hora, ciencias

4. ___ en la octava hora, inglés

5. ___ en la primera hora, ciencias sociales

6. ___ en la sexta hora, educación física

7. ___ en la quinta hora, almuerzo

8. ___ en la cuarta hora, ciencias sociales

9. ___ en la quinta hora, música

10. ___ en la séptima hora, ciencias

(1ª) primera hora	ENGLISH TODAY
(2ª) segunda hora	Los números de hoy
(3ª) tercera hora	La nutrición y tú
(4ª) cuarta hora	El mundo
(5ª) quinta hora	
(6ª) sexta hora	
(7ª) séptima hora	Los animales
(8ª) octava hora	PASO A PASO

B You have extra school supplies and want to share some with your friend Marta. Match the supplies in the list with the picture of what you are going to give to Marta by writing the appropriate letter next to the item. *(40 points)*

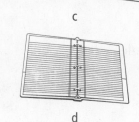

a

c

e

b

d

f

PARA MARTA

1. un cuaderno   ___   4. una regla   ___

2. un lápiz   ___   5. una calculadora   ___

3. un diccionario   ___

A Julio lives in Mexico and has written to his pen pal Brian in the United States. Julio wants to know what subjects Brian is taking. Help Brian write his schedule in Spanish so that he can send Julio the information in his next letter to Mexico. *(60 points)*

1ª hora

2ª hora

3ª hora

4ª hora

5ª hora

6ª hora

1. En la _____ hora tengo la clase de _____ .

2. En la _____ hora tengo la clase de _____ .

3. En la _____ hora tengo la clase de _____ .

4. En la _____ hora tengo la clase de _____ .

5. En la _____ hora tengo el _____ .

6. En la _____ hora tengo la clase de _____ .

B Your friends are asking you questions about school supplies that you have or that you may need. Circle the letter of the answer that best matches each question. *(40 points)*

1. ¿Tienes un lápiz?
   a. Sí, tengo un lápiz.
   b. Sí, tienes un lápiz.

2. ¿Qué necesitas para la clase de inglés?
   a. No, no necesito un diccionario.
   b. Necesito un diccionario.

3. ¿Necesitas un bolígrafo?
   a. Sí, tienes un bolígrafo.
   b. No, no necesito un bolígrafo. Necesito un lápiz.

4. ¿Necesito un marcador?
   a. Sí, necesitas un marcador.
   b. Sí, necesito un marcador.

A Gloria's cousin, Raquel, plans to visit her for a week and would like to know what kind of schedule Gloria has. Match the pictures with what Gloria says to Raquel about her schedule. Circle the appropriate response. *(50 points)*

1. Tengo la clase de arte a las siete y cincuenta y cinco.

a. **7:05**   b. **7:55**

2. La clase de ciencias sociales empieza a las nueve y media.

a. **9:30**   b. **9:15**

3. A las once y veinte tengo el almuerzo.

a. **11:20**   b. **11:30**

4. La clase de matemáticas es a la una y cuarto.

a. **1:04**   b. **1:15**

5. Necesito estar en la clase de inglés a las dos y diez.

a. **2:10**   b. **2:12**

B On his first day as a bank teller, Daniel has to fix all the checks that are incomplete. Read the amounts already written out, then help Daniel by circling the letter with the amount (in digits) that matches each one. *(50 points)*

1. treinta y tres
   a. 13   **b.** 33

2. cuarenta y cuatro
   a. 44   **b.** 14

3. veintiuno
   a. 21   **b.** 24

4. veintiocho
   a. 38   **b.** 28

5. cincuenta
   a. 40   **b.** 50

A Benito and Carlos are making plans to get together later in the day. Look at the digital clocks, then write down the different times their classes meet. *(50 points)*

CARLOS   Tengo la clase de arte a las **9:30** . _____

BENITO   Pues, yo tengo la clase de ciencias sociales a las **10:15** .

_____

CARLOS   Tengo educación física en la tercera hora. Empieza a las **11:25** .

_____

BENITO   ¿Qué clase tienes en la cuarta hora?

CARLOS   A las **12:10** tengo matemáticas. _____

BENITO   ¿Cuándo tienes el almuerzo?

CARLOS   Tengo el almuerzo a la **1:00** . Y tú, ¿a qué hora tienes el almuerzo?

_____

BENITO   Pues, ¡yo también!

CARLOS   ¡Muy bien! Hasta luego.

B Your math teacher has written these numbers on the board. Circle the letter with the amount that matches the written numbers. *(50 points)*

1. veintiséis
   a. 23   b. 16   c. 26

2. quince
   a. 11   b. 15   c. 51

3. cincuenta y nueve
   a. 59   b. 19   c. 29

4. treinta y tres
   a. 30   b. 23   c. 33

5. cuarenta
   a. 50   b. 40   c. 44

A Miguel is in the hallway talking to some friends about their schedules and some of the classes they are taking. Based on the endings of the different verbs, complete the dialogues using the appropriate subject pronoun *yo, tú, él,* etc. *(80 points)*

MIGUEL	Alejandro, tienes inglés en la primera hora, ¿verdad?
ALEJANDRO	No, _____ tengo español en la primera hora.
MIGUEL	¡_____ hablas mucho en la clase de español!
ALEJANDRO	Sí, _____ soy muy sociable.
MIGUEL	_____ estudio mucho para la clase de ciencias. ¿Y ustedes?
DAVID y ANA	Pues, _____ estudiamos mucho también.
MIGUEL	Me gusta mucho la clase de música. _____ toco la guitarra en la clase de música. Y María, ¿toca la guitarra?
ISABEL	No, _____ toca el piano. ¿Y Paco y Sara?
MIGUEL	_____ tocan el piano también.

B Jennifer wants to practice her Spanish, but she is not always sure of the correct way to address someone. Help her out by providing the correct subject pronoun *tú, usted,* or *ustedes* as she speaks to people doing different activities. *(20 points)*

1. Paquito, ¡_____ hablas inglés muy bien!

2. Señora, ¿qué música escucha _____ ?

3. ¡_____ cocinan muy bien!

4. ¿Ayudas _____ en casa?

5. ¡_____ patinas muy bien!

A Marta is describing her classes in a letter to her cousin. Look at the pictures, then write what she and her classmates are doing in each one. *(50 points)*

1. En la clase de educación física _____.

2. En la clase de arte _____.

3. En la clase de música _____.

4. En la clase de música _____.

5. En la clase de ciencias _____.

B Alicia is asking her friends some questions. Select the best answers to her questions, then circle the letter of the appropriate answer. *(50 points)*

1. ¿Qué necesitan Uds.?
  a. Necesitamos una calculadora.
  b. Necesitas una calculadora.

2. ¿Escuchas música?
  a. Sí, escuchan música.
  b. Sí, escucho música.

3. ¿Qué estudian Rosario y Ester?
  a. Estudian español.
  b. Estudias español.

4. ¿Necesitas un bolígrafo?
  a. No, no necesitamos un bolígrafo.
  b. No, no necesito un bolígrafo.

5. ¿Qué libro necesitas?
  a. Necesita el libro de español.
  b. Necesito el libro de español.

A Benjamín likes his classes this year and is talking to his family about every detail. In his excitement to describe his classes and what he needs for each one, he has left out some words. Complete what Benjamín is saying by adding *el* or *la*. (40 points)

Me gusta mucho _____ clase de música. _____ profesor Yáñez es

muy paciente y simpático. Toco _____ guitarra y _____ piano también.

En la segunda hora, tengo inglés. _____ profesora de inglés es muy seria y callada,

pero es muy amable. En la cuarta hora, a las once y media, tengo _____ almuerzo.

Me gusta mucho estar con amigos. ¡Me gusta mucho ir a _____ escuela, pero no me

gusta nada _____ tarea!

B Juan and Alberto are talking about the supplies they need for their different classes. Complete their dialogue by adding *un* or *una*. (60 points)

ALBERTO   Juan, ¿qué necesitas para la clase de matemáticas?

JUAN   Necesito _____ carpeta de argollas, _____ libro de

matemáticas, _____ regla y _____

calculadora. Y tú, Alberto, ¿qué necesitas para la clase de español?

ALBERTO   Necesito _____ cuaderno, _____ carpeta,

_____ diccionario y _____ bolígrafo.

JUAN   Y para la clase de arte, ¿qué necesitas?

ALBERTO   Necesito marcadores, _____ hoja de papel

y _____ lápiz.

CAPÍTULO 2

Prueba cumulativa

A Lila and Sergio work in the school store during lunch. One of their responsibilities is to take inventory of the supplies and order more when necessary. Help them start their inventory by making a list of the different items. *(8 points)*

1. unos _____

3. un _____

2. una _____

4. unos _____

B David and Irene are talking about what they and some friends do in their different classes. Write the name of the class and what the different students do in each one. *(20 points)*

1. En la clase de    yo

2. En la clase de   ellos

3. En la clase de   ella

4. En la clase de   tú

C In your Spanish class you are learning how to tell time. Your teacher has written out some times for you to record. Fill in the times on the boxes provided on your answer sheet. *(12 points)*

1. las tres
2. la una y cuarto
3. las dos y cuarenta y cinco

4. las siete y cincuenta
5. las seis y veinticinco
6. las cuatro y media

CAPÍTULO 2

Prueba cumulativa

D Your friend wrote you a note asking what school supplies you and other students need for some classes. Answer your friend's note by saying what each person needs and for which class. Write complete sentences. Be sure to use the correct form of *necesitar* in your answer. *(24 points)*

1. ¿Qué necesitas para la clase de inglés?

2. ¿Qué necesito para la clase de matemáticas?

 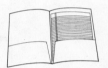

3. ¿Qué necesitan ellos para la clase de español?

E Anita, a new student at your school, has lost her class schedule. She doesn't remember in which order classes meet. Help her by looking at your schedule and writing out the subject and the hour each one meets. *(16 points)*

1. 1ª hora   **5.** 5ª hora

2. 2ª hora   **6.** 6ª hora

3. 3ª hora   **7.** 7ª hora

4. 4ª hora    **8.** 8ª hora

F Mercedes is organizing a party for the Spanish Club. She has assigned different jobs to her friends. Look at the pictures to determine which task each club member has to do. Write the subject pronoun *yo, tú, él,* etc., and the task assigned to each member. *(20 points)*

1.   **2.**   **3.**   **4.**

Paso a paso 1

Nombre _____

CAPÍTULO 2

Fecha _____

Hoja para respuestas
Prueba cumulativa

A *(8 points)*

1. _____   3. _____

2. _____   4. _____

B *(20 points)*

1. En la clase de _____ , yo _____ .

2. En la clase de _____ , ellos _____ .

3. En la clase de _____ , ella _____ .

4. En la clase de _____ , tú _____ .

C *(12 points)*

1. [   ]   3. [   ]   5. [   ]

2. [   ]   4. [   ]   6. [   ]

D *(24 points)*

1. Para la clase de inglés _____ .

2. Para la clase de matemáticas _____ .

3. Para la clase de español _____ .

E *(16 points)*

1. En la _____ hora tienes_____ .

2. En la _____ hora tienes_____ .

3. En la _____ hora tienes_____ .

4. En la _____ hora tienes_____ .

5. En la _____ hora tienes_____ .

6. En la _____ hora tienes_____ .

7. En la _____ hora tienes_____ .

8. En la _____ hora tienes_____ .

F *(20 points)*

1. _____   3. _____

2. _____   4. _____

CAPÍTULO 2

I. Listening Comprehension *(20 points)*

The school has made some changes in the scheduling of classes. Listen as the principal announces the changes for five classes and the hours they meet. Circle the letter of the answer that best matches the statement you hear.

II. Reading Comprehension *(20 points)*

Anita and Emilia are reading the pen pal column in a magazine from Mexico. Some young people have written about school and their different classes.

Read the letter carefully. See if you can make out what José Luis' school life is like based on the information given.

Hola:

Soy José Luis. Me gusta mucho ir a la escuela. Tengo muchas clases: arte, matemáticas, ciencias de la salud, inglés, español y educación física. La clase que me gusta más es la de inglés. Necesito carpetas, lápices y cuadernos para mis clases. También me gusta la clase de educación física. Soy deportista y me gusta mucho practicar deportes. Y a ti, ¿te gusta ir a la escuela? ¿Qué clase te gusta más?

Saludos,

José Luis

Now answer the following questions in English.

1. Does José Luis like going to school?
2. How many subjects is he taking?
3. Which class does he like best?
4. What supplies does he need for his classes?
5. What other interests does he have?

III. Writing Proficiency *(20 points)*

Using the pen pal letter in the reading section as a model, write a brief letter of introduction to a Spanish-speaking pen pal. Talk about your school day. Include information about:

- what classes you like
- what school supplies you need for those classes

CAPÍTULO 2

Examen de habilidades

Remember to reread the letter before you hand in the test. Are the words spelled correctly? Check the endings of your verbs. Do they correspond to the subject pronoun in the sentence? Make changes if necessary.

IV. Cultural Knowledge *(20 points)*

Answer in English based on what you learned in the *Perspectiva cultural*.

In this chapter you read about some possible differences between your school and one in Mexico City. You also learned that these are some of the possible differences. Based on what you learned, what questions would you want answered before attending a school in Mexico City?

V. Speaking Proficiency *(20 points)*

Your teacher may choose one of the following topics for you to speak about.

A. I am a student from Mexico and would like to know what you study in your school. Please give me an idea of what your day is like. I would like to know:

- what classes you have in the morning
- which class you like the most and why

B. You are talking to a classmate. Tell him or her what classes you take and what supplies you need for some of them. Then ask your classmate some questions about the school supplies he or she needs for different classes.

Paso a paso 1

Nombre _____

CAPÍTULO 2

Fecha _____

Hoja para respuestas 1
Examen de habilidades

I. Listening Comprehension *(20 points)*

1. a. 8:30   **b.** 9:25

2. a. 10:15   **b.** 10:30

3. a. 12:40   **b.** 12:15

4. a. 1:45   **b.** 1:05

5. a. 2:35   **b.** 3:25

II. Reading Comprehension *(20 points)*

1. _____

2. _____

3. _____

4. _____

5. _____

Paso a paso 1

Nombre _____

CAPÍTULO 2

Fecha _____

Hoja para respuestas 2
Examen de habilidades

III. Writing Proficiency *(20 points)*

Hola, _____ :

_____

_____

_____

_____

Saludos,

_____

IV. Cultural Knowledge *(20 points)*

_____

_____

_____

_____

_____

_____

V. Speaking Proficiency *(20 points)*

A Flor is telling Gloria about different things she likes to do during the year. Which activities does Flor like to do and in which season? Choose the letters that match what Flor likes to do and when. *(40 points)*

a   c   e   g

b   d   f   h

1. En el otoño me gusta mucho ir al campo. ___ ___

2. En el verano me gusta ir a la playa con mis amigos. ___ ___

3. En el invierno me gusta ir al gimnasio. ___ ___

4. También me gusta ir al centro comercial en la primavera. ___ ___

B Mauricio and Guille are talking about things they like to do. Circle the letter of the answer which best matches the underlined words of their statements. *(60 points)*

1. **MAURICIO** A mí me gusta estar con mis amigos <u>todos los días</u>.
   a. lunes a domingo   **b.** los fines de semana

2. **GUILLE** A veces me gusta estar solo, pero no <u>los fines de semana</u>.
   a. sábado y domingo   **b.** lunes a domingo

3. **MAURICIO** Me gusta ir al parque de diversiones <u>después de las clases</u>.
   a. por la mañana   **b.** por la tarde

4. **GUILLE** De lunes a viernes tengo mucha tarea, pero el <u>sábado</u> no.
   a. todos los días   **b.** los fines de semana

5. **MAURICIO** Mi clase termina <u>a las tres y media</u>. Después voy al gimnasio.
   a. por la noche   **b.** por la tarde

6. **GUILLE** Necesito ayudar en casa <u>los martes y los jueves</u>.
   a. en la semana   **b.** los fines de semana

A Estela has drawn some pictures on her calendar to show what she does during the year. Look at the pictures, then write which activity Estela does each day and at what hour or time of year. *(50 points)*

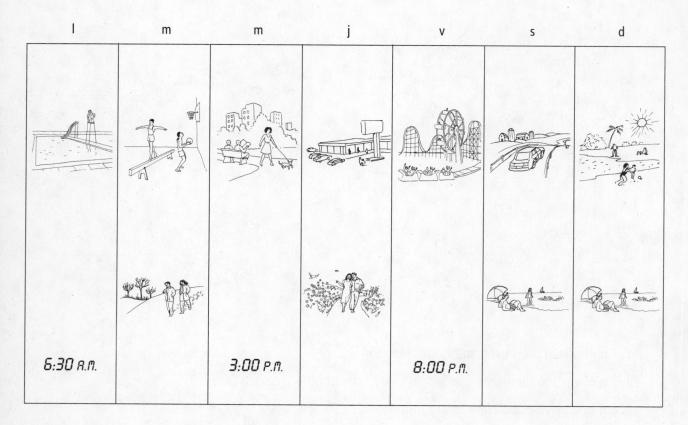

l   m   m   j   v   s   d

6:30 A.M.   3:00 P.M.   8:00 P.M.

1. Los lunes, me gusta ir a _____ por _____ .

2. En _____ me gusta ir _____ los sábados

y _____ los domingos.

3. Los martes me gusta ir al _____ en _____ .

4. Los viernes, por _____ , me gusta ir al _____ .

5. En la primavera me gusta mucho ir _____ .

B Estela's mother has made a copy of the calendar to know when, where, and at what time she can find her daughter if she needs to. Help Estela's mom underline the right answers. *(50 points)*

1. Los fines de semana de verano Estela va (al centro comercial / a la playa).

2. (A las tres / a las seis y media) los miércoles por la tarde, Estela va al parque.

3. Estela va (al gimnasio / a la piscina) los lunes.

4. En la primavera, Estela va (al campo / al centro comercial).

5. Estela va al parque de diversiones los viernes (por la tarde / por la mañana).

A Julio is talking on the phone with his friend Gilberto from Puerto Rico about what he does when he's not in school. Match the pictures with what he says. *(60 points)*

a

c

e

b

d

f

____ **1.** Me gusta mucho jugar videojuegos por la tarde.

____ **2.** Los fines de semana voy de compras.

____ **3.** En el verano me gusta ir de pesca.

____ **4.** Me gusta jugar fútbol todos los días.

____ **5.** Los viernes voy a una fiesta con mis amigos.

____ **6.** Por la noche me gusta jugar básquetbol.

B It's vacation time and you ask your friends to do some things with you. Read each answer carefully, then choose the correct reply each friend gives. *(40 points)*

1. Sarita, ¿te gustaría ir de compras?
  a. No. Estoy enfermo.
  b. Sí, me gustaría ir al centro comercial.
  c. No. Estoy cansado.

2. Jorge, ¿puedes jugar tenis conmigo?
  a. Sí, puedes jugar conmigo.
  b. No. Estoy ocupada.
  c. Sí, puedo jugar contigo.

3. Luisa, ¿quieres ir a una fiesta?
  a. ¡Genial! No estoy ocupada.
  b. ¡Qué lástima! Estás enfermo.
  c. No. Quiero ir a una fiesta.

4. Juan, quiero ir contigo al gimnasio.
  a. Claro que sí. Me gustaría ir de pesca.
  b. Lo siento. Necesito ir al gimnasio.
  c. Hoy no puedo. Voy de compras.

A Gustavo likes the new girl in his math class and asks her to go to different places with him. Mónica isn't interested and politely declines each invitation. Use the pictures to help you complete their conversation by underlining the correct word. *(40 points)*

1. **GUSTAVO** Mónica, ¿te gustaría jugar (vóleibol / básquetbol) hoy después de las clases?

2. **MÓNICA** Gracias Gustavo, pero no puedo. Estoy (cansada / ocupada).

3. **GUSTAVO** Mónica, ¿te gustaría ir (a una fiesta / de compras)?

4. **MÓNICA** No puedo, Gustavo. Estoy (ocupada / enferma).

B A few days later, Mónica has changed her mind about Gustavo. This time she starts the conversation. Write the words missing from Gustavo's answers. Use another form of the underlined words in Mónica's questions to help you. *(60 points)*

1. **MÓNICA** Gustavo, ¿<u>puedes</u> ir al centro comercial conmigo?

2. **GUSTAVO** Lo siento mucho, Mónica, pero no _____ ir. Necesito estudiar para la clase de matemáticas.

3. **MÓNICA** Gustavo, ¿<u>quieres</u> hacer la tarea de español <u>conmigo</u>?

4. **GUSTAVO** Sí, _____ hacer la tarea _____ , pero necesito ayudar en casa.

5. **MÓNICA** Gustavo, ¿<u>te gustaría</u> jugar tenis conmigo el martes?

6. **GUSTAVO** Lo siento, Mónica. _____ jugar tenis contigo, pero el martes voy a jugar fútbol con mis amigos Tomás y Raúl.

You and your friends are making plans for the next vacation. Circle the letter of the correct answer to complete the conversations that follow. *(100 points)*

1. —Julián, ¿ _____ al parque de diversiones el viernes?
   a. voy   **b.** vas   **c.** va   **d.** vamos   **e.** van

   —No, _____ a la piscina con María y Enrique.
   a. voy   **b.** vas   **c.** va   **d.** vamos   **e.** van

2. —Celia y Lidia, ¿adónde _____ ustedes el domingo?
   a. voy   **b.** vas   **c.** va   **d.** vamos   **e.** van

   —_____ al parque de diversiones.
   a. voy   **b.** vas   **c.** va   **d.** vamos   **e.** van

3. —¿Adónde _____ Nicolás el viernes?
   a. voy   **b.** vas   **c.** va   **d.** vamos   **e.** van

   —Él _____ al centro comercial.
   a. voy   **b.** vas   **c.** va   **d.** vamos   **e.** van

4. —Señor Ortega, ¿adónde _____ usted el sábado?
   a. voy   **b.** vas   **c.** va   **d.** vamos   **e.** van

   —_____ al gimnasio el sábado.
   a. voy   **b.** vas   **c.** va   **d.** vamos   **e.** van

5. —Berta, ¿adónde _____ Laurita y José el jueves?
   a. voy   **b.** vas   **c.** va   **d.** vamos   **e.** van

   —Ellos _____ a la playa.
   a. voy   **b.** vas   **c.** va   **d.** vamos   **e.** van

Mary is talking to her friend from Chile about the plans she has for both of them for next summer. Look at the pictures to determine what she is telling her friend. Use the correct form of *ir + a + infinitivo* when you write your answer. *(100 points)*

1. Todos los días tú y yo _____ .

2. Los viernes tú _____ conmigo.

3. Los sábados Mariana y Carlos _____ con nosotras.

4. Los fines de semana yo _____ .

5. Por la noche Pepe _____ con nosotras.

6. A veces tú y mis amigos _____ .

7. El domingo Vicente y Víctor _____ con nosotras.

8. Los lunes Marta _____ contigo.

9. Por la tarde Diana y Roberto _____ con nosotras.

10. Todos los días mis amigas _____ .

Jenny's little brother Ricardo is bored with his toys today and wants to go everywhere Jenny and her friends go. Look at the pictures to help you choose the correct form of the preposition *con*. *(100 points)*

1. —Jenny, ¿puedo ir _____ al centro comercial?

2. —No, Ricardo, hoy no puedes ir _____ .

3. —Jenny, quiero ir al cine. ¿Puedo ir _____ al cine?

4. —No, Ricardo. Miguel y Lucho van _____ al cine.
   Pero Ricardo, Miguel y Lucho van al parque de diversiones
   el domingo por la tarde. ¿Quieres ir?

5. —¿De veras, Jenny? ¡Genial! ¡Me gustaría mucho ir _____ !

A Teresita is visiting her cousins for a month, but she misses her family. She has decided to call home to ask her sister Lisa about how everyone is doing. Complete Teresita's questions by writing the correct form of *estar* in your answer. *(30 points)*

1. —Lisa, ¿ _____ ocupada?

2. —¿Dónde _____ Irene?

3. —Aquí _____ con Lisa. Ella y yo _____ en casa,

    pero por la noche vamos al cine.

4. —También quiero hablar con Jaime. ¿Dónde _____ él?

5. —Y mamá y papá, ¿dónde _____ ellos?

B María Luisa has a baby-sitting job after school and is very conscientious about the children. Today she is asking them questions to show that she cares about each one. Complete her conversation with each child. Write the correct form of the verb *estar* in your answer. *(70 points)*

1. —Susanita, ¿ _____ enferma?

    —No, María Luisa. No _____ enferma.

2. —Samuel, ¿dónde _____ tu familia?

    —Ellos _____ en el campo.

3. —¡Claudia y Lucía! ¿Dónde _____ ustedes?

    —Aquí _____ , en la piscina.

4. —María Luisa, ¿ _____ cansada de trabajar?

    —No, Samuel. No _____ cansada.

5. —Me gusta mucho _____ con ustedes, pero _____ ocupada.

    Necesito estudiar para la clase de ciencias mañana.

CAPÍTULO 3

A Some exchange students have just met during a reunion of the International Club. Each one is curious to know how the others spend their year in their own country. Write what they each do during the year and in which season. Use the correct form of the verb *ir* in each answer.
(40 points)

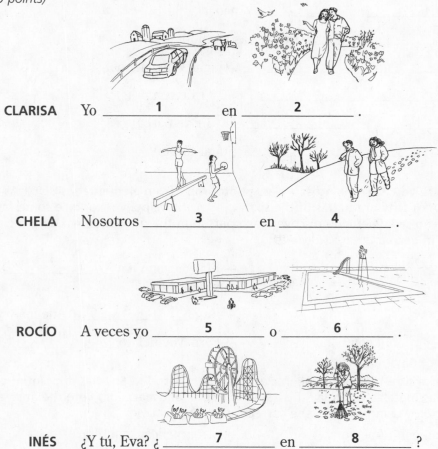

CLARISA   Yo _____1_____ en _____2_____ .

CHELA   Nosotros _____3_____ en _____4_____ .

ROCÍO   A veces yo _____5_____ o _____6_____ .

INÉS   ¿Y tú, Eva? ¿ _____7_____ en _____8_____ ?

B Alejandro is very popular and he often has to decline invitations to do things because he has too many responsibilities. Complete the conversation below by writing the words that are missing from Alejandro's replies. Look at the verbs in the questions to help you answer. *(16 points)*

ALONSO   Alejandro, ¿puedes practicar deportes con nosotros?

ALEJANDRO   Lo siento, Alonso, pero no _____1_____ . Tengo clase.

JORGE   Alejandro, ¿te gustaría ir al cine conmigo mañana?

ALEJANDRO   _____2_____ ir, pero necesito ayudar en casa.

ALONSO   Alejandro, ¿quieres patinar con nosotros?

ALEJANDRO   Sí, _____3_____ , pero tengo mucha tarea. El domingo no tengo nada que hacer.

JORGE   ¡Genial! ¿Quieres jugar tenis?

ALEJANDRO   ¡Claro que sí _____4_____ ! Hasta el domingo.

Prueba cumulativa

C Marisol and her friends can hardly wait until vacation time arrives. They are already making plans. Write out what they are planning to do. Use the correct form of the verb *ir + a + infinitivo* of the verb in parentheses in your answer. *(18 points)*

1. Carlos y yo _____ . (nadar)

2. Yo _____ . (jugar básquetbol)

3. Adolfo y Bety _____ . (jugar videojuegos)

4. Cristina, tú _____ , ¿no? (ir de compras)

5. Mis amigos y yo _____ . (ir de pesca)

6. Y ustedes, ¿ _____ ? (jugar fútbol)

D Along with some friends, you are looking at a class photograph from elementary school. As you look at the photograph of fifty graduates of the sixth grade, you happily recognize some familiar faces. Complete what you say when you discover each person in the photograph. Use the correct form of the verb *estar* in each answer. *(18 points)*

—¡Aquí _____1_____ yo!

—También _____2_____ César y Guille.

—Tú _____3_____ aquí con ellos.

—El profesor Viñas _____4_____ también.

—¡Aquí _____5_____ Adelina y yo!

—Pero Manuel no _____6_____ .

E The coach wants to make sure that everyone in class plays tennis today. She has appointed you to help organize which classmates are to play the game with one another. Complete the answers your classmates give you by using *con* and the correct pronoun. *(8 points)*

1. —¿Ustedes practican con Roberto y Emilio?

   —Sí, _____ .

2. —¿Raquel practica con Eva?

   —Sí, _____ .

3. —¿Tú practicas conmigo?

   —Sí, _____ .

4. —¿Nicolás practica con ustedes?

   —Sí, _____ .

Paso a paso 1

CAPÍTULO 3

Nombre _____

Fecha _____

Hoja para respuestas
Prueba cumulativa

A *(40 points)*

1. _____   5. _____

2. _____   6. _____

3. _____   7. _____

4. _____   8. _____

B *(16 points)*

1. _____   3. _____

2. _____   4. _____

C *(18 points)*

1. _____   4. _____

2. _____   5. _____

3. _____   6. _____

D *(18 points)*

1. _____   4. _____

2. _____   5. _____

3. _____   6. _____

E *(8 points)*

1. _____   3. _____

2. _____   4. _____

Examen de habilidades

I. Listening Comprehension *(20 points)*

You and your friends are trying to decide where to go and what to do for the weekend. Listen to some radio announcements to help you decide. Match what you hear with the pictures by writing the number of each activity described under the correct picture.

II. Reading Comprehension *(20 points)*

Marcos and Patricia are officers of their Spanish Club. Their advisor has asked them to look for a site for the yearly Spanish Camp, where they can all practice their Spanish while participating in different activities. Read the advertisement to see if it offers what Marcos and Patricia are looking for.

> Aquí en *CAMPO GENIAL* no puedes hablar inglés. El lunes puedes practicar deportes todo el día. Los martes por la mañana puedes dibujar o tocar la guitarra. Por la tarde puedes practicar el español con tus amigos y por la noche ir al cine. Los miércoles por la tarde practicamos deportes en el gimnasio y por la noche todos ayudamos a cocinar. Los jueves podemos nadar en la piscina o ir de picnic al parque. Los viernes por la noche puedes escuchar música, jugar videojuegos y ver televisión en español. El sábado tenemos una fiesta y el domingo todos vamos a patinar. En *CAMPO GENIAL* puedes estar con amigos amables, generosos y graciosos, y todos ¡hablan español!

Now answer the following questions in English.

1. What can the students do on Thursdays?
2. When is it possible to play sports?
3. What responsibility do the students have on Wednesday night?
4. What is not permitted at *CAMPO GENIAL?*
5. In what ways can students practice their Spanish at *CAMPO GENIAL?*

III. Writing Proficiency *(20 points)*

You are planning to invite a friend to spend some time with you this summer. Since in your invitation you will be writing about events that will take place in the future, don't forget to use the appropriate form of *ir + a + infinitivo*. Include information about:

- what different activities you would like to do with your friend
- which days of the week you are going to do the different activities
- where you are going to go

CAPÍTULO 3

Remember to reread the invitation before you hand in the test. Are the words spelled correctly? Check the endings of your verbs. Do they correspond to the subject pronoun in the sentence?

IV. Cultural Knowledge *(20 points)*

Answer in English based on what you learned in the *Perspectiva cultural*.

If you lived in a small town in Mexico, how would you compare the *plaza* in your town to Chapultepec Park?

V. Speaking Proficiency *(20 points)*

Your teacher may ask you to speak on one of the following topics.

A. I am a student from Guatemala visiting your school. Please tell me about how you spend your year here in the United States. I would like to know:

- what you do during different seasons of the year
- where you go during the week
- what you like and don't like to do

B. You and your best friend want to get together during the next vacation. Discuss some things you are going to do. Ask your friend some questions about when and where he or she would like to go.

Nombre _____

Fecha _____

I. Listening Comprehension *(20 points)*

_____   _____

_____   _____

II. Reading Comprehension *(20 points)*

1. _____
2. _____
3. _____
4. _____
5. _____
   _____

III. Writing Proficiency *(20 points)*

_____
_____
_____
_____
_____
_____

Paso a paso 1

Nombre

CAPÍTULO 3

Fecha

Hoja para respuestas 2
Examen de habilidades

IV. Cultural Knowledge *(20 points)*

_____

_____

_____

_____

_____

_____

_____

_____

V. Speaking Proficiency *(20 points)*

You and your friends are discussing what you would like to eat this weekend. Choose the picture which best matches the meals you are describing. *(100 points)*

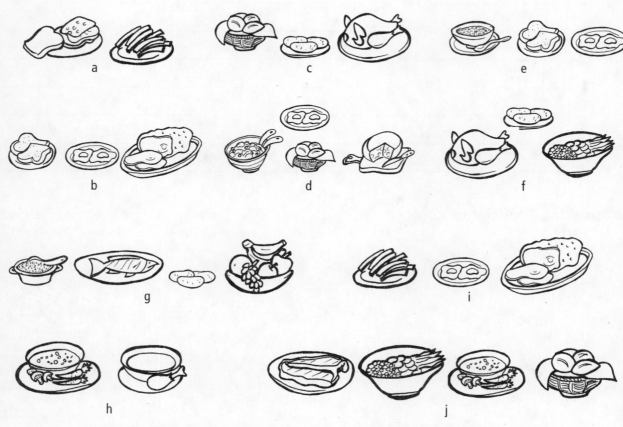

a   c   e

b   d   f

g   i

h   j

____ **1.** —En la cena quiero arroz, papas, pescado y frutas. No me gusta el bistec.

____ **2.** —No me gusta mucho el arroz. Prefiero pollo y papas al horno con pan.

____ **3.** —En el desayuno quiero papas fritas con huevos y jamón.

____ **4.** —En el almuerzo me encanta el bistec con verduras, sopa y pan.

____ **5.** —No me gusta nada el pescado. Yo quiero un sandwich de jamón y queso, y también papas fritas.

____ **6.** —A mí tampoco me gusta el pescado. Prefiero una ensalada, huevos, queso y pan.

____ **7.** —Me gusta mucho el jamón con huevos y pan tostado en el desayuno.

____ **8.** —Siempre como sandwiches de jamón y queso. Mañana voy a comer pollo, papas al horno y verduras.

____ **9.** —No me gustan ni las hamburguesas ni el bistec. Quiero una sopa de verduras o de pollo.

____ **10.** —A veces me gusta comer huevos y pan tostado en el desayuno, pero hoy quiero cereal también.

A Some friends are eating lunch together in the school cafeteria. Identify what they have brought for their lunch by underlining the correct answer. *(40 points)*

1. sandwich de queso / sandwich de jamón y queso

3. papas al horno / papas fritas

2. tomates / frutas

4. sopa de verduras / sopa de pollo

B The cooking teacher has assigned Patricia and Carmelo the task of choosing what foods the class will prepare for different meals this week. Use the pictures to help you write complete answers to each question. *(60 points)*

1. —Carmelo, ¿qué prefieres en el desayuno?

_____

_____

4. —Y a ti, Patricia, ¿qué te gusta?

_____

_____

2. —Y a ti, Patricia, ¿qué te gustaría?

_____

_____

5. —Carmelo, ¿qué quieres en la cena?

_____

_____

3. —Carmelo, ¿qué te gusta comer en el almuerzo?

_____

_____

6. —Y a ti, Patricia, ¿qué te encanta comer en la cena?

_____

_____

A Lidia and Alma want to have a party to show off the new recipes they learned in their gourmet cooking class. Look at the pictures of the foods and beverages they are planning to buy, then underline the correct answer to each question. *(40 points)*

1. —¿Qué necesitas para la ensalada de frutas?
   —Necesito (plátanos y uvas / manzanas y naranjas).

2. —¿Qué quieres para la ensalada de verduras?
   —Quiero (zanahorias y lechuga / judías verdes y guisantes).

3. —¿Qué prefieres beber?
   —Prefiero (jugo y leche / café y té helado).

4. —¿Qué necesitas para la sopa?
   —Necesito (zanahorias y judías verdes / cebollas y guisantes).

B Tito and José Luis are members of the school baseball team. They have started a diet to get into better shape for the next season, but they can't stop talking about food. Choose the answer that best completes their statements. *(60 points)*

1. Me encantan las hamburguesas, pero
   a. no son muy buenas para la salud.
   b. son malas para la salud.
   c. son sabrosas.

2. Me gustaría beber algo.
   a. Tengo sed.
   b. Debo comer.
   c. Tengo hambre.

3. Quiero comer tres sandwiches
   con papas fritas.
   a. Tengo sed.
   b. No me gustan.
   c. Tengo mucha hambre.

4. Me encanta la ensalada de fruta.
   a. ¡Qué asco!
   b. Tengo sed.
   c. ¡Qué sabrosa!

5. Es bueno beber agua, pero yo
   a. debo beber algo.
   b. no debo comer.
   c. prefiero los refrescos.

6. Me gusta mucho el bistec. No es
   a. malo para la salud.
   b. bueno para la salud.
   c. sabroso.

A Mónica wants to surprise her best friend with a meal she has cooked herself. Since Mónica isn't an experienced cook, she has decided to consult her older sister Rocío. Look at the pictures from Rocío's cookbook, then underline the answer that does *not* appear in the picture. *(40 points)*

1. —¿Qué necesito para la ensalada de frutas, Rocío?
   —Necesitas plátanos, naranjas, manzanas y uvas.

2. —¿Qué necesito para la ensalada de verduras, Rocío?
   —Para la ensalada necesitas lechuga, tomates y cebollas.

3. —¿Qué necesito para la sopa de verduras, Rocío?
   —Para la sopa necesitas guisantes, judías verdes y zanahorias.

4. —¿Qué bebidas prefieres, Rocío?
   —Prefiero jugo de naranja, limonada, refrescos y café.

B Rolando is conducting a survey for his health class. Complete each conversation using a form of the verb or expression underlined in Rolando's questions. *(60 points)*

1. —¿Qué <u>bebes</u>?

   —_____ té o limonada.

2. —¿Qué <u>debes</u> comer para el desayuno?

   —_____ comer cereal o frutas.

3. —¿Siempre <u>tienes hambre</u>?

   —No, no _____ siempre.

4. —¿Es <u>bueno para la salud</u> comer mucho?

   —No, es _____ para la salud.

5. —¿<u>Prefieres</u> comer hamburguesas con papas fritas o pollo con verduras?

   —_____ pollo con verduras.

6. —¿<u>Comes</u> conmigo o con ella mañana?

   —_____ contigo.

A Amanda has gone to her favorite restaurant, but she is having trouble deciding what to order. She loves everything on the menu! Identify the pictures and complete the sentences with the proper plural form when necessary. *(50 points)*

1. Me encanta _____ .

2. Me encanta _____ .

3. Me encantan _____ .

4. Me encanta _____ .

5. Me encantan _____ .

While working part-time at the school store you notice that someone made mistakes on the sign which advertises what the store sells. It is up to you to correct the mistakes. Write the singular form if the item is plural or write the plural form if the item is singular. *(50 points)*

B

1. un papel _____

2. los marcadores _____

3. el lápiz _____

4. una grabadora _____

5. un bolígrafo _____

A Some new students are asking your opinion about the food and beverages that are served in the cafeteria. Underline the correct word or words in parentheses. *(40 points)*

1. Las hamburguesas son (sabrosas / sabrosa).

2. La sopa es (horribles / horrible).

3. Los sandwiches son (muy malo / muy malos).

4. Las papas al horno son (buena para la salud / buenas para la salud).

B Those same new students want to know what the other students in your class are like. Complete the conversation by using the correct form of the word in parentheses. *(60 points)*

1. —¿Cómo es María?

   —María es _____ . (ordenado)

2. —¿Y Adolfo y Jesús?

   —Adolfo y Jesús son _____ . (perezoso)

3. —¿Y cómo son Raquel y Soledad?

   —Raquel y Soledad son _____ . (gracioso)

4. —¿Y Raúl y Roberto?

   —Raúl y Roberto son _____ . (impaciente)

5. —¿Y Rebeca y Sara?

   —Rebeca y Sara son _____ . (amable)

6. —¿Y los profesores?

   —Los profesores son _____ . (trabajador)

A Gina and Omar are talking about the things they and their friends do when they go to a party. Complete their statements by writing the correct form of the verb in parentheses. *(60 points)*

1. Manolo _____ papas fritas. (comer)

2. Iván y Teodoro _____ café y té. (beber)

3. Carmela _____ un libro. (leer)

4. Nosotros _____ ir a la fiesta después. (deber)

5. Tú siempre _____ mucho. (comer)

6. Yo _____ la tele porque no me gustan las fiestas. (ver)

B Pablo is from Uruguay and he wants to spend the summer with Vicente and his family, who live in Arizona. He writes Vicente a letter asking him some questions. Complete Vicente's answers to Pablo. *(40 points)*

1. ¿Qué comes en el almuerzo?

   Siempre _____ un sandwich, con una sopa o con papas fritas.

2. ¿Qué beben ustedes en la cena?

   A veces _____ jugo de naranja o leche, pero nunca

   _____ refrescos.

3. ¿Qué deben hacer tus amigos después de la escuela?

   _____ ayudar en casa o estudiar.

4. ¿Qué ven los fines de semana?

   _____ los deportes en la tele.

A You are directing the school play this year. Today you are explaining to the actors and actresses what they should do during the first act. Underline the correct form of the verb for each statement you make. *(50 points)*

1. Mario y yo (escuchan / escuchamos) la música.

2. Clara y Luz (leen / leemos) el libro.

3. Ustedes y Andrés (hablan / hablamos) por teléfono.

4. Él y ella (comemos / comen) un sandwich.

5. Julio y Natalia (deben / debemos) cocinar.

B Laura and Angelita should be doing their homework today, but they are gossiping about their friends instead. Write the correct form of the verb in parentheses for each statement the girls make. *(50 points)*

1. Manolo y Carmen _____ (practicar) la guitarra.

2. Mis amigos _____ (comer) mucho todos los días.

3. Gloria y tú nunca _____ (beber) leche.

4. Victoria y Samuel siempre _____ (dibujar) en la clase.

5. Mis amigos y yo _____ (leer) todos los días.

6. Tú y Diana siempre _____ (ver) la tele.

7. Paco y yo _____ (ir) al cine el domingo.

8. Guille y mis amigos _____ (deber) estudiar.

9. Mis amigos y el profesor _____ (ir) al parque el sábado.

10. Tú y yo siempre _____ (ayudar) en casa.

CAPÍTULO 4

Prueba cumulativa

A Melisa has gone to an outdoor market today to buy some fresh fruit and vegetables. Look at the pictures to see what purchases she is making, then write the words for each one. *(12 points)*

1. Necesito _____ y _____ .

2. También necesito unas _____ y unos _____ .

3. Quiero _____ y _____ .

B It's your turn in cooking class to help plan the menus for breakfast, lunch, and dinner. Write the name of the meal first, then list the different foods and beverages you have planned. *(30 points)*

7:00 A.M.

1 _____ 2 _____ 3 _____ 4 _____ 5 _____

12:00 P.M.

6 _____ 7 _____ 8 _____ 9 _____ 10 _____

5:30 P.M.

11 _____ 12 _____ 13 _____ 14 _____ 15 _____

C Antonio is watching TV with Beto, his little brother. They start to talk and Antonio realizes that Beto needs some advice about proper eating habits. Complete the conversation between Antonio and Beto by using the correct forms of the verbs *comer, beber,* and *deber*. *(20 points)*

ANTONIO ¿Qué _____1_____ Beto?

BETO Yo _____2_____ tres sandwiches y _____3_____ dos refrescos.

ANTONIO ¡Qué horrible! Beto, tú _____4_____ comer algo bueno para la salud.

CAPÍTULO 4

BETO Sí, Antonio, pero mis amigos siempre _____5_____ sandwiches

y _____6_____ refrescos.

ANTONIO Ustedes _____7_____ comer una sopa o una ensalada.

BETO ¡Qué asco! No me gusta la sopa. A veces mis amigos y yo _____8_____

tres hamburguesas con papas fritas en el almuerzo.

ANTONIO Tú _____9_____ comer frutas y verduras.

BETO *Tú* _____10_____ comer frutas y verduras, Antonio; *yo* quiero un

sandwich de queso.

ANTONIO ¡Qué lástima, Beto!

D Sebastián and Luisa have to write a composition for their cooking class. Choose the correct word to complete what the two students have written so far. *(8 points)*

malo   desayuno   café   sabrosas

buenos   necesitamos   hambre   comen

Debemos comer un buen _____1_____ por la mañana. Los cereales con frutas son

_____2_____ para la salud. A veces los estudiantes beben mucho _____3_____ y eso

es muy _____4_____ para la salud. En el almuerzo los estudiantes _____5_____

hamburguesas con papas fritas. ¡Son _____6_____ ! Después de las clases _____7_____

comer algo porque tenemos mucha _____8_____ . ¡Es hora de la merienda!

E Tina and Carlota have decided to treat themselves to a snack while studying for tomorrow's exam. Complete their conversation with the correct expression. Use the expressions in Tina's questions to help you write your answer. *(30 points)*

TINA Carlota, quiero comer algo. ¿Tienes hambre?

CARLOTA Sí, _____1_____ .

TINA ¿Prefieres una hamburguesa o un sandwich?

CARLOTA _____2_____ un sandwich.

TINA También quiero beber algo. ¿Tienes sed?

CARLOTA Sí, _____3_____ .

TINA ¿Te gusta el agua?

CARLOTA Sí, _____4_____ el agua, pero _____5_____ más los refrescos.

TINA ¿Y qué te encanta comer?

CARLOTA _____6_____ las frutas.

Nombre _____

Fecha _____

A *(12 points)*

1. _____   _____
2. _____   _____
3. _____   _____

B *(30 points)*

1. _____   9. _____
2. _____   10. _____
3. _____   11. _____
4. _____   12. _____
5. _____   13. _____
6. _____   14. _____
7. _____   15. _____
8. _____

C *(20 points)*

1. _____   6. _____
2. _____   7. _____
3. _____   8. _____
4. _____   9. _____
5. _____   10. _____

D *(8 points)*

1. _____   5. _____
2. _____   6. _____
3. _____   7. _____
4. _____   8. _____

E *(30 points)*

1. _____   4. _____
2. _____   5. _____
3. _____   6. _____

CAPÍTULO 4

I. Listening Comprehension *(20 points)*

Some classmates are talking to Ramón, a new student from the Dominican Republic. He has asked them what and when they typically eat or drink here in the United States. Listen to what each of them says, then complete the sentences by choosing the correct letter.

II. Reading Comprehension *(20 points)*

Nora is working with some other students on a science project. Read the health brochure she found in the library, then choose the best answer for each question.

Necesitamos comer bien. Tú no quieres estar enfermo, ¿verdad? Pues, todos los días debes comer cereales, pan o arroz. Las verduras y las frutas son muy buenas para la salud también. ¿Te gustan las papas, las zanahorias, las manzanas y las naranjas? ¡Genial!, porque son sabrosas y tienen vitaminas. El bistec, el pollo y el pescado son también buenos para la salud. ¡Para tener buena salud, debes comer bien!

---

1. Necesitamos comer
   a. tres días a la semana.
   b. todos los días.
   c. cinco días a la semana.

2. Las verduras y las frutas
   a. tienen mucho color.
   b. no tienen mucha comida.
   c. tienen muchas vitaminas.

3. Para tener buena salud debes
   a. aprender a leer.
   b. comer.
   c. aprender a comer bien.

4. El bistec, el pollo y el pescado son
   a. frutas y verduras.
   b. buenos para la salud.
   c. buenos por la mañana.

III. Writing Proficiency *(20 points)*

Imagine that you are in charge of deciding what you and your friends should eat and drink in the school cafeteria today. Write three menus, one for each meal of the day. Include this information in your menus:

- a variety of foods and beverages
- for which meals of the day these foods and beverages are available

Remember to reread your menus before you hand in the test. Are the words spelled correctly? Make changes if necessary.

IV. Cultural Knowledge *(20 points)*

Answer in English based on what you learned in the *Perspectiva cultural.*

Imagine that you are visiting a Spanish-speaking country and find that you must adapt to the eating habits of that country. Explain what meals you would expect to eat, whether those meals would be light or heavy, and at about what times you would eat the meals.

V. Speaking Proficiency *(20 points)*

Your teacher may ask you to speak on one of the following topics.

A. Imagine that you are speaking to your health class about the importance of eating well. Tell your class what foods you should or should not eat and explain why.

B. I am a new student from Argentina and know little about what you typically eat or drink for breakfast, lunch, or dinner in the United States. Tell me what you and others eat here, then ask me some questions about what I like or don't like to eat.

CAPÍTULO 4

I. Listening Comprehension *(20 points)*

1. Mary prefiere comer las papas
    a. al horno.
    b. en el almuerzo.
    c. fritas.

2. Robert nunca come
    a. huevos y jamón.
    b. pan tostado.
    c. cereal con leche.

3. De lunes a viernes después de las clases, Jenny
    a. no come nada.
    b. no tiene hambre.
    c. come frutas.

4. James no puede comer después de la escuela porque
    a. come mucho en el almuerzo.
    b. practica deportes.
    c. bebe mucha leche en la cena.

II. Reading Comprehension *(20 points)*

1. _____

2. _____

3. _____

4. _____

III. Writing Proficiency *(20 points)*

MENÚ (1)

_____   _____

_____   _____

MENÚ (2)

_____   _____

_____   _____

MENÚ (3)

_____   _____

_____   _____

Nombre _____

Fecha _____

IV. Cultural Knowledge *(20 points)*

_____

_____

_____

_____

_____

_____

V. Speaking Proficiency *(20 points)*

A Ignacio is introducing Gabi to different members of his family. Select what he is saying by underlining the correct statement. *(60 points)*

1. Es mi padre Manolo. / Es mi abuelo Manolo.

2. Es mi prima Julia. / Es mi tía Julia.

3. Es mi abuela Betina. / Es mi madre Betina.

4. Es mi hermana Carolina. / Es mi prima Carolina.

5. Es mi primo José Emilio. / Es mi tío José Emilio.

6. Es mi hermano Gregorio. / Es mi primo Gregorio.

B Clara would like to meet the good-looking boy she sees at Elena's party. Match Clara's questions with Elena's answers. *(40 points)*

a. Se llama Santiago.
b. Tienes catorce.
c. Sí, le gustaría bailar conmigo.
d. Se llaman Vicente y Víctor.

e. No, es hijo único.
f. No, tengo quince.
g. No, tiene dieciséis.
h. Sí, le gustaría bailar contigo.

____ **1.** —¿Cómo se llama?

____ **2.** —¿Cuántos años tiene? ¿Quince?

____ **3.** —¿Le gustaría bailar conmigo?

____ **4.** —¿Tiene hermanos?

A Ignacio is drawing his family tree for a project in his social science class. Which family members has he placed on his family tree? Write out the correct answer. *(60 points)*

1. Amalia es _____ de Ignacio.

2. Leticia es _____ de Ignacio.

3. José Emilio es _____ de Ignacio.

4. Manolo es _____ de Ignacio.

5. Alejandro es _____ de Ignacio.

6. Gregorio y Julia son _____ de Ignacio.

7. Ana es _____ de Ignacio.

8. Ana y Carolina son _____ de Betina y Alejandro.

9. Gregorio es _____ de Ignacio.

10. José Emilio y Amalia son _____ de Ignacio.

B Anita and Luisita are playing a guessing game during recess. Complete Anita's answers by underlining the correct words. *(40 points)*

1. La madre de mi madre es (mi abuela / mi tía).

2. La hija de mi padre es (mi prima / mi hermana).

3. El hijo de mi tía es (mi primo / mi hermana).

4. Los hijos de mis abuelos son (mis padres / mis hermanos).

CAPÍTULO 5

Salvador and Juan are exchanging facts about members of their respective families. Complete their statements by underlining the correct word. *(100 points)*

1. Mi madre tiene treinta años. Mi padre tiene cuarenta. Él es (menor / simpático / mayor).

2. Tengo una abuela de ochenta años. Ella es (pelirroja / joven / vieja).

3. Mi madre es guapa e inteligente. No es nada (cariñosa / mayor / antipática).

4. Mi hermano tiene los ojos y el pelo castaño. Es muy (atractivo / viejo / menor).

5. Mi prima Carmen es muy sociable y graciosa. Es muy (antipática / alta / simpática).

6. Tengo una familia muy (antipática / cariñosa / gemela).

7. Mi padre es (menor / mayor / alto) que mi abuelo.

8. Mis dos hermanas menores son (gemelas / antipáticos / viejas).

9. Mi abuelo Miguel tiene el pelo canoso. Es (joven / viejo / pelirrojo).

10. Mi tío Pepe es alto, tiene los ojos azules y el pelo negro. Es muy (feo / guapo / bajo).

CAPÍTULO 5

Fecha _____

A Juanita has gone backstage to see her friends after the rehearsal of the school play. She doesn't recognize any of them because they are still in makeup and wearing their costumes, and they look totally different. Complete Juanita's statements by writing out the opposite word. *(40 points)*

1. Claudia tiene el pelo negro, pero ahora tiene el pelo _____ .

2. Paco es joven, pero ahora es _____ .

3. Daniel es bajo, pero ahora es _____ .

4. Bernardo es guapo pero ahora es _____ .

B Ramón is going to have a party for his birthday. His parents ask him to describe to them some of his friends that they have not yet met. Read Ramón's descriptions, then complete them by writing the appropriate word. *(60 points)*

1. —Todos mis amigos son simpáticos. No son _____ .

2. —Toña tiene catorce años. Felipe tiene quince años. Él es _____ .

3. —Lupe es una muchacha amable, pero Guadalupe es un _____ cariñoso.

4. —Gerardo es muy guapo. Es _____ .

5. —Dora y Joaquín son hermanos. Los dos tienen catorce años. Son _____ .

6. —Miguel tiene ojos azules pequeños, pero Susana tiene ojos negros _____ .

A Your teacher has divided the class into several groups today in order to give students the opportunity to practice speaking in Spanish. Complete the different conversations the teacher hears while walking around the room. Use the correct form of the verb *tener* in your answers. *(60 points)*

1. **VICTORIA**   Mi hermano _____ catorce años. ¿Cuántos años _____ tu hermano?

    CRISTINA   Yo no _____ hermanos, pero sí tengo hermanas. Ellas son gemelas y _____ trece años.

2. **ARTURO**   ¿ _____ ustedes un gato o un perro?

    ROBERTO   _____ un gato. Es un gato muy simpático y _____ los ojos verdes.

3. **PATRICIO**   Marcos, ¿ _____ el marcador verde?

    MARCO   No, pero Justino y Lucho _____ un bolígrafo verde.

    PATRICIO   ¿Quién _____ el marcador verde?

    SIMÓN   Nosotros _____ el marcador verde.

4. **ÓSCAR**   ¿Cuántos primos _____ Hernando?

    PABLO   Él _____ tres primos: un primo en California y dos primas en Nevada. ¿Cuántos años _____ ellas?

    ÓSCAR   Ellas _____ dieciséis años.

B Luis and his friends from Mexico and Spain, Arturo and Patricio, are looking at photographs of their families. They are surprised to find that the families look different than they expected. Complete their descriptions using the correct form of the verb *tener*. *(40 points)*

PATRICIO   Es mi familia en España. Ellos _____ el pelo rubio y los ojos azules. Mi padre _____ los ojos verdes. Mis dos hermanas _____ el pelo castaño.

ARTURO   Es mi familia en México. Yo _____ el pelo rubio. Mi padre y mi hermano _____ el pelo rubio también. Y en tu familia, Luis, ¿ _____ el pelo rubio o castaño?

LUIS   En mi familia en Nebraska todos _____ el pelo negro, pero yo no. _____ el pelo castaño. Arturo, ¿ _____ ustedes los ojos negros o marrones?

ARTURO   Mis padres, mi hermano y yo _____ los ojos verdes.

A Your Spanish teacher asked the class to bring family photographs so that you could learn more about each other's family. Use the correct form of the verb *ser* to complete each description. *(60 points)*

1. Mi primo _____ alto y guapo.

2. Tus hermanas _____ bajas.

3. Mi tía _____ joven.

4. Mis primos _____ gemelos.

5. Mis abuelos _____ viejos, pero practican deportes.

6. Mi padre y mi madre _____ amables y cariñosos.

7. Mis hermanas y yo _____ deportistas.

8. Yo _____ hija única.

9. Carmen, tú _____ muy inteligente.

10. Mi familia _____ simpática, amable y cariñosa.

B As your classmates look at your family pictures, they ask you to identify your relatives. Use the correct form of the verb *ser* to complete the conversation. *(40 points)*

1. —¿Quién _____ la muchacha de ojos azules?

   —Ella _____ mi prima Celia.

2. —¿Quiénes _____ este hombre y esta mujer?

   —Ellos _____ mis padres.

3. —¿Quién es este niño pequeño? ¿ _____ tú?

   —Sí, _____ yo. Aquí tengo cinco años.

4. —¿Quiénes _____ los muchachos en esta foto? ¿Tus hermanos?

   —Sí, _____ mis hermanos y yo.

Alfredo and his friend Diego are waiting for Alfredo's relatives from Peru to arrive at the airport. The plane has just landed and the passengers have entered the terminal, but are still too far away to be recognized. Complete the boys' conversation with the correct possessive adjective *(mi, mis, tu, tus, su, sus)* in your answer. *(100 points)*

DIEGO ¿Es el muchacho de pelo rubio _____ primo Roberto?

ALFREDO No, _____ primo tiene el pelo negro.

DIEGO ¿Son ellos _____ tíos Berta y Raimundo?

ALFREDO No, tía Berta es alta y tío Raimundo es bajo.

DIEGO ¿Son ellos _____ abuelos Don Carlos y Doña Francisca?

ALFREDO No, _____ abuelos son mayores.

DIEGO ¡Mira, Alfredo! Allí están _____ tíos y _____ hijo Roberto.

ALFREDO A ver... ¡Sí, son ellos! ¿Y quién es la guapa joven pelirroja y alta que está con ellos?

DIEGO ¿No es ella _____ prima Felipa, Alfredo?

ALFREDO Creo que sí. Voy a hablar con ellos. ¿Vienes conmigo?

DIEGO Sí, voy contigo. Yo también quiero hablar con _____ tíos y _____ hijos, Roberto y Felipa.

Capítulo 5

A Lina likes to entertain the children she baby-sits with word games. Today Lina wants Luisita to name which of Lina's relatives she is describing. Complete Lina's definitions with the correct family member. *(10 points)*

1. Los padres de mi madre son mis _____ .

2. La hermana de mi padre es mi _____ .

3. El hijo de mi madre es mi _____ .

4. La hija de mi tía es mi _____ .

5. Los hermanos de mis padres son mis _____ .

B A robbery has just taken place at the corner bank. The witnesses have different versions of what the robber looks like. Help the police finish their report by identifying the pictures. *(14 points)*

—Es un ____1____ y tiene los ojos azules.

—¡No! Es una ____2____ y tiene el pelo rubio.

—¡Es un ____3____ !

—¡Es un ____4____ ____5____ !

—¡Es una ____6____ ____7____ !

C Ricki Rey Roquero is a famous rock star visiting your school to perform in a special benefit concert. You have been assigned the job of interviewing him for your monthly column in the school newspaper. Use the correct form of the verb *tener* to help you complete the conversation. *(24 points)*

YOU ¡Hola, Ricki! ¿ ____1____ una familia muy grande?

RRR No. Soy hijo único. No ____2____ hermanos.

YOU ¿Qué te encanta comer, Ricki?

RRR Mis amigos y yo siempre ____3____ hambre. A mí me gustan las hamburguesas con papas fritas.

YOU ¿Te gustan los animales?

RRR Sí, me gustan mucho. Mi mamá ____4____ un perro y dos gatos.

CAPÍTULO 5

YOU   ¿Ustedes _____5_____ un piano en la banda?

RRR   No,_____6_____ cinco guitarras. Me gusta mucho tocar la guitarra.

D The Spanish Club is sponsoring the annual *Cena internacional*. Alicia and Roberto are in charge of the seating arrangements and they are trying to make sure that they seat compatible people next to each other. Complete their conversation with the correct form of the verb *ser*. *(24 points)*

ALICIA   ¿Cómo _____1_____ Tomás y Mercedes?

ROBERTO   Muy sociables e inteligentes. ¿Y cómo _____2_____ Manuel?

ALICIA   Creo que _____3_____ muy callado.

ROBERTO   Tú _____4_____ callada también.

ALICIA   Sí, _____5_____ callada, pero me gusta hablar con mis amigos.

ROBERTO   Tú y yo _____6_____ serios, pero ordenados y trabajadores.

E Rogelio's little brother Julito is being difficult today. Each time Rogelio says something, Julito says the opposite. Complete what Julito says by changing the underlined word in Rogelio's statement to its opposite. *(12 points)*

1. —Todos en la familia son inteligentes.

   —¡_____ en la familia es inteligente!

2. —Mi amiga Gloria es muy simpática, ¿no?

   —¡No! Gloria es muy _____ .

3. —Elena es muy guapa.

   —¡Claro que no! Ella es muy _____ .

4. —Papá es mayor que mamá, ¿no?

   —¡No! Él es _____ .

F Lisa was selected as a contestant to be on the television game show *GUESS THE QUESTION*. To win, Lisa must provide the correct question for each answer she hears. Look at the answer first, then help Lisa win by providing the missing words in the questions. Each question has more than one missing word. *(16 points)*

1. ¿_____ Ricki

   Rey Roquero?

   Él tiene dieciocho años.

2. ¿_____ sus padres?

   Ellos se llaman Raquel y Rodrigo.

3. ¿_____ Ricki?

   No, él no tiene hermanos.

4. ¿_____ hacer?

   A él le encanta tocar la guitarra.

Paso a paso 1

Nombre _____

CAPÍTULO 5

Fecha _____

Hoja para respuestas
Prueba cumulativa

A *(10 points)*

1. _____
2. _____
3. _____

4. _____
5. _____

B *(14 points)*

1. _____
2. _____
3. _____
4. _____

5. _____
6. _____
7. _____

C *(24 points)*

1. _____
2. _____
3. _____

4. _____
5. _____
6. _____

D *(24 points)*

1. _____
2. _____
3. _____

4. _____
5. _____
6. _____

E *(12 points)*

1. _____
2. _____

3. _____
4. _____

F *(16 points)*

1. _____
2. _____

3. _____
4. _____

CAPÍTULO 5

I. Listening Comprehension *(20 points)*

Sergio is talking to his social science class about his family in Torremolinos, Spain. Listen as he describes the members of his family, then choose the correct response for each question.

II. Reading Comprehension *(20 points)*

Jenny has just received her latest issue of *Astros,* a Spanish magazine for teenagers. One of her favorite sections in the magazine is *APARTADOS,* where she can read personal notes from teenagers all over the Spanish-speaking world.

Read this personal note carefully. Then answer in English the questions that follow.

Hola amigos. Soy una muchacha española. Me encanta la música de Ricki Rey Roquero. Voy a sus conciertos con mis primas. Yo soy pelirroja y tengo los ojos marrones. Mis primas son rubias de ojos azules. Ellas tienen 14 años y son gemelas.

Loca por Ricki
Edificio B-11, Apartamento 3C
Ciudad Grande 344062

1. From what country is the girl writing?
2. Who is her favorite rock star?
3. What color hair and eyes does she have?
4. What color hair and eyes do her cousins have?
5. What's special about her cousins?

III. Writing Proficiency *(20 points)*

You are taking drawing classes and you need new models. Write an ad requesting people with different physical characteristics to model for you. Include this information in your ad:

- physical characteristics desired
- how old each model should be

Remember to reread your ad before you hand in the test. Are the words spelled correctly? Check the endings of your verbs. Do they correspond to the subject pronoun in the sentence? Are the nouns and the adjectives in agreement in your descriptions? Make changes if necessary.

IV. Cultural Knowledge *(20 points)*

Answer in English based on what you learned in the *Perspectiva cultural*.

ESPAÑA
DOCUMENTO NACIONAL DE IDENTIDAD
87.466.777
Ana Carmen
RÍOS
ABREU
DIRECCIÓN GENERAL DE SEGURIDAD
EQUIPO 57
Reg. no 633663

If this student were to introduce herself using the shortened version of her name, what would she call herself?

V. Speaking Proficiency *(20 points)*

Your teacher may ask you to speak on one of the following topics.

A. A friend has asked you to describe the students in your English class. Include information about their physical characteristics, personality traits, and ages.

B. Tell me about your family. Describe the different family members in detail, then ask me some questions about my family.

Paso a paso 1

Nombre _____

CAPÍTULO 5

Fecha _____

Hoja para respuestas 1
Examen de habilidades

I. Listening Comprehension *(20 points)*

1. El abuelo de Sergio tiene
   a. sesenta y cinco años.
   b. cincuenta y dos años.
   c. cuarenta y dos años.

2. El padre de Sergio es muy
   a. deportista.
   b. canoso.
   c. bajo.

3. La madre de Sergio es
   a. alta.
   b. baja.
   c. guapa.

4. Sergio
   a. tiene una hermana gemela.
   b. tiene un hermano.
   c. no tiene hermanos.

5. La abuela de Sergio tiene
   a. ojos verdes.
   b. pelo castaño.
   c. cincuenta años.

II. Reading Comprehension *(20 points)*

1. _____
2. _____
3. _____
4. _____
5. _____

III. Writing Proficiency *(20 points)*

_____
_____
_____
_____
_____
_____
_____
_____
_____
_____

Nombre

Fecha

IV. Cultural Knowledge *(20 points)*

_____

_____

_____

_____

_____

V. Speaking Proficiency

A Yoli and Maribel are in the mall shopping for some new clothes. Choose the letter of the picture which matches the article of clothing they refer to in their statements. *(60 points)*

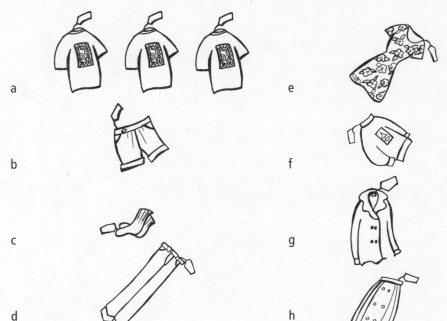

a

e

b

f

c

g

d

h

1. ___ Me encanta esta sudadera.

2. ___ Me gustaría comprar un vestido rosado.

3. ___ Necesito tres camisetas.

4. ___ La falda gris no me queda bien.

5. ___ Prefiero los calcetines amarillos.

6. ___ Me gustan mucho los pantalones cortos.

B Mateo has gotten a summer job working at a department store. Today he is waiting on some friends who have decided to shop where he works. Underline the word that completes his conversation with each friend. *(40 points)*

1. —Berto, ¿cómo (me queda / te queda) la camisa?

—Muy bien, Mateo.

2. —Sarita, voy a buscar un suéter bonito (para ti / para mí).

—¿De veras? Gracias, Mateo.

3. —Mateo, ¿cuánto (cuesta / cuestan) los tenis?

—Sólo quince dólares.

4. —Julia, (ese / esa) vestido es muy feo.

—Sí, creo que sí. Prefiero el vestido blanco.

A Olivia is looking through her favorite clothing catalog to buy some gifts. Help her by writing the article of clothing and the price of each item on the blank lines. *(70 points)*

1. _____ azules cuestan _____ dólares. $4

2. _____ negros cuestan _____ dólares.  $35

3. _____ marrón cuesta _____ dólares. $158

4. _____ blanca cuesta _____ dólares. $15

5. _____ rojo cuesta _____ dólares. $100

6. _____ anaranjados cuestan _____ dólares. $25

7. _____ grises cuestan _____ dólares.  $62

B As you walk through the department store, you overhear different conversations. Complete each conversation by choosing the correct answer. *(30 points)*

1. —¿Cómo te quedan los suéteres?
   a. Me quedan bien.   **b.** Te quedan mal.   **c.** Me gusta mucho.

2. —¿Es para ti la camisa?
   a. No, es para mí.   **b.** Sí, es para mí.   **c.** Sí, es para ti.

3. —¿La camisa es para un señor mayor?
   a. Sí, es para un muchacho.   **b.** Sí, es para la señora.   **c.** Sí, es para mi abuelo.

A Diego and Rebeca are out on a date. Each one likes the outfit the other is wearing, so they start a conversation about their clothes. Underline the correct verb forms or expressions that complete their conversation. *(70 points)*

1. —Me gusta mucho tu blusa, Rebeca. ¿Cuánto (pagué / pagaste)?

2. —Gracias, Diego. Sólo (pagué / pagaste) quince dólares.

3. —¿Dónde la (compré / compraste), Rebeca?

4. —Yo la (compré / compraste) en el centro comercial Loma Verde.

5. —Diego, ¿es muy (cara / barata) tu camiseta?

6. —¡No! Es muy (cara / barata). Sólo cuesta cuatro dólares.

7. —Diego, ¿te gustan (estos / estas) zapatos?

　—Sí, Rebeca, me gustan mucho.

B Álvaro's mother wants to know when and where her son bought the fancy clothes he is wearing. She also wants to know how much he paid for them. Choose the correct letter of the word that completes Álvaro's conversation with his mother. *(30 points)*

a. barata	**d.** hace una semana	**g.** esa	**j.** sábado
b. compré	**e.** almacén	**h.** ganga	
c. zapatería	**f.** pagaste	**i.** pagué	

1. —¿Dónde compraste esos zapatos nuevos, Álvaro?

　—Los _____ en la _____ Suelas de Oro.

2. —¿Cuándo los compraste? ¿El _____ ?

　—No, _____ .

3. —¿Y cuánto _____ por ellos?

　—_____ sólo catorce dólares.

4. —Y _____ camisa roja, ¿dónde la compraste?

　—La compré en el _____ Galerías.

5. —¿_____ o cara?

　—¡Una _____ !

A Paca wants to know where her friend just bought her beautiful new clothes. Complete what her friend tells her by identifying the pictures which show where the articles of clothing were purchased. *(50 points)*

1. Compré el vestido azul en (el almacén / la tienda de descuentos).

2. Estos zapatos los compré en (el almacén / la zapatería).

3. Los calcetines verdes los compré en (la tienda de ropa / la tienda de descuentos).

4. Ese vestido que te encanta lo compré en (la tienda de ropa / la zapatería).

5. También compré mis tenis en (la zapatería / el almacén).

B Celia and Marisa are admiring the new clothes they just bought. Complete what the girls say about their purchases. Use either another verb form or a word that means the opposite of the underlined word. *(50 points)*

1. —Celia, ¿cuánto <u>pagaste</u> por los zapatos marrones?

   —Yo _____ sólo diez dólares.

2. —Marisa, ¿dónde <u>compraste</u> los jeans negros?

   —Los _____ en la tienda de descuentos.

3. —Celia, ¿es <u>caro</u> tu suéter?

   —No, es _____ . Sólo cuesta siete dólares.

4. —Marisa, ¿esa blusa es <u>vieja</u>?

   —¡No, Celia! ¡Es _____ !

5. —¿Y dónde compraste <u>estos</u> tenis?

   —_____ tenis los compré en la zapatería.

Joaquín and Rodrigo are pretending that they have lots of money to buy anything they want. Complete their statements by writing the name of the pictured item and the correct form of the adjective or adjectives given in parentheses. Be sure to write the words in the correct order. *(100 points)*

1. Necesito comprar una

_____ . (nuevo)

2. Me gustaría comprar un

_____ . (bonito; pequeño)

3. Me gustaría comprar una

_____ . (amarillo)

4. Voy a comprar unos

_____ . (negro)

5. Me gustaría comprar una

_____ . (marrón)

6. No me gustaría tener un

_____ . (feo; grande)

7. Me gustaría comprar esas

_____ . (blanco; caro)

8. Debo comprar una

_____ . (rojo; barato)

9. Quiero comprar tres

_____ . (viejo)

10. Me gustaría comprar dos

_____ . (grande; sabroso)

A You want to buy some gifts for your family because they all have birthdays soon. A friend is trying to help you by suggesting different articles of clothing, but you see something else you prefer to buy. Complete your answers by using a form of the demonstrative adjective different from the one in your friend's statement. *(60 points)*

1. —¿Te gustan estos calcetines negros?

   —No, prefiero _____ calcetines blancos para mi papá.

2. —¿Te gusta esta chaqueta blanca?

   —No, me gusta _____ chaqueta negra para mi hermano.

3. —¿Te gustaría comprar estas camisetas azules?

   —No, me gustan más _____ camisetas rojas para mis primos.

4. —¿Prefieres esos pantalones rosados?

   —No, me gustan _____ pantalones marrones para mi mamá.

5. —¿No te gustaría ese vestido amarillo?

   —No, pero me gustaría _____ vestido blanco para mi abuela.

6. —¿Te gusta esa camisa gris?

   —No, me gusta _____ camiseta azul para mi abuelo.

B Marcela is in a shopping mood today and wants to buy everything she sees in the department store. Underline the correct demonstrative adjective in parentheses to complete her statement. *(40 points)*

1. Me gustan _____ blusas. (esos / esas / estos)

2. Me encantan _____ calcetines azules. (esos / esas / estas)

3. Me gustaría comprar _____ suéter. (este / esta / esos)

4. Me gustan mucho _____ tenis. (ese / esas / esos)

5. Quiero comprar _____ chaqueta. (ese / estas / esa)

6. Me encanta _____ vestido. (ese / estas / esa)

7. Me gustan _____ zapatos. (este / esta / esos)

8. Y también me gusta _____ sudadera. (este / esa / ese)

The Spanish Club has planned a rummage sale to earn extra money. You and your friends are trying to sort through the many articles of clothing you have received. Replace the underlined noun with the appropriate direct object pronoun in the dialogue. *(100 points)*

1. —¿Tienes los <u>zapatos</u> negros, José?

   —No, no _____ tengo.

2. —¿Dónde está la <u>sudadera</u> amarilla?

   —Carmen _____ tiene.

3. —Necesitamos las <u>faldas</u>. ¿Dónde están?

   —Yo _____ tengo aquí.

4. —Ese <u>suéter</u> es muy bonito.

   —Sí, pero _____ compré hace un año. No me gusta porque no me queda bien.

5. —También me gustan mucho esos <u>pantalones</u>.

   —Sí, pero son muy viejos. _____ compré hace dos años.

6. —¿Quién tiene el <u>vestido</u> que me gusta?

   —María _____ tiene.

7. —¿Necesitas estos <u>tenis</u>?

   —No, no _____ necesito.

8. —Estas <u>camisetas</u> son muy feas. ¿Quién compra <u>camisetas</u> moradas?

   —Pues, a mí me gustan. Yo _____ compro. ¿Cuánto cuestan?

9. —¿Y tus <u>calcetines</u> rojos, Felipe? ¿Dónde están?

   —Aquí están. Yo _____ tengo.

10. —¿Y tu <u>blusa</u> blanca, Andrea?

    —No _____ quiero llevar. Voy a comprar otra.

CAPÍTULO 6

Prueba cumulativa

A One of your responsibilities in the clothing store where you work is to take inventory of the new merchandise as it arrives. On your inventory list, write the name of each article of clothing and how much it costs. *(24 points)*

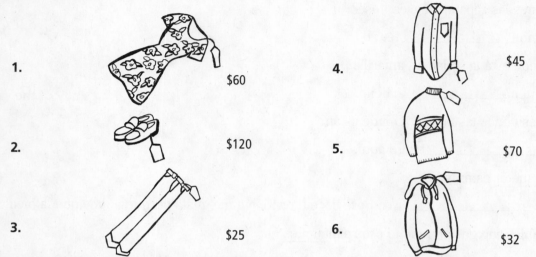

1. _____ $60

2. _____ $120

3. _____ $25

4. _____ $45

5. _____ $70

6. _____ $32

B Teodoro works part-time in a department store. The manager is pleased with his work, but wants him to address the customers in a more formal manner. Look at the pictures, then write the appropriate title he should use when addressing a customer. *(6 points)*

—Perdón, _____**1**_____ .
¿Qué desea Ud.?

—Perdón, _____**2**_____ .
¿Qué desea Ud.?

C You need some new sneakers for the basketball game this coming Saturday. Complete the conversation you have with the salesperson. Choose the words from the list to complete your answers. *(18 points)*

para mí   cuestan   me quedan bien   para ti

baratos   cómo te quedan   me queda bien   color

—Perdón, señor. Necesito comprar unos tenis.

—¿Los tenis son _____**1**_____ ?

—Sí, son _____**2**_____ .

—Aquí están. A ver... ¿ _____**3**_____ ? ¿Grandes o pequeños?

—_____**4**_____ , gracias. ¿Cuánto _____**5**_____ ?

—No son muy caros. Son _____**6**_____ .

D Ana Luisa wants to know where Julieta buys her clothes. Answer Ana Luisa's questions using the correct verb form and the direct object pronoun which replaces the article of clothing. Use the pictures to help you identify the name of the store. *(12 points)*

CAPÍTULO 6

1. ¿Dónde compras tus camisetas?

_____ en _____ .

2. ¿Dónde compras tus tenis?

_____ en _____ .

E Pablito has accompanied his mother to the supermarket today, but he doesn't like any of the groceries his mother selects. Complete Pablito's statements by using another form of the underlined demonstrative adjective. *(16 points)*

1. —Pablito, ¿te gustan <u>estas</u> uvas?

—No, mamá, me gustan _____ uvas que están allí.

2. —¿Te gusta <u>esta</u> lechuga?

—No, mamá. Me gusta más _____ otra lechuga.

3. —Pablito, ¿prefieres <u>este</u> jugo de naranja?

—No, mamá, no me gusta _____ jugo de naranja.

4. —Pablito, ¿te gustarían <u>esos</u> tomates en la ensalada?

—No, mamá, quiero _____ tomates que están aquí.

F Mariana and Marisol show up at a party wearing t-shirts that look exactly alike. The girls are surprised because they were told that the t-shirt was an exclusive design. Complete their conversation in which they discuss where they bought the t-shirts and how much they paid. Use the words in the list to complete your answers. *(24 points)*

pagué	compraste	pagaste	cara	barato
cuestan	compré	barata	cuesta	

MARIANA ¡Marisol! ¿Dónde _____1_____ tu camiseta?

MARISOL La _____2_____ en Almacenes García. La ropa allí es muy

_____3_____ , pero me gusta mucho.

MARIANA ¿De veras? Y, ¿cuánto _____4_____ tú por esa camiseta?

Yo _____5_____ sólo veinte dólares.

MARISOL ¡Sólo veinte! ¡Qué caro! En la tienda de descuentos Buenos Precios, esta camiseta

_____6_____ sólo quince dólares.

MARIANA Yo prefiero comprar en Almacenes García. La ropa allí es siempre original.

MARISOL ¿Original? ¡No me digas!

Paso a paso 1

CAPÍTULO 6

Nombre _____

Fecha _____

Hoja para respuestas
Prueba cumulativa

A (24 points)

1. _____
2. _____
3. _____
4. _____
5. _____
6. _____

B (6 points)

1. _____ 2. _____

C (18 points)

1. _____ 4. _____
2. _____ 5. _____
3. _____ 6. _____

D (12 points)

1. _____
2. _____

E (16 points)

1. _____ 3. _____
2. _____ 4. _____

F (24 points)

1. _____ 4. _____
2. _____ 5. _____
3. _____ 6. _____

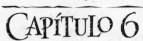
CAPÍTULO 6

I. Listening Comprehension *(20 points)*

You are spending Sunday shopping with your friends. Some of them are engaged in conversations about purchases they have made or are making right now. Listen to their dialogues, then select the letter of the best answer for each question.

II. Reading Comprehension *(20 points)*

You are on vacation in Caracas. It is Sunday and you are reading the sale advertisements in one of the local papers because you want to buy some gifts to take home to your family and friends. Read these ads, then write the letter of the advertisement which contains the best response to the statements below.

a

LINARES E HIJOS

Avenida del Sol
Para ropa buena, bonita y barata, debes comprar en la tienda de descuentos *Linares e Hijos.* Esta semana hay gangas en toda la tienda:
  - pantalones para señores, de $18 rebajados a $9
  - zapatos italianos para señoras, de $55 rebajados a $25
  - calcetines para toda la familia de $3 a $2
No aceptamos tarjetas de crédito.
Abierto de lunes a viernes de 10:00 a 8:30, y los sábados de 10:00 a 6:00

b

ALMACENES POPULARES

Paseo de la Amistad
¿Buscas algo barato para la escuela: carpetas, marcadores o reglas? ¿Pagaste mucho por tu ropa y ahora no te queda bien? ¿Quieres ese suéter perfecto para ir a una fiesta? ¿Dónde puedes comer un almuerzo que no cuesta mucho? *Almacenes Populares* tiene todo lo que necesitas. ¡No debes buscar más!
  - sudaderas por $3
  - papel, paquete de cien hojas, $1.50
  - calculadoras de $6 a $12.50
  - tenis de $15 a $25
  - un almuerzo de sopa, sandwich y limonada, sólo $2.95
  - videojuegos para los jóvenes por $8
Se aceptan tarjetas de crédito.
Abierto de lunes a viernes de 9:30 a 7:30, y los sábados de 9:00 a 6:00

Now select the letter of the advertisement which best answers these questions.

1. En esta tienda no aceptan tarjetas de crédito.

2. Puedes beber un refresco en esta tienda.

3. En esta tienda puedes comprar tenis baratos para practicar deportes.

4. Los calcetines son baratos en esta tienda.

5. Cuando buscas descuentos, debes comprar en esta tienda.

III. Writing Proficiency *(20 points)*

Write a letter to a friend in which you describe some clothes that you bought recently. Use the advertisements in the reading section to help you organize some of your ideas. Include information about:

- the appearance of each article of clothing, including its color
- where you bought the articles and how much you paid for them
- how the clothes fit you

Remember to reread the letter before you hand in the test. Are the words spelled correctly? Check the endings of your verbs. Do the descriptive words agree with the nouns they are describing? Make changes if necessary.

IV. Cultural Knowledge *(20 points)*

Answer in English based on what you learned in the *Perspectiva cultural*.

Where might you shop for clothes for a special occasion in a Spanish-speaking country?

V. Speaking Proficiency *(20 points)*

Your teacher may ask you to speak on one of these topics.

A. Describe the clothes in your closet and tell me when you typically wear each item. I would like to know:

- the color, fit, and price of each item of clothing
- in which seasons you wear the clothes
- for which activities you wear them

B. I am a salesperson in a department store. You want to buy some clothes for yourself and for someone else as a gift. Tell me what you want to buy for yourself and which items you want for someone else. Ask me questions about the different articles of clothing you wish to buy.

I. Listening Comprehension *(20 points)*

DIÁLOGO 1

1. Marta compra una

    a. chaqueta verde.   **b.** blusa y un suéter.   **c.** chaqueta negra.

2. La chaqueta negra

    a. es muy grande.   **b.** es muy pequeña.   **c.** no es muy cara.

3. La chaqueta verde es

    a. más bonita.   **b.** más grande.   **c.** más barata.

DIÁLOGO 2

4. La tienda de ropa no tiene

    a. faldas de color amarillo.   **b.** zapatos.   **c.** pantalones.

5. Todo cuesta treinta y cinco:

    a. los zapatos.   **b.** los pantalones azules.   **c.** los pantalones y la falda.

II. Reading Comprehension *(20 points)*

1. ____   **3.** ____   **5.** ____

2. ____   **4.** ____

III. Writing Proficiency *(20 points)*

Hola, _____ :

_____

_____

_____

_____

_____

         Saludos,

         _____

Paso a paso 1

Nombre _____

CAPÍTULO 6

Fecha _____

Hoja para respuestas 2
Examen de habilidades

IV. Cultural Knowledge *(20 points)*

_____

_____

_____

_____

_____

_____

V. Speaking Proficiency *(20 points)*

A There are so many places to go on vacation! How will you ever decide? You and your family are glancing through some brochures from a travel agency. Write the number of each descriptive statement from the brochures below the appropriate picture. *(25 points)*

___   ___   ___   ___   ___

1. ¡Qué genial! Descansar y tomar el sol en una bonita playa.
2. En México puedes ¡subir pirámides!
3. ¿Es Ud. atrevido? ¿Por qué no explora la selva tropical en Costa Rica?
4. ¿Quisiera bucear en el mar? ¡Pues, a Puerto Rico de vacaciones!
5. ¿Quisiera esquiar en julio? ¡Lo puede hacer en las montañas de Chile!

B Now it's up to you to discuss the brochures with a travel agent. Underline the missing words in your conversation with the travel agent. *(75 points)*

—(Cuando / Quisiera) visitar un (país / pasado) nuevo para mí.

—Puedes ir a México. Teotihuacán es muy bonito. Allí puedes (subir / terminar) pirámides.

—Pero quiero (tener / descansar).

—¿Por qué no vas a la playa? Puedes (visitar / tomar el sol) y nadar.

—La playa no me gusta nada.

—¿Te gustaría (explorar la selva / los recuerdos)?

—Tampoco soy atrevido.

—Puedes ir a las (mar / montañas) para (bucear / esquiar).

—Pero no puedo esquiar.

—¿Por qué no vas a Bolivia? Allí puedes visitar el (lugar / lago) Titicaca y (pasado / pasear en bote).

—Los botes no me gustan.

—¡Vaya! Pues... ¿Quieres (fuiste / visitar) España? Allí puedes ver (años / catedrales), museos...

—No me gustan ni los museos ni las catedrales.

—Pues, ¿qué te gusta hacer (ciudad / cuando) vas de (ruinas / vacaciones)?

—Soy muy (deportista / perezoso); me gusta comer y dormir.

A Your older brother Paco is also thinking of the places he would like to visit this summer. Look at the pictures, then write down where he wants to go and what he would like to do there. *(60 points)*

 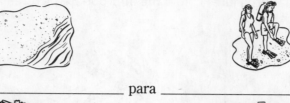

1. Me gustaría ir al _____ para _____ .

2. Me gustaría ir a _____ para _____ .

3. Me gustaría ver _____ para _____ .

4. Me gustaría ir a _____ para _____ .

5. Me gustaría ir a _____ para _____ .

Your cousins, Mateo and Sara, are talking about last year's vacation and what they are planning to do for this year's vacation. Underline the words which best answer each question in their conversation. *(40 points)*

1. —¿Adónde fuiste las vacaciones pasadas?
—(Fui / fuiste) a las montañas.

B

2. —¿Cuándo fuiste al mar?
—(El año pasado / En una semana).

3. —¿Adónde vas este verano?
—Quisiera visitar un (ninguna parte / lugar de interés).

4. —¿Dónde está ese lugar?
—En (la ciudad / el país) de Barcelona.

A You are advising Carlos, an exchange student, about what to wear during the school year where you live. Use the pictures to help you fill in your answer with the letter of the correct word or words. *(80 points)*

1. Necesitas un _____ en el verano. Siempre _____ .
   a. bufanda   **b.** traje de baño   **c.** hace viento   **d.** hace sol

2. Necesitas un _____ en la primavera. Siempre _____ .
   a. paraguas   **b.** anteojos de sol   **c.** hace calor   **d.** llueve

3. Necesitas un _____ en el otoño. Siempre _____ .
   a. bronceador   **b.** abrigo   **c.** hace fresco   **d.** hace calor

4. Necesitas _____ en el invierno. Siempre _____ .
   a. impermeable   **b.** guantes   **c.** hace buen tiempo   **d.** nieva

B Now tell Carlos some of the items you wear when going out in your city, depending on the weather. Write the number of the corresponding statement below the appropriate word. *(20 points)*

paraguas   botas   guantes   traje de baño

_____   _____   _____   _____

1. Cuando hace calor, llevo . . .
2. Cuando llueve, llevo . . .
3. Cuando nieva, llevo . . .
4. A veces también llevo . . . cuando hace mucho frío.

A You have been invited to spend a long holiday weekend with some friends, but you don't know what the weather is like where you are going. For that reason you've made a list of the clothing you would need for different weather conditions. Identify the articles of clothing and the weather shown in the pictures. *(30 points)*

1. Necesito _____ cuando _____ .

2. Necesito _____ cuando _____ .

3. Necesito _____ cuando _____ .

B Maribel is talking to her friend Gladys on the telephone, but the connection is not very good and we can only hear a part of the conversation. Select and write the words from the list to complete their conversation. *(70 points)*

regresar	vacaciones	bronceador	maleta
qué tiempo hace	salir	pienso	hace sol

MARIBEL   Sí, voy a Puerto Rico de _____ .

GLADYS   ¿De veras? ¿Cuándo vas a _____ para Puerto Rico?

MARIBEL   El trece, y voy a regresar el día veinte. _____ bucear y visitar todos los lugares de interés.

GLADYS   ¿Qué ropa vas a llevar en la _____ ? ¿Suéteres? ¿Sudaderas con jeans?

MARIBEL   Pues, no. Allí hay muchas playas. Voy a necesitar pantalones cortos y camisetas.

GLADYS   ¿_____ en Puerto Rico?

MARIBEL   ¡_____ todo el año!

GLADYS   ¡Fantástico! No olvides llevar el _____ .

A Some of your friends are unable to do certain activities during this vacation for various reasons, including the weather. Write the correct form of the verb *poder* to complete each statement. (25 points)

1. Yo no _____ ir al campo este fin de semana. Debo estudiar.

2. Mis amigos y yo no _____ nadar en la piscina. Hace mucho frío.

3. Lorenzo no _____ esquiar. No nieva.

4. Pablo y Marta no _____ ir a la playa el domingo. Hace mal tiempo.

5. Y tú, Víctor, no _____ salir de casa. Nieva mucho.

B Enrique and Eugenio want others to accompany them on their trip to the mountains. Finish their conversation by writing the correct form of the verb *poder* in both the question and the answer. (75 points)

1. —Mariana, ¿qué _____ hacer Eugenio y yo en las montañas?

   —_____ bucear en el lago.

2. —Eugenio, ¿ _____ bucear?

   —No, no _____ bucear muy bien, pero me gustaría aprender.

3. —Rafael, ¿tú y Pepe _____ ir con nosotros a las montañas?

   —No, no _____ . Yo voy a visitar a mi tía y Pepe va a ayudar en casa.

4. —Enrique, ¿tus hermanos _____ ir con nosotros?

   —Mi hermano Chuy no _____ ir y mi hermano Ángel está con mis abuelos.

5. —Eugenio, ¿quién _____ ir con nosotros?

   —Nadie _____ ; creo que sólo tú y yo vamos a ir a las montañas.

Marga and a friend are talking about the things they will need to take with them when they go to the beach this weekend. Complete each statement by choosing and then filling in the blank with the correct combination of *para* + *infinitivo*. *(100 points)*

1. —¿Qué necesitamos _____ a la playa?

   (para salir / para ir)

2. —Necesitamos el bronceador _____ el sol.

   (para tomar / para bucear)

3. —Yo quiero llevar la cámara _____ fotografías.

   (para practicar / para sacar)

4. —Y tú debes llevar un libro _____ .

   (para escuchar / para leer)

5. —¿Llevas una grabadora _____ música?

   (para hablar / para escuchar)

6. —Sí, también llevo el traje de baño _____ en el mar.

   (para comer / para nadar)

7. —Marga, ¿qué quieres llevar _____ ?

   (para comer / para esquiar)

8. —Quiero frutas _____ una ensalada de fruta.

   (para beber / para hacer)

9. —¡Qué sabrosa! También debemos llevar refrescos fríos _____ .

   (para comer / para beber)

10. —Necesitamos dinero _____ todas esas cosas.

    (para llevar / para comprar)

A What does the weather make you and your friends feel like doing? Finish the following sentences with the correct forms of the verb *querer*. (50 points)

—Hoy va a hacer calor. ¿Qué _____ hacer Uds.?

—Pues, Pablo y yo _____ ir a nadar.

—Juan y Cecilia _____ tomar el sol.

—Marta _____ ir a bucear.

—Roberto _____ pasear en bote.

—Yo _____ descansar.

—Y tú, ¿qué _____ hacer?

—Pues, _____ jugar béisbol. ¿Quién _____ jugar conmigo?

—Cuando hace calor, ¡nadie _____ hacer nada!

B Marisa is complaining to her sister Sara because Sara never wants to do anything with the family. Complete Marisa's statements with the correct forms of the verb *querer*. (50 points)

MARISA   Tú nunca _____ hacer nada conmigo. "Estoy

cansada, _____ descansar", dices siempre. Mamá

_____ jugar tenis contigo, pero tú nunca puedes. Tomás

y Gabi _____ jugar videojuegos, pero tú siempre estás ocupada.

Todos nosotros _____ hacer algo contigo, pero tú siempre

estás ocupada o cansada.

SARA   ¿Y vosotros qué queréis? Soy una muchacha muy sociable y tengo muchos amigos.

MARISA   ¡No me digas! Pues, también tienes una familia.

Vicente's little brother has said that he wants to stay home and watch television rather than go with the family on vacation. Now that he sees Vicente packing, he's curious about what he might be missing. Complete the boys' conversation with the correct forms of the verb *pensar*. *(100 points)*

1. —Vicente, ¿qué _____ hacer ustedes en la playa?

2. —Pues, _____ nadar, bucear y jugar vóleibol.

3. —¿Qué _____ hacer mamá y papá en la ciudad?

4. —Ellos van a pasear, ir de compras y, por la noche, todos _____ comer una cena sabrosa.

5. —Y, ¿qué _____ hacer tú en las montañas?

6. —_____ esquiar o visitar lugares de interés.

7. —¿Qué _____ hacer papá y tú en el lago?

8. —_____ ir de pesca y descansar.

9. —Vicente, yo _____ que no quiero ver la televisión estas vacaciones.

10. —¿De veras? ¿ _____ ir con nosotros? ¡Genial! Pero necesitas hacer la maleta.

Lleva el traje de baño, jeans, calcetines, camisetas y también pantalones cortos y unos tenis.

Vamos a salir en una hora.

A You are helping your best friend Tania pack for a trip to Florida. Discuss what she's going to do and what she should pack. Read the conversation. Decide whether or not the personal *a* is needed. If it is, write *a* on the line. If not, leave the line blank. *(50 points)*

YOU ¿_____ quién vas a visitar?

TANIA _____ mis primas gemelas.

YOU ¿Vas a llevar _____ mucha ropa?

TANIA No, sólo voy a llevar _____ una maleta pequeña.

YOU ¿Vas a ver _____ tu amigo Alejandro?

TANIA Sí, y también _____ Marta.

YOU ¡Qué bueno! A ver, ¿vas a llevar _____ este traje de baño?

TANIA Sí, también necesito llevar _____ bronceador.

YOU ¿Vas a llevar _____ tu hermana pequeña?

TANIA Sí, ¡pero no voy a llevar _____ su perro!

B Celia and her family can't decide what to do for the weekend. Each one has a different plan. Use the pictures to complete their statements. Remember to include the personal *a* when it's needed. *(50 points)*

1. —Yo quiero _____ en la playa.

2. —Yo quiero visitar _____ .   Juan

3. —Quisiera explorar _____ con mis amigos.

4. —Yo quiero buscar _____ .

5. —Yo quiero visitar _____ .   mis primos

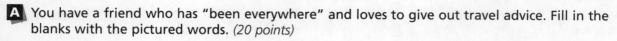

A You have a friend who has "been everywhere" and loves to give out travel advice. Fill in the blanks with the pictured words. *(20 points)*

1. —¿Vas de vacaciones a las
   _____ ?

3. —¿Vas al _____
   Caribe?

2. —Debes llevar _____ .

4. —Debes llevar un _____ .

B Marcos and Julio are talking about their vacation plans. Choose and write on the blank line the appropriate words from the list to complete their conversation. *(24 points)*

| ninguna parte | lugares de interés | hace calor | pienso |
| qué tiempo hace | llueve | piensas | país |

—¿Qué _____1_____ hacer en las vacaciones, Nico?

—_____2_____ ir a las montañas con mi familia. ¿Y tú, Julio?

—No voy a _____3_____ este mes, pero después me gustaría visitar México. Es un

_____4_____ muy bonito y hay muchos _____5_____ .

—¿_____6_____ allí en el verano?

—Pues, _____7_____ mucho en mayo y junio, pero en el verano _____8_____ .

C Imagine that you and your friends just won the lottery. What can you all do now? Finish the sentences describing the things you could do. Use the correct form of the verb *poder*. *(15 points)*

1. Roberto _____ esquiar en las montañas.

2. Yo _____ sacar fotografías en México.

3. Susana y Elena _____ explorar selvas tropicales.

4. Tú _____ pasear en bote y bucear.

5. José Antonio y yo _____ subir las pirámides de Teotihuacán.

CAPÍTULO 7

D There are certain things one of your friends needs to buy before going on a trip. Complete the sentences, using *para + infinitivo* to describe the action pictured. *(16 points)*

1. Necesitas bronceador _____ .

3. Necesitas una cámara _____ .

2. Necesitas un traje de baño

4. No necesitas tu pasaporte

_____ .

_____ .

E You want to organize a group to go to the beach, but everyone has other plans. Finish the sentences with the correct forms of the verbs *querer* and *pensar*. *(20 points)*

1. —Yo (querer) _____ ir a la playa...

2. —Roberto y Susana, ¿Uds. (querer) _____ ir?

3. —No, (pensar) _____ ir de compras.

4. —¿Francisco (querer) _____ ir también?

5. —No, él (pensar) _____ ayudar en casa.

6. —¿No (querer) _____ ir Ana y Blanca?

7. —No, ellas (pensar) _____ jugar tenis.

8. —Alicia, ¿(querer) _____ ir con nosotros.

9. —No, (pensar) _____ estudiar todo el día.

10. —Bueno, Rosa, creo que sólo tú y yo (querer) _____ ir... ¡Pues, a la playa!

F Your mother is going on a trip to Spain. You're asking questions about who and what she's going to visit. Read the conversation. Write in the personal *a* where needed. *(5 points)*

1. —Mamá, ¿ _____ quién vas a ver en España?

2. —Pues, voy a ver _____ mi hermano Raúl.

3. —¿Vas a visitar _____ los abuelos?

4. —Claro que sí. También voy a ver _____ la tía Antonia.

5. —¿Vas a visitar _____ museos también?

Nombre

Fecha

A *(20 points)*

1. _____
2. _____
3. _____
4. _____

B *(24 points)*

1. _____
2. _____
3. _____
4. _____
5. _____
6. _____
7. _____
8. _____

C *(15 points)*

1. _____
2. _____
3. _____
4. _____
5. _____

D *(16 points)*

1. _____
2. _____
3. _____
4. _____

E *(20 points)*

1. _____
2. _____
3. _____
4. _____
5. _____
6. _____
7. _____
8. _____
9. _____
10. _____

F *(5 points)*

1. _____
2. _____
3. _____
4. _____
5. _____

CAPÍTULO 7

I. Listening Comprehension *(20 points)*

Armando is waiting for the departure of his plane. While sitting at the terminal, he overhears several conversations. Listen to what he hears, then select the best answer to each question.

II. Reading Comprehension *(20 points)*

Viagencia, a travel agency, has placed some enticing advertisements in the newspaper. Read each one, then select the letter which best corresponds to the statements below.

a

LAS CATARATAS BLANCAS

¿Compraste un traje de baño y te queda muy bien, pero no tienes piscina y en tu ciudad no hay playas? Pues, *Viagencia* tiene algo para ti: unas vacaciones en las Cataratas Blancas. Puedes tomar el sol, nadar o bucear en el mar. ¿Piensas descansar? En las Cataratas Blancas puedes pasear en bote en el lago. ¿Te gusta bailar por la noche? Hay discotecas para jóvenes o para mayores. Sólo necesitas tu pasaporte, el bronceador y los anteojos de sol. Ah, sí ¡y el traje de baño también!

b

MAMPÚ

¿Eres callado, serio y prefieres escuchar la música natural de una selva tropical? ¿Te gustaría estudiar las ruinas o subir las pirámides de tiempos pasados? Pues, debes visitar *Viagencia*. Con nosotros puedes visitar la selva de Mampú en un país tropical. No podemos ir los meses de verano ni en el otoño. Necesitas ir a *Viagencia* mañana y comprar tu boleto muy barato, con un descuento de cien dólares.

Now select the letter which best corresponds to each statement.

1. If you want a discount for this vacation spot, go to *Viagencia* soon.

2. It is not possible to have a vacation here during the summer or autumn months.

3. *Viagencia* recommends this vacation spot for people who like water sports.

4. People who like to sunbathe should go here.

5. According to *Viagencia,* you need a passport for this vacation spot.

6. This vacation spot is for people who prefer to study older civilizations.

7. If you would like to spend a day rowing in a lake, *Viagencia* suggests this place.

8. If you like to go skin diving, *Viagencia* thinks you would like this vacation spot.

9. If you are a quiet, serious type of person and prefer nature-related vacations, this one is for you.

10. If you like ancient ruins and pyramids, go here.

CAPÍTULO 7

III. Writing Proficiency *(20 points)*

Write a postcard to a friend telling him or her about your vacation to your favorite place. Use the advertisements in the reading section to help you organize your ideas. Include information such as:

- a description of the weather
- the activities you can do in this vacation spot
- what clothes you have taken with you

Remember to reread the postcard before you hand in the test. Are the words spelled correctly? Check the endings of the verbs. Make changes if necessary.

IV. Cultural Knowledge *(20 points)*

Answer in English based on what you learned in the *Perspectiva cultural*.

How does the geography of Chile affect *when* people go on vacation there and *what* they do?

V. Speaking Proficiency *(20 points)*

Your teacher may ask you to speak on one of the following topics.

A. Describe some vacation spots you would like to visit. I would like to know:

- what activities you can do there
- what clothes you would need to take with you
- the weather conditions in each place

Now you may ask me some questions about my vacation choices.

B. Imagine that you are a famous explorer who went to several places around the world last year. I am a reporter and want to know where you went and why you decided to go there.

Paso a paso 1

Nombre _____

CAPÍTULO 7

Fecha _____

Hoja para respuestas 1
Examen de habilidades

I. Listening Comprehension *(20 points)*

DIÁLOGO 1

1. Esta persona busca
    a. los guantes.   **b.** el pasaporte.   **c.** la bufanda.

2. En sus vacaciones, esta persona va a poder
    a. bucear.   **b.** sacar fotos.   **c.** buscar pasaportes.

DIÁLOGO 2

3. Esta persona debe regresar a la escuela
    a. en el otoño.   **b.** en la primavera.   **c.** en el invierno.

4. En esta ciudad en la primavera generalmente
    a. hace buen tiempo.   **b.** hace frío.   **c.** hace calor.

5. En el verano todos van
    a. a esquiar en las montañas.   **b.** al campo para tomar el sol.   **c.** a la escuela.

II. Reading Comprehension *(20 points)*

1. ___   **5.** ___   **9.** ___

2. ___   **6.** ___   **10.** ___

3. ___   **7.** ___

4. ___   **8.** ___

III. Writing Proficiency *(20 points)*

Hola, _____ :

_____

_____

_____

_____

_____

_____

_____

Saludos,

_____

Paso a paso 1

Nombre _____

CAPÍTULO 7

Fecha _____

Hoja para respuestas 2
Examen de habilidades

IV. Cultural Knowledge *(20 points)*

_____

_____

_____

_____

_____

_____

V. Speaking Proficiency *(20 points)*

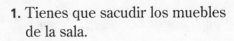
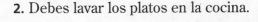

A You have a weekend house-cleaning job. A new client has given you instructions about what you need to do in the different rooms of the house. Match the chores with the rooms in the pictures. Write the number of the corresponding chore to the left of the appropriate picture. *(70 points)*

1. Tienes que sacudir los muebles de la sala.

2. Debes lavar los platos en la cocina.

3. ¿Puedes lavar la ropa en el lavadero?

4. Necesitas limpiar el baño.

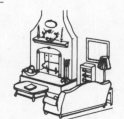

5. También tienes que arreglar los dormitorios y hacer las camas.

6. Necesitas pasar la aspiradora en el comedor.

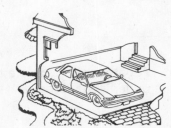

7. Y también tienes que sacar la basura del garaje.

B Bertín wants an increase in his monthly allowance so that he can take his girlfriend to the spring prom. His parents have agreed to give him the extra money, but Bertín must help with some chores first. Identify the chore in the picture, then underline the matching statement. *(30 points)*

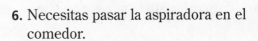

1. Debes (arreglar el cuarto / cortar el césped).

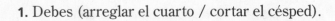

2. Debes (quitar la mesa / poner la mesa).

3. Debes (hacer la cama / pasar la aspiradora).

A You and your family are getting ready for a big party in your house, so your mother is assigning each one of you a particular chore. Identify the chore and the room in which you will be working as you prepare your house for the party. *(50 points)*

1. —Rafa, tienes que _____ en tu _____ .

2. —Andrea, tú vas a _____ en _____ .

3. —Maricruz, debes _____ que está en _____ .

4. —Diego, tú vas a _____ en _____ .

5. —Y tú, Elisa, tienes que _____ en _____ .

B Your older sister Araceli wants to know all about her friend Irma's new apartment. Complete their conversation by selecting the correct words from the list. Refer to the underlined words in the questions to help you make the appropriate choice. *(50 points)*

vivo	tengo que	lejos	hago	primer
bastante	más	coche	cerca	edificio

1. —¿Dónde vives ahora, Irma?

—Yo _____ en un

apartamento.

2. —¿Está cerca de mi casa?

—No, está _____ .

3. —¿Qué haces el sábado?

—Yo _____ mis quehaceres.

4. —¿Tienes que cortar el césped?

—No, no _____ cortar el

césped. No hay césped.

5. —¿Tu apartamento está en el

segundo piso?

—No, está en el _____ piso.

A Silvia wants to be an interior designer when she's older, but for now she enjoys rearranging the furniture in her bedroom. Complete the statements below by writing in each blank the appropriate letter of the words that describe each picture. *(50 points)*

1. Me gustaría poner _____ cerca de _____ .
   a. la silla   **b.** la cama   **c.** la ventana   **d.** la puerta

2. Creo que prefiero _____ cerca de _____ .
   a. el cartel   **b.** el espejo   **c.** el guardarropa   **d.** la cómoda

3. Voy a poner _____ cerca del _____ .
   a. el escritorio   **b.** el cuadro   **c.** espejo   **d.** cartel

4. No me gusta _____ cerca del _____ .
   a. la cómoda   **b.** el sillón   **c.** guardarropa   **d.** la cómoda

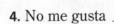 

5. ¡Me encanta _____ cerca del _____ !
   a. la lámpara   **b.** la silla   **c.** equipo de sonido   **d.** cuadro

B Lupe has invited her girlfriend Camila to spend the weekend, but Lupe is worried about how the house looks. Finish Lupe's thoughts by underlining the correct words. *(50 points)*

1. ¡Qué horrible! El refrigerador está (sucio / limpio). Lo tengo que limpiar.

2. Creo que estos sillones son muy (cuadrados / antiguos).

3. ¡Qué asco! Nuestra estufa no está (sucia / limpia).

4. También necesito (poner / pongo) la ropa en la lavadora.

5. ¡Ay! Quisiera un sofá (incómodo / cómodo) para Camila.

A Mariano works part-time for a moving company. The new owners of a house are telling Mariano where to place the furniture as they move in. Use the pictures to help you complete the statements by writing the missing word in the blank space. *(60 points)*

1. Quisiera _____ cerca de _____ en la cocina.

2. _____ debe estar en la sala y _____

debe estar en el comedor.

3. Vamos a poner _____ cerca del _____ .

4. Prefiero _____ lejos de _____ .

5. No me gusta _____ cerca de _____ .

6. Voy a poner _____ cerca del _____ .

B Dora and Olivia are preparing to clean an apartment as part of the part-time job they have with a cleaning service. Underline the appropriate words from among those in parentheses to complete their conversation. *(40 points)*

1. —Aquí están (las cosas / las sillas) que necesito para limpiar el baño.

2. —Dora, ¿dónde vamos a (arreglar / poner) la basura? ¿En el garaje o en el sótano?

3. —Olivia, tú (no me digas / tienes razón). Este apartamento no está muy limpio.

4. —Sí, los cuartos están bastante (sucios / limpios). ¡Vamos a estar aquí todo el día!

A It's your first day at your new job in a clothing store. You're being trained because you don't know where to place the new merchandise. Complete your conversation with the manager by using the correct forms of the verb *poner*. *(60 points)*

1. —¿Y los pantalones azules? ¿Dónde los _____ yo?

   —Tú los _____ aquí, con las camisas blancas.

2. —¿Y esas sudaderas verdes? ¿Dónde las _____ ustedes?

   —Las _____ allí con los jeans verdes.

3. —¿Y los calcetines negros? ¿Dónde los debo _____ ?

   —El señor Salas los _____ con los tenis, pero yo los prefiero con los zapatos.

B Rogelio's dad, Florencio, is trying to get everyone in the family to do the weekend chores, but each one is occupied doing something else. Complete their conversation by using the correct forms of the verb *hacer*. *(40 points)*

1. —Rogelio, debes sacar la basura. ¿Qué haces ahora?

   —Lo siento, papá, pero ahora _____ la tarea de biología.

2. —Sofía, tienes que arreglar los cuartos del segundo piso.

   —Ahora no puedo, papá. Victoria y yo _____ limonada para la fiesta de mañana.

3. —Paquita, las niñas deben pasar la aspiradora en la sala de estar.

   —¡Ay, Florencio, después! Ellas _____ otro quehacer ahora.

4. —¿Dónde está Virgilio? Él tiene que sacudir los muebles.

   —Está en el garaje, papá. Él _____ una casa de madera para su perro.

5. —¡Florencio! Tengo hambre. ¿Cuándo vamos a comer?

   —Lo siento, Paquita. ¡Tú _____ el almuerzo! Yo voy de compras.

You and your friends have just been assigned to the homes where you will live in Madrid as exchange students this summer. Since you are all good friends, you're hoping that you will live close to one another. Complete your conversation using the correct forms of the verb *vivir*. (100 points)

1. —Claudio, ¿dónde _____ tú? ¿Cerca o lejos del centro comercial Galerías?

   —Yo _____ muy cerca de ese centro comercial.

2. —Gabriela, ¿dónde _____ ustedes?

   —Felipa y yo _____ lejos del centro comercial, pero cerca del parque del Retiro.

3. —Marcia, ¿dónde _____ Simón?

   —Él _____ cerca de la catedral.

4. —Lucho, tus primos _____ en Madrid, ¿verdad?

   —Sí, pero uno _____ lejos del centro de la ciudad y el otro cerca.

5. —Domingo y Jacinto, ¿dónde _____ su profesor de guitarra?

   —Él y sus padres _____ allí, en un apartamento en el cuarto piso.

Isidro and his brothers and sisters are anxious to get to the beach before the day ends, but they must finish the household chores before they go. Isidro thinks that if each one does the chore that he or she prefers to do, they might finish earlier than usual and have plenty of time left for the beach. Finish their conversation using the correct forms of the verb *preferir*. *(100 points)*

1. —Fausto y Ángel, ¿qué _____ hacer ustedes?

   —Nosotros _____ lavar el coche.

2. —Y tú, Lourdes, ¿qué _____ hacer?

   —Yo _____ pasar la aspiradora y sacudir los muebles.

3. —Armando, ¿qué _____ hacer Nicolás y Eugenio?

   —Ellos _____ cortar el césped.

4. —Rosana, ¿qué _____ hacer tú y nuestra hermana Gracia?

   —Nosotras _____ hacer el desayuno para mamá y papá.

5. —Luz, ¿qué piensas que yo _____ hacer?

   —Pues, Isidro, yo pienso que tú _____ descansar, porque ¡tus hermanos hacen todos los quehaceres!

A In your computer graphics class you and your friends are presenting the houses and furnishings you have designed to complete a class assignment. Select the correct form of the possessive adjective from the list to finish each statement. *(60 points)*

su　　　　sus　　　　nuestro　　　　nuestra　　　　nuestros　　　　nuestras

1. —Mi casa es moderna. Todos mis parientes viven en casas viejas. _____ casas son viejas, pero bonitas.

2. —A mí me gustan las casas y los muebles antiguos. Mi tía, que vive en Florida, tiene una casa colonial. _____ casa es antigua.

3. —En esta casa yo pongo muebles de cuero porque me gustan mucho. En la casa de mi familia _____ muebles no son de cuero.

4. —Aquí está mi casa y la de Marcial. _____ casa es bastante moderna con muebles de metal.

5. —Liliana y yo necesitamos una casa de tres pisos. En _____ primer piso hay muebles de madera.

6. —Juana y yo preferimos hacer dos casas de sólo un piso. En _____ casas hay diez cuartos y un sótano.

B Lalito is an inquisitive child who is always asking his baby sitter, Rita, personal questions. Complete her answers with the correct form of the possessive adjective. *(40 points)*

1. —¿Cómo es la casa de ustedes?

　—_____ casa es de madera.

2. —¿Cómo es la casa de tus abuelos?

　—_____ casa es antigua y tiene cuatro pisos.

3. —¿Cómo son los muebles de ustedes?

　—_____ muebles no son modernos, pero son cómodos.

4. —¿Cómo es el perro de ustedes?

　—_____ perro es grande y bonito.

Capítulo 8

A Horacio and Paulina have elderly grandparents who often need help around the house. The two grandchildren have offered to help them this weekend. Write the chore to be done and the room of the house where Horacio and Paulina will work. *(24 points)*

1. Tienen que _____ que está en _____ .

2. Deben _____ en _____ .

3. Después, tienen que _____ en _____ .

4. Por la tarde deben _____ que está en _____ .

B Your Spanish teacher has made arrangements for your class to contact students in Mexico. Some of the students have phoned one another because they want to get to know each other. Complete their conversations using the correct form of the verb *vivir*. *(12 points)*

1. —¿Dónde _____ tú, en la ciudad de México?

   —Sí, yo _____ en esa ciudad.

2. —¿Dónde _____ ustedes, en una casa o en un apartamento?

   —Nosotros _____ en un apartamento.

3. —Y tus abuelos, ¿ellos _____ con ustedes?

   —Sólo tengo un abuelo. Él _____ en el campo.

C It's Carmencita's birthday, so Gloria bought some miniature furniture for her younger sister's doll house. Carmencita has asked Gloria to help her arrange the furniture in the doll house. Complete each statement by identifying the items in the pictures. *(20 points)*

1. Quiero poner _____ cerca del _____ .

2. Me gustaría ese _____ cerca de _____ .

3. ¿Te gusta _____ cerca de _____ ?

CAPÍTULO 8

4. Voy a poner _____ cerca de _____ .

D Susana's father is reminding the family of the chores they have all promised to do because everyone is doing something else. Complete the family's conversation using the correct form of *tener que* or *hacer. (16 points)*

—Esperanza, ¿qué _____1_____ ? (hacer)

—Yo _____2_____ la tarea para la clase de química. (hacer)

—Bueno, Esperanza, pero después _____3_____ limpiar el baño. (tener que)

—Teo y Saúl, ¿qué _____4_____ ustedes? (hacer)

—Nosotros _____5_____ las camas. (hacer)

—Sí, pero ustedes _____6_____ quitar la mesa también. (tener que)

—Pero papá, yo _____7_____ practicar fútbol con mis amigos. (tener que)

—¡Creo que no! Tú y yo _____8_____ lavar el coche por la tarde. (tener que)

E Justino and Carola are playing a card game called "Opposites." The object of the game is to match cards showing an opposite characteristic. The player with the most pairs wins. Use the underlined word in the first statement to help you complete the answers. *(20 points)*

1. No necesito una silla <u>cómoda</u>, pero sí necesito una silla _____ .

2. No necesito una mesa <u>redonda</u>, pero sí necesito una mesa _____ .

3. No necesito unos platos <u>sucios</u>, pero sí necesito unos platos _____ .

4. No necesito un coche <u>moderno</u>, pero sí necesito un coche _____ .

F Marga can't always find things because she is sometimes absent-minded. Select the word from the list that best completes her conversation with her sister, Rebeca. *(8 points)*

tengo razón	nuestro	mi	su
tienes razón	nuestra	sus	tu

MARGA   Rebeca, ¿dónde está mi mochila azul?

REBECA   _____1_____ mochila está en el guardarropa.

MARGA   ¡Ah! _____2_____ , Rebeca. ¡Aquí está!

              Rebeca, ¿dónde está la grabadora de nosotras?

REBECA   _____3_____ grabadora está con el equipo de sonido.

MARGA   Rebeca, ¿dónde están los videojuegos de Hernán?

REBECA   _____4_____ videojuegos están con la videocasetera.

Paso a paso 1

Nombre _____

CAPÍTULO 8

Fecha _____

Hoja para respuestas
Prueba cumulativa

A *(24 points)*

1. _____
2. _____
3. _____
4. _____

B *(12 points)*

1. _____
2. _____
3. _____

C *(20 points)*

1. _____
2. _____
3. _____
4. _____

D *(16 points)*

1. _____ 5. _____
2. _____ 6. _____
3. _____ 7. _____
4. _____ 8. _____

E *(20 points)*

1. _____ 3. _____
2. _____ 4. _____

F *(8 points)*

1. _____ 3. _____
2. _____ 4. _____

Capítulo 8

I. Listening Comprehension *(20 points)*

Some of your friends are complaining because they can't go on the weekend trips they had planned until their weekly chores are finished. Look at the pictures, then circle *Sí* if it matches the chore being described and *No* if it doesn't.

II. Reading Comprehension *(20 points)*

The Blancos are going to spend Sunday with a real estate agent because they want to buy a new house. The agent has sent them pictures and descriptions of different places for sale. Read them carefully.

a

> Señores Blanco, esta casa es cara, pero es fantástica. Es antigua y tiene muebles antiguos también. La casa tiene muchas ventanas. Tiene también un sótano muy grande con un lavadero.

b

> Aquí tienen una casa moderna. Es de madera, de un solo piso y tiene ocho cuartos. Hay dos baños y tres dormitorios. También tiene un garaje para dos coches. En la cocina, el refrigerador y la estufa son nuevos.

c

> Este apartamento es muy bonito. Tiene dos dormitorios y un baño grande, y también muchos guardarropas. Está en el segundo piso. No hay patio, pero no lo necesitan. Hay un parque con un lago muy cerca de aquí y un centro comercial.

Now select the letter of the description that best matches each statement.

1. Tiene refrigerador y estufa nuevos.

2. Hay muchas ventanas.

3. Esta casa es moderna y de madera.

4. Hay un lago cerca.

5. Hay muchos guardarropas.

6. Esta casa la venden con muebles antiguos.

7. Hay tres dormitorios y dos baños.

8. Esta casa tiene garaje.

9. Está cerca de un centro comercial.

10. Esta casa cuesta mucho dinero.

CAPÍTULO 8

III. Writing Proficiency *(20 points)*

Write a letter to a friend in which you describe your dream house. Use the descriptions from the reading section to help you organize some of your ideas. Include:

- the names of the different rooms in your house

- the furniture or household items you have in each room

- a description of the furniture

- where your dream house is located

Remember to proofread the letter before you hand in the test. Are the words spelled correctly? Check the endings of your verbs. Do the descriptive words agree with the noun they are describing? Make changes if necessary.

IV. Cultural Knowledge *(20 points)*

Answer in English based on what you learned in the *Perspectiva cultural.*

Explain the difference between a *patio* in Sevilla, in Madrid, and in the United States.

V. Speaking Proficiency *(20 points)*

Your teacher may ask you to speak on one of the following topics.

A. I am your classmate. Tell me all about the chores and responsibilities you have at home. I would like to know:

- which chores you have to do and when

- in which rooms of the house you do the chores

- why some of these chores are necessary

- which chores you prefer to do over others

B. Describe your house and furniture to me. Name the rooms and tell me where the different pieces of furniture are located. Ask me some questions about my house.

Paso a paso 1

Nombre _____

CAPÍTULO 8

Fecha _____

Hoja para respuestas 1
Examen de habilidades

I. Listening Comprehension *(20 points)*

1.   Sí   No

     Sí   No

     Sí   No

     Sí   No

2.   Sí   No

     Sí   No

     Sí   No

    Sí   No

II. Reading Comprehension *(20 points)*

1. ____   6. ____
2. ____   7. ____
3. ____   8. ____
4. ____   9. ____
5. ____   10. ____

Paso a paso 1

CAPÍTULO 8

Nombre _____

Fecha _____

Hoja para respuestas 2
Examen de habilidades

III. Writing Proficiency (20 points)

Hola, _____ :

_____

_____

_____

_____

_____

_____

_____

Saludos,

_____

IV. Cultural Knowledge (20 points)

_____

_____

_____

_____

_____

V. Speaking Proficiency (20 points)

A Amado's health class is practicing first aid procedures today to prepare for an emergency. Each student has to pretend to have a particular health problem. Identify the part of the body each student mentions, then write the correct letter in the blank space. *(40 points)*

___ 1. —Me duele (**a.** el pie / **b.** la pierna).

___ 2. —¡Ay! Me duele (**a.** la cabeza / **b.** el cuello).

___ 3. —A mí me duele (**a.** la mano / **b.** el dedo).

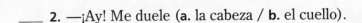

___ 4. —Pues, a mí me duele (**a.** el oído / **b.** la nariz).

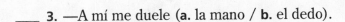

___ 5. —¿Qué te duele a ti, (**a.** la pierna / **b.** el pie)?

___ 6. —Me duele (**a.** la espalda / **b.** el estómago).

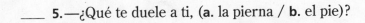

___ 7. —A mí me duele (**a.** el brazo / **b.** la pierna).

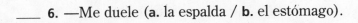

___ 8. —Me duele (**a.** el ojo / **b.** la garganta).

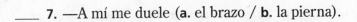

B Manuel is talking to his little sister, Tita. Tita has been complaining that she doesn't feel well today. Finish Manuel's conversation with his sister by underlining the correct words. *(60 points)*

1. —A ver, Tita. ¿Qué _____ a ti? (me duele / te duele)

2. —¡Ay!, _____ todo el cuerpo. (me duelen / me duele)

3. —¡No me digas! ¿Cuánto tiempo _____ tienes ese dolor? (hace que / tienes que)

4. —Pues, mucho tiempo. Me duele mucho la _____ . (estómago / garganta)

5. —¿Y te duele el _____ también? (cabeza / oído)

6. —Sí, me duele todo. No _____ . (me siento mal / me siento bien)

Vocabulario para conversar   **127**

A Mónica gives Spanish lessons to elementary students. Today she is teaching her students the different parts of the body. To practice the words, each student is to pretend that a particular part of the body is hurting. Write the part of the body represented by the picture and a correct form of the verb *doler* for each answer. *(60 points)*

1. —¿Qué te duele, Carlitos?

_____

4. —Y a ti, Joaquín, ¿qué te duele?

_____

2. —Clarisa, ¿qué te duele?

_____

5. —¿Te duele el ojo, Diana?

_____

3. —¿Te duele el dedo, Berta?

_____

6. —Fermín, ¿qué te duele?

_____

B Adán is waiting to see the doctor for his regular check-up. While waiting, he notices a chart which advises patients about what to do for different problems. However, some joker has vandalized the chart and added his / her own comments. Read each sentence carefully, then underline the appropriate words. *(40 points)*

1. ¿Te duele la espalda? Debes (hacer mucho ejercicio / llamar a tu médico).

2. No te sientes bien y te duele la garganta. Pues, debes (quedarte en la cama / beber café frío).

3. ¿Te duelen las piernas cuando caminas? No debes (hacer ejercicio / pasear en bote).

4. Hace días que te sientes cansada. Tienes que (dormir / patinar) de siete a nueve horas por la noche.

A Benito would like to do some activities with his friends. The problem is that some of his friends aren't feeling so well today. Look at the pictures, then underline the reply each friend gives to Benito's questions. *(60 points)*

1. —Tomi, ¿quieres estudiar conmigo?
   —Me gustaría, pero tengo (dolor de garganta / dolor de muelas).

2. —Pati, voy al gimnasio para jugar vóleibol. ¿Quieres jugar conmigo?
   —No puedo, Benito. Tengo (dolor de muelas / dolor de cabeza).

3. —Samuel, vamos a hacer ejercicio por la tarde. ¿Te gustaría?
   —Sí, pero tengo un (resfriado / dolor de muelas).

4. —Víctor, ¿quieres ir al centro comercial para jugar videojuegos?
   —Ay, no, Benito. Tengo un horrible (dolor de oído / dolor de estómago).

5. —Mariana, ¿puedes ir conmigo al cine?
   —Lo siento, Benito, pero tengo (dolor de garganta / dolor de cabeza).

6. —¿Vamos a escuchar música esta noche en el parque, Luz?
   —Me encanta la música, pero tengo (dolor de garganta / dolor de oído).

B Agustín is worried about his friend Jorge who didn't come to school today. Agustín has telephoned Jorge to find out what's wrong. Underline the best answer to each of Agustín's questions. *(40 points)*

1. —¿Qué tienes, Jorge?

   —_____ un brazo en el gimnasio. (Me lastimé / Tengo gripe)

2. —¿Vas a la escuela mañana?

   —No. Creo que debo _____ . (hacer ejercicio / quedarme en la cama)

3. —¿Te sientes mejor?

   —No. Me siento _____ . (peor / ahora)

4. —¿Fuiste al médico?

   —No, pero fui _____ . (al dentista / a la enfermería)

Vocabulario para conversar   **129**

A It's Monday morning at school during the flu season. You decide to go to the nurse's office because you're not feeling well. Several of your classmates are also waiting to see the nurse. Look at the pictures, then write what each classmate tells you. *(80 points)*

1. —_____

5. —_____

2. —_____

6. —_____

3. —_____

7. —_____

4. —_____

8. —_____

B Now it's your turn to be seen by the nurse. Complete your conversation by underlining the correct words. *(20 points)*

—¿Qué (tienes / tomar)? ¿Tienes (hambre / fiebre)?

—Creo que tengo un (resfriado / frío).

—Tienes catarro porque nunca llevas gorro. A ver... También tienes fiebre. Debes

(todavía / tomar) esta medicina y (quedarme / quedarte) en la cama mañana.

Si (te sientes / ya no) (peor / mejor), puedes regresar a la escuela.

—Pero (ahora / me lastimé) tengo que jugar béisbol... Puedo jugar, (¿no? / porque)

—¡Claro que no!

—Pues, creo que (ya no / ahora) me duele nada.

—¡No me digas!

It's finals week and Gloria and her classmates are complaining about the little sleep they're getting lately because of all the homework and studying they have to do. Complete their conversation by writing the correct form of the verb *dormir*. (100 points)

GLORIA   Estoy cansada. Tengo mucha tarea y nunca _____ bien

cuando tengo mucha tarea. Y tú, Rocío, ¿ _____ muchas horas?

ROCÍO   No. Rosita y yo no _____ muchas horas tampoco, sólo

cinco o seis horas. Debemos estudiar para el examen de biología.

ALONSO   Pues, las dos _____ mucho. Yo practico deportes depués

de las clases y trabajo de las seis a las diez, de lunes a viernes. Mi amigo Toño

tampoco _____ mucho porque él trabaja conmigo en el almacén.

GLORIA   Mis hermanos menores _____ todo el día porque no van a

la escuela todavía. Sólo tienen cuatro años.

TOÑO   Tengo un gato que _____ noche y día. ¡Quisiera dormir

noche y día también, pero tengo tres exámenes esta semana!

ROSARIO   ¿Cuánto tiempo hace que tú y Valeria no _____ ocho horas?

SAÚL   Hace tres semanas que no _____ mucho porque la clase de

química es muy difícil.

ROCÍO   Lo siento. Nadie _____ mucho por aquí. Creo que todos

necesitamos unas vacaciones.

TODOS   ¡Qué buena idea!

A You, your friends, and the director of the school play, Sr. Sánchez, stayed up too late at a cast party last night. Now everyone's feeling… a little under the weather. Complete the statements describing how they feel by writing in the correct form of the verb *doler* and the appropriate indirect object pronoun: *me, te,* or *le. (60 points)*

1. —¿Qué tienes, Marta?

   —_____ la cabeza y tengo fiebre.

2. —Y a ti, Rebeca, ¿ _____ los oídos?

   —Sí, _____ mucho.

3. —¿Qué tiene esa muchacha?

   —A ella _____ mucho la garganta.

4. —¿Qué _____ al director?

   —A él _____ las piernas.

5. —¿Cómo te sientes ahora, Rebeca?

   —Todavía _____ los oídos.

6. —¿_____ algo a ti, Simón?

   —Sí, _____ la garganta. ¿Y cómo está Roberto?

7. —A él ya no _____ el estómago. ¿Y Yolanda?

   —_____ los ojos.

8. —¿_____ algo a Ud., Sr. Sánchez?

   —¡Ay, sí! Tengo un dolor de cabeza terrible… Yo creo que ir a fiestas no es una buena idea.

B It seems like there are a lot of germs in the air, and you're catching all of them. Or, maybe it's your fault. Admit to the doctor what you've been overdoing lately. Write the correct forms of the verbs *doler, gustar,* and *encantar* on the blank lines. *(40 points)*

1. —_____ los ojos… (doler)

   —_____ jugar videojuegos, ¿no? (encantar)

   —Pues, a veces…

2. —¡Ay! _____ el estómago. (doler)

   —_____ comer mucho, ¿verdad? (gustar)

   —Pues, sí…

A Because Dr. Anaya wants to diagnose more accurately what's wrong with his patients, he asks them how long they have had a particular symptom. First write the question asking how long the patient has had the symptom, then complete the answer each patient gives. *(50 points)*

1. —¿_____ tienes este resfriado?

   —Creo que _____ diez días que lo tengo.

2. —¿_____ te duelen las muelas?

   —Pues, _____ cinco días que me duelen.

3. —¿_____ tiene Ud. dolor de cabeza?

   —Doctor, _____ una semana que tengo este horrible dolor.

4. —¿_____ te duele la espalda?

   —_____ más o menos un mes.

5. —¿_____ tienes fiebre?

   —_____ unos tres días.

B In a conversation with your friend Isabel, you discover that she is a multi-talented person. Complete your conversation with her by writing the correct form of the expression *hace... que.* *(50 points)*

1. —Isabel, ¿_____ sacas fotos?

   —_____ más de un mes.

2. —¿_____ dibujas?

   —_____ dos años.

3. —¿_____ tocas la guitarra?

   —_____ cuatro meses.

4. —¿_____ cocinas tan sabroso?

   —_____ cinco meses.

5. —¿_____ te gusta jugar fútbol?

   —_____ tres semanas.

A After the soccer game everyone's complaining to the coach about their injuries. Finish the sentences using the correct forms of the adjectives according to the pictures. *(30 points)*

1. —Me lastimé la pierna.

   —¿La pierna _____? — _____ .

2. —Yo me lastimé el brazo.

   —¿El brazo _____? — _____ .

3. —Yo me lastimé el pie.

   —¿El pie _____? — _____ .

B Susana is helping out at a clothing sale. She asks the customers what colors they prefer. Choose the underlined color and write it as the answer, along with the appropriate definite or indefinite article. *(70 points)*

1. —¿Qué prefiere, joven, la camiseta <u>azul</u> o la amarilla?

   —Prefiero _____ .

2. —¿Qué desea, señorita, una sudadera blanca o una <u>verde</u>?

   —Deseo _____ .

3. —¿Qué prefiere, señor, un gorro <u>rojo</u> o uno negro?

   —Prefiero _____ .

4. —¿Qué te gustaría, muchacho, el suéter <u>gris</u> o el azul?

   —Me gustaría _____ .

5. —¿Qué quisiera, señora, una chaqueta <u>amarilla</u> o una roja?

   —Quisiera _____ .

6. —Señora, ¿le gusta la falda <u>rosada</u> o la azul?

   —Me gusta _____ .

7. —A ver, joven, ¿de qué color quiere los tenis, azules o <u>blancos</u>?

   —Quiero _____ .

CAPÍTULO 9

A Verónica has a collection of ceramic figurines. Today, while cleaning her room, she dropped her favorite one, a clay doll her aunt brought her from a trip to Guatemala. Help Verónica identify the different parts of the doll's body so she can glue them together. *(24 points)*

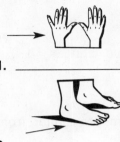

1. _____

2. _____

3. _____

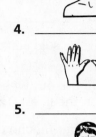

4. _____

5. _____

6. _____

B You and your friends can't do much this weekend because none of you are feeling well. Complete your statements using the correct form of the verb *doler,* the correct indirect object pronoun, and the appropriate expression in parentheses. *(16 points)*

1. —No puedo ir al cine. _____ . (los ojos / el dentista)

2. —Chela no puede esquiar el sábado. _____ . (el pelo / la pierna derecha)

3. —Tú no debes ir a la piscina para nadar. _____ . (los brazos / el traje de baño)

4. —Miguel, tú no puedes estudiar. _____ . (el dedo / la cabeza)

C It's a bad day at school today. A lot of students are asking the school nurse for help. Finish their conversations by circling the correct words. *(18 points)*

1. —¿Qué (tienes / siento)?

   —(Creo / Me lastimé) el brazo.

   —Debes ir al (hospital / hacer ejercicio).

2. —¿Cómo (te sientes / dormir)?

   —Tengo (bien / fiebre).

   —Debes ir a (la piscina / la clínica).

3. —¿Qué (te duele / tomar) a ti?

   —Tengo (dolor de muelas / dedo del pie).

   —Debes llamar al (derecho / dentista).

D Some of your friends get by on very little sleep, while others need quite a bit more. Discuss their sleeping habits with them. Write the correct forms of the verb *dormir* on the lines. *(10 points)*

1. —Y tú, Javier, ¿cuánto _____ generalmente?

2. —Yo _____ unas siete horas todas las noches.

3. —Pues, Alicia y yo _____ mucho… unas nueve horas.

4. —Mi amigo Francisco sólo _____ seis horas y siempre tiene sueño.

5. —Ana y Rita _____ sólo cinco horas, pero se sienten bien.

E You are what you eat! Try to figure out where your friends' health problems are coming from. Write the correct verb forms on the lines. *(12 points)*

1. —¿A ti _____ comer mucho chocolate? (gustar)

2. —Sí, _____ . ¿Por qué? (encantar)

3. —Porque a veces _____ las muelas. (doler)

4. —¿A Roberto _____ beber muchos refrescos? (gustar)

5. —Sí, _____ . ¿Por qué? (encantar)

6. —Porque a veces _____ el estómago. (doler)

F Some of your friends don't take very good care of themselves, then complain when they don't feel well. Try to get them to take care of their problems. Complete the questions and answers with the expression *hace… (que). (8 points)*

1. —Tengo dolor de muelas.

   —¿_____ lo tienes?

   —Pues, _____ tres días.

   —¿Tres días? ¡Tienes que ir al dentista ahora!

2. —Me lastimé la pierna.

   —¿_____ la tienes mal?

   —Pues, _____ una semana.

   —¿Una semana? ¡Tienes que ir al médico!

G You are shopping with your friend Rosa and she's asking you about your preferences. Choose the underlined color and write it as the answer, along with the appropriate article, in a complete sentence. *(12 points)*

1. —¿Qué prefieres, la blusa <u>rosada</u> o la blanca?

   —_____

2. —¿Te gusta el vestido <u>morado</u> o el verde?

   —_____

3. —¿Quieres una bufanda roja o una <u>blanca</u>?

   —_____

4. —¿Qué prefieres, un abrigo <u>negro</u> o uno gris?

   —_____

Nombre _____

Fecha _____

A *(24 points)*

1. _____
2. _____
3. _____

4. _____
5. _____
6. _____

B *(16 points)*

1. _____
2. _____

3. _____
4. _____

C *(18 points)*

1. _____
2. _____

3. _____

D *(10 points)*

1. _____
2. _____
3. _____

4. _____
5. _____

E *(12 points)*

1. _____
2. _____
3. _____

4. _____
5. _____
6. _____

F *(8 points)*

1. _____

2. _____

G *(12 points)*

1. _____
2. _____

3. _____
4. _____

CAPÍTULO 9

I. Listening Comprehension *(20 points)*

You do volunteer work for a clinic on Saturdays. One of your responsibilities is to listen to the recorded messages different patients have left. Listen to each one, then match the picture with the recorded message.

II. Reading Comprehension *(20 points)*

You are working on a report for your health class and you find an informative brochure in the library. Read the brochure to help you get the information you need for your report.

Los jóvenes necesitan mantener la buena salud. A veces ellos no van al médico cuando se sienten mal o no hablan de los dolores que tienen. La doctora Santos les recomienda a los jóvenes:

• ¿No te sientes bien? ¿Tienes fiebre, calor y frío, y también te duele la garganta?

Es mejor no hacer mucho ejercicio cuando te duele todo el cuerpo. Cuando tienes gripe debes quedarte en la cama y llamar al médico. Si sólo tienes un resfriado no necesitas llamar al médico, pero sí debes descansar, dormir mucho y comer bien. Las sopas de pollo o de verduras y los jugos de fruta son muy buenos.

Now, according to the information in the brochure, decide whether the following statements are true or false by circling *Sí* or *No*.

1. Si tienes gripe no necesitas llamar al médico.

2. Cuando tienes fiebre debes hacer más ejercicio.

3. Siempre debes llamar al médico cuando tienes un resfriado.

4. Cuando tienes un resfriado debes beber jugos de frutas.

5. Necesitas dormir y descansar cuando tienes un resfriado.

III. Writing Proficiency *(20 points)*

Write a letter to a friend in which you describe why you are not feeling well. Use the brochure from the reading section to help you organize some of your ideas. Include information about the following:

• how you are feeling

• how long you have been feeling this way

• what you think you should do

• when you think you will feel better

Remember to proofread the letter before you hand in the test. Are the words spelled correctly? Check the endings of your verbs. Do the descriptive words agree with the noun they are describing? Did you use the correct pronouns? Make changes if necessary.

IV. Cultural Knowledge *(20 points)*

Answer in English based on what you learned in the *Perspectiva cultural*.

Describe two ways you could get medicine for a stomachache in Mexico.

V. Speaking Proficiency *(20 points)*

Your teacher may ask you to speak on one of the following topics.

A. You are not feeling well. I am your best friend and would like to know:

- how you are feeling

- what hurts you

- how long you have felt this way

- what you think you should do to get better

B. Imagine that you are a doctor. I am in your office because I have just had an accident. Ask me questions and tell me what I should do in order to get better.

Nombre _____

Fecha _____

I. Listening Comprehension *(20 points)*

___

___

___

___

II. Reading Comprehension *(20 points)*

1. Sí   No

2. Sí   No

3. Sí   No

4. Sí   No

5. Sí   No

Paso a paso 1

Nombre _____

CAPÍTULO 9

Fecha _____

Hoja para respuestas 2
Examen de habilidades

III. Writing Proficiency *(20 points)*

Hola, _____ :

_____
_____
_____
_____
_____

Saludos,

_____

IV. Cultural Knowledge *(20 points)*

_____
_____
_____
_____
_____
_____

V. Speaking Proficiency *(20 points)*

A Your friends have invited you to a beach party, but you can't go because you promised your family you would do some errands for them. Underline the words which best correspond to each picture. *(50 points)*

1. Tengo que ir (al correo / a la farmacia) para comprar

   (jabón / comestibles).

2. También voy (a la biblioteca / a la librería) para

   (sacar un libro / depositar dinero).

3. Necesito ir (a la tienda de regalos / al correo) para comprar

   (pastillas / sellos).

4. Por la tarde voy (al banco / al supermercado) para comprar

   (comestibles / regalos).

5. Luego voy (a la tienda de regalos / a la biblioteca) para comprar

   (sellos / una tarjeta de cumpleaños).

B Twin brothers Tobías and Jorge Luis have agreed to split their errands for the week. For that purpose, they have created a list of things to do. Help them choose the correct answer to each statement by circling the appropriate letter. *(50 points)*

1. Jorge Luis tiene que ir al banco y _____
   a. sacar un libro.   **b.** depositar dinero.   **c.** comprar pastillas.

2. Tobías debe enviar las cartas en _____
   a. la tienda de regalos.   **b.** el supermercado.   **c.** el correo.

3. Jorge Luis va a ir a _____ para comprar jabón y champú.
   a. la librería   **b.** la farmacia   **c.** la tienda de regalos

4. Tobías necesita sacar un libro _____ para hacer su tarea.
   a. de la librería   **b.** del supermercado   **c.** de la biblioteca

5. Jorge Luis y Tobías van _____ para comprar los comestibles de la semana.
   a. al banco   **b.** a la farmacia   **c.** al supermercado

A You and your friends are anticipating the amount of money each of you will have after working a summer job. Read each statement carefully, then write out the amount in Spanish. *(20 points)*

1. —Quisiera depositar 900 dólares en dos meses. _____

2. —Pienso depositar 400 dólares en tres semanas. _____

3. —Voy a depositar 700 dólares en julio. _____

4. —Quisiera depositar 1,000 dólares, pero no sé si voy a poder. _____

B Diego forgot to do several errands last week, so he's trying to get them finished today after school. Look at the pictures and underline the correct word or expression missing from each statement. *(30 points)*

1. —Tengo que comprar (jabón / pastillas)

   para mi papá.

2. —Necesito enviar (una carta / comestibles)

   a mi abuela.

3. —También tengo que (devolver un libro /

   sacar un libro) a la biblioteca.

4. —Debo comprar un libro para mamá en

   (la farmacia / la librería).

5. —Necesito (ir a pasear / ver un partido

   de fútbol) con el perro.

C Mariana and Inés decided to have lunch together after running some errands. Complete their lunchtime conversation by filling in the blank with the word which is the opposite of the underlined word in the first statement. *(50 points)*

1. —Fui a la librería temprano.

   —Yo también fui a la librería, pero fui

   _____ .

2. —Fui al banco y saqué dinero.

   —Yo _____ dinero.

3. —Fui a la farmacia hoy.

   —Pues, yo fui _____ .

4. —Anoche saqué un libro de la biblioteca.

   —Yo _____ un libro ayer.

5. —El correo va a cerrar ahora.

   —El banco va a _____ luego.

A Milagros loves her work at the Chamber of Commerce because she gets to help tourists find where various places are located in her community. Circle the letter of the words which match the place shown in the picture. *(50 points)*

1. —¿Dónde queda _____ ?
   a. la cuadra   b. el teatro

2. —¿Está lejos _____ ?
   a. la iglesia   b. la esquina

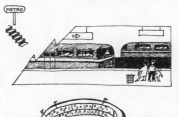

3. —¿Cómo vamos a la _____ ?
   a. parada del autobús   b. estación del metro

4. —¿Está cerca _____ ?
   a. la esquina   b. el estadio

5. —¿Cómo vamos _____ ?
   a. al zoológico   b. al monumento

B Some exchange students have stopped you on the street to ask for directions to certain buildings. Look at the map and then select one of the expressions shown in parentheses to indicate where the buildings are located. *(50 points)*

1. El hotel queda (al lado de / enfrente de) la farmacia.

2. El banco queda (entre / enfrente de) la farmacia.

3. La estación de servicio queda (a la izquierda / en la esquina) de Rivera y Juárez.

4. El restaurante queda (detrás del / a la derecha del) museo.

5. El monumento queda (a la izquierda / entre) del banco.

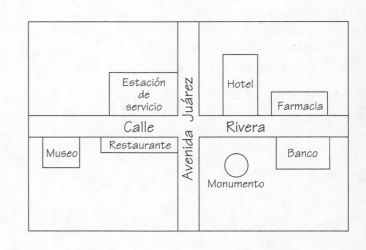

A Lidia is on vacation with her sister Norma. They are writing a letter to their parents, but forget to include some important details. Complete their letter by selecting and writing the missing words and expressions from the list. *(80 points)*

estación del tren	iglesia	plaza	pasear
monumento	cuadras	restaurante	hotel

Hoy llegamos en tren a esta ciudad. Ahora estamos en el _____ . Está en una

bonita _____ cerca de la _____ . Por la ventana de nuestro cuarto

podemos ver una _____ o catedral; todavía no sé qué es. A tres _____

hay un _____ donde la comida es muy sabrosa y barata. En la plaza hay un

_____ muy artístico. Mañana temprano vamos a _____ por

la ciudad.

B Your friends said they would meet you at the new bookstore, but you're not sure where it's located. Complete the directions different people give you by selecting one of the expressions in parentheses and underlining it. *(20 points)*

1. —¿Está lejos la librería Universal?
   —Lo siento, pero (¿Cómo? / no sé). No vivo por aquí.

2. —¿Debo ir en autobús?
   —Puedes ir (en taxi / a pie) porque queda cerca.

3. —¿Está en la calle Rivera?
   —No, (cuadra / queda) en la calle Tamayo.

4. —¿Está entre un hotel y un teatro?
   —Pues creo que está (¿A cuántas cuadras de? / enfrente de) la estación de policía.

You are sitting at an outdoor café with your friends when you notice some tourists who are lost. You decide to help them find their way. Complete your conversations by choosing the correct answer from the list. Write the correct form of the preposition *de* + article in the space. *(100 points)*

del   de la   de los   de las

1. —¿Dónde está la plaza central y el monumento al sol?

   —Los dos quedan cerca _____ hotel Acapulco.

2. —¿Queda lejos ese hotel?

   —No. Está cerca _____ otros hoteles que están en la calle Juárez.

3. —Y el restaurante Taxco, ¿dónde queda?

   —No está lejos tampoco. Está a tres cuadras _____ tiendas de regalos que están en la calle Juárez.

4. —También necesitamos enviar unas cartas y tarjetas postales.

   —El correo queda cerca _____ banco, que está en la avenida Colón.

5. —¿Está a la derecha o a la izquierda la farmacia?

   —Queda a la izquierda _____ bancos en la avenida Colón.

6. —¿Y la parada del autobús?

   —Pues, no está cerca. Está al otro lado _____ biblioteca.

7. —¿Dónde está el supermercado?

   —Detrás _____ estación del metro.

8. —¿Y dónde está la iglesia?

   —Queda a tres cuadras de aquí, enfrente _____ teatro.

9. —¿Debo ir en taxi o en autobús al zoológico?

   —Pues, creo que en autobús. Queda a muchas cuadras _____ hotel donde estás.

10. —Quisiera comprar unas tarjetas de cumpleaños.

    —Hay una tienda de regalos al otro lado _____ calle.

CAPÍTULO 10

After a long day spent running errands and doing chores at home, you and your friends have decided to meet at a favorite ice cream shop for a treat. Complete your conversation by using the correct form of the verb in parentheses in the preterite tense. *(100 points)*

1. —¿Qué hiciste por la mañana, Carmela?

   —_____ unos regalos para mis amigos. (comprar)

2. —Y tú, Juan, ¿fuiste al banco?

   —Sí, y _____ doscientos dólares. (depositar)

3. —Inés, ¿adónde fuiste tú?

   —No fui a ninguna parte. Mi hermano y yo _____ el garaje. (limpiar)

4. —¿Y qué hicieron tus hermanas?

   —Ellas _____ la casa para una fiesta. (arreglar)

5. —¿Y ustedes, Fabio y Rogelio?

   —_____ el césped enfrente y detrás de la casa. (cortar)

6. —¿Dónde están Aurora y Débora?

   —_____ todo el día y ahora están cansadas. (trabajar)

7. —Álvaro, ¿viste un libro bueno en la librería para el cumpleaños de Felipe?

   —No, la librería _____ temprano hoy. (cerrar)

8. —¿Qué hiciste en el correo, Berta?

   —_____ unas cartas a mis primos en Utah. (enviar)

9. —¿Dónde está Guille? No está con nosotros hoy.

   —Le duele la cabeza. Él _____ toda la noche en una fiesta. (bailar)

10. —Y tú, Marta, ¿no _____ con Guille? (bailar)

   —No. Yo no fui a la fiesta. Fui a ver un partido de béisbol con Alejandro.

A In the school cafeteria some friends are talking about the party they went to last Friday night. Complete the answers by using another form of the preterite of the verb that is underlined in the question. *(50 points)*

1. —¿<u>Pagaste</u> mucho por los pantalones nuevos que llevaste en la fiesta?

   —Sí. _____ cincuenta dólares, pero me gustan mucho.

2. —¿Quién <u>tocó</u> la guitarra en la fiesta de anoche?

   —Yo _____ toda la noche. Hace una semana que compré una guitarra nueva.

3. —¿A qué hora <u>llegaste</u> a la fiesta, Flor?

   —_____ tarde, pero mis amigos llegaron tarde también.

4. —¿<u>Jugaste</u> o bailaste en la fiesta de Mario?

   —_____ videojuegos con el hermano de Marta.

5. — Y tú, Mónica, ¿qué <u>sacaste</u> del garaje para la fiesta?

   —_____ unos discos viejos de papá. ¡Me encanta la música antigua!

B Hugo's dad is checking to make sure Hugo has finished all of his errands. He is surprised to discover that each errand has already been completed. Complete the answers by writing the verbs in the preterite tense. *(50 points)*

1. —¿Vas a sacar libros de la biblioteca hoy?

   —Ya los _____ anoche, papá.

2. —¿Vas a buscar un regalo para mamá? ¿Qué le vas a comprar?

   —Lo _____ ayer, papá. Le _____ una blusa muy bonita.

3. —¿Vas a enviar las cartas a los abuelos?

   —Ya las _____ temprano esta mañana, papá.

4. —¿Cuándo sacas la basura?

   —Ya la _____ hace una hora, papá.

5. —¿Cuándo vas a visitar a tu tía Carlota?

   —Ya la _____ la semana pasada, papá.

A Paulina has written a letter to her favorite cousin telling her all about the terrific vacation she just took. Complete her letter with the correct form of the verb *ir* in the preterite tense. *(50 points)*

Querida Silvia:

En las vacaciones de primavera, mi familia y yo _____ a las montañas para

esquiar. Mi amiga Celina también _____ con nosotros. ¡Qué genial! Ella y yo

esquiamos todos los días. El jueves me lastimé el brazo y no _____ con los otros a

esquiar. Visité los lugares de interés y saqué unas fotos. ¡Te van a gustar mucho mis fotos! El

año pasado mis hermanos no _____ a ninguna parte con nosotros, pero este año sí.

Ellos también esquiaron todo el día. Regresamos anoche para celebrar la fiesta de cumpleaños

de papá. Y tú, Silvia, ¿adónde _____ estas vacaciones? Cuando me envíes una carta

no olvides poner el sello, como hiciste el mes pasado.

Cariños,

tu prima, Paulina

B Miguel likes to talk to his friends about the things he and his family are going to do. But one friend, rather than listening to Miguel, prefers to brag about his own family. Complete each response by changing the underlined verb to the preterite tense. *(50 points)*

1. —En junio <u>voy</u> a Teotihuacán porque quiero subir las pirámides.

   —Yo ya _____ a Teotihuacán el año pasado.

2. —Mis padres <u>van</u> a explorar la selva tropical en Venezuela.

   —Mis padres ya _____ a Venezuela y exploraron la selva.

3. —Mi tío <u>va</u> a sacar fotos de las cataratas de Iguazú en Argentina.

   —Tengo un tío que ya _____ a Argentina y sacó fotos de las cataratas.

4. —Mis abuelos y yo <u>vamos</u> a Perú para visitar las ruinas incas.

   —Mis abuelos ya _____ a Perú y visitaron las ruinas incas.

5. —¿<u>Vas</u> a bucear en el mar Caribe?

   —Y tú, Miguel, ¿ya _____ a bucear en el mar Caribe?

CAPÍTULO 10

A Everyone in Tito's family is headed downtown this Saturday to do errands. Write the words which describe the pictures. *(24 points)*

1. Mamá va al _____ para comprar _____ .

2. Saúl va a la _____ para comprar una _____ .

3. Abuelita va al _____ para _____ .

4. Papá va al _____ para comprar _____ .

B It's Friday afternoon. The bank is very busy because many people want to deposit money after receiving their weekly salary. Write the sum of money each customer has to deposit. *(16 points)*

1. El señor Rodríguez tiene _____ dólares. **$300**

2. La señora Higuera tiene _____ dólares. **$500**

3. Los señores Núñez tienen _____ dólares. **$2,000**

4. La señorita Garay tiene _____ dólares. **$700**

C Amelia's little brother Óscar is always asking questions. He wants to know everything Amelia did today. Complete the answers by using another form of the verb that is underlined in the question. *(20 points)*

1. —¿Qué devolviste, Amelia?

—_____ la blusa roja, Óscar.

2. —¿Qué enviaste en el correo, Amelia?

—_____ una carta a tía Aída.

3. —¿Qué sacaste del garaje?

—_____ la basura.

4. —¿Qué viste en la tele, Amelia?

—_____ una película, Óscar.

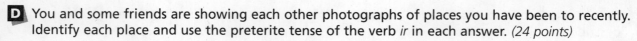

CAPÍTULO 10

Prueba cumulativa

D You and some friends are showing each other photographs of places you have been to recently. Identify each place and use the preterite tense of the verb *ir* in each answer. *(24 points)*

1. —Mi familia y yo _____ al _____ el sábado.

2. —Yo _____ al _____ de fútbol el domingo.

3. —Mis hermanos _____ al _____ anoche.

4. —¿ _____ tú a la _____ para escuchar música?

E Your cousin has come to visit you, but you are very busy and she has to go sightseeing on her own. Before she goes, however, you tell her where everything is located. Use the correct form of the preposition *de* + article. *(16 points)*

1. Si quieres ir al museo de ciencias puedes ir a pie. Queda cerca _____ casa.

2. El monumento más importante de la ciudad está enfrente _____ museo de ciencias.

3. A la izquierda _____ farmacia hay una tienda de regalos muy buena.

4. Si quieres comprar tarjetas postales, el correo está cerca _____ banco.

CAPÍTULO 10

Nombre _____

Fecha _____

A *(24 points)*

1. _____
2. _____
3. _____
4. _____

B *(16 points)*

1. _____   3. _____
2. _____   4. _____

C *(20 points)*

1. _____   3. _____
2. _____   4. _____

D *(24 points)*

1. _____
2. _____
3. _____
4. _____

E *(16 points)*

1. _____   3. _____
2. _____   4. _____

CAPÍTULO 10

I. Listening Comprehension (20 points)

The members of the Spanish Club are serving as hosts to a group of students visiting from Central America this week. Listen to the conversations as students explain where different places are located in their community. Circle the letter of the best answer.

II. Reading Comprehension (20 points)

You are spending a week in a city in a Spanish-speaking country, but you don't know yet where anything is located nor how to get there. Read the following tourist guide to help locate some places of interest to you.

DIRECTORIO TURÍSTICO DE LA CIUDAD

TRANSPORTE
Los autobuses locales son muy baratos. Hay transporte a las playas de Mariposas o Puerto Lucía. Las playas quedan de treinta a cuarenta y cinco minutos del centro en autobús o en taxi.

BANCOS
Hay muchos bancos en el centro. Abren y cierran a horas convenientes de lunes a viernes.

LUGARES DE INTERÉS
- La catedral, en la calle Jerónimo, a la izquierda del templo Emanuel
- El zoológico, queda a unos diez minutos a pie del centro de la ciudad
- El monumento a la Revolución, en la plaza de la Nación entre las avenidas Zapata y Martín

GALERÍAS DE ARTE
- Galería Siquieros, enfrente del hotel Catalina
- Galería Internacional, al lado del banco Central, esquina de la calle Sexta y la avenida Central

COMERCIO
En la plaza Principal hay tiendas de regalos, librerías y farmacias. El correo, la biblioteca y un supermercado están detrás del parque, a tres cuadras de la plaza Principal.

According to the information in the guide, decide whether the following statements are true or false. Write *Sí* if they are true or *No* if they are false.

1. Puedes depositar o sacar dinero de los bancos los sábados.

2. Hay una galería de arte enfrente del hotel Catalina.

3. La playa Mariposas queda muy cerca. Puedes ir a pie y llegar en treinta minutos.

4. No hay estación de metro.

5. Hay un monumento entre las avenidas Zapata y Martín.

6. Puedes comprar comestibles en la plaza Principal.

7. Hay un zoológico bastante cerca del centro.

8. Tienes que ir en taxi de la plaza Principal para llegar al zoológico.

9. A la izquierda del templo Emanuel hay una catedral.

10. Hay una galería de arte muy cerca de un banco.

CAPÍTULO 10

III. Writing Proficiency *(20 points)*

Write a letter to a friend in which you describe a recent trip you took to a city you had never visited before. Use the tourist guide from the reading section to help you organize some of your ideas. Include information about:

- the different places you went to and what you did there
- the location of the places you visited
- some errands you had to do as part of your stay in the city
- what means of transportation you used

Remember to proofread the letter before you hand in the test. Are the words spelled correctly? Check the endings of your verbs. Did you use the correct form of the verbs in the preterite tense? Did you use a variety of vocabulary and expressions in your letter? Make changes if necessary.

IV. Cultural Knowledge *(20 points)*

Answer in English based on what you learned in the *Perspectiva cultural.*

Give three reasons why a Spanish-speaking person would want to live or shop in Pilsen, a Mexican-American community in Chicago.

V. Speaking Proficiency *(20 points)*

Your teacher may ask you to speak on one of these topics.

A. I am an exchange student who knows little about your community. Tell me:

- where various places in your community are located
- the things I can do in these places
- what I can buy there
- how I can get to each place

B. Describe some errands you did recently. Tell me where you went and what you did there. Ask me some questions about some errands I did.

Paso a paso 1

Nombre _____

CAPÍTULO 10

Fecha _____

Hoja para respuestas 1
Examen de habilidades

I. Listening Comprehension (20 points)

1. La estación del metro

   a. está lejos de la plaza.   **c.** queda a dos cuadras de la plaza.

   b. queda a doce cuadras de la plaza.

2. El banco está

   a. detrás del teatro.   **c.** en la cuadra del hotel.

   b. muy lejos del parque.

3. Hay un delicioso restaurante

   a. lejos de la farmacia.   **c.** entre la farmacia y la librería.

   b. cerca de la biblioteca.

4. En el correo pueden comprar sellos. Queda

   a. lejos del banco.   **c.** a unas tres cuadras del banco.

   b. cerca de un parque y muchos restaurantes.

5. Para ir al museo y al monumento del Sol

   a. puedes ir en autobús.   **c.** puedes ir en metro.

   b. puedes ir a pie.

II. Reading Comprehension (20 points)

1. _____   **6.** _____

2. _____   **7.** _____

3. _____   **8.** _____

4. _____   **9.** _____

5. _____   **10.** _____

III. Writing Proficiency *(20 points)*

Hola, _____ :

_____

_____

_____

_____

_____

_____

_____

Saludos,

_____

IV. Cultural Knowledge *(20 points)*

_____

_____

_____

_____

_____

_____

V. Speaking Proficiency *(20 points)*

A You have been asked by a local television station to fill out a questionnaire about the programs you prefer to watch on TV. Circle the letter of the appropriate answer for each question. *(50 points)*

1. ¿Qué piensas sobre los programas musicales de los sábados por la noche?
   a. Me gustan, pero me dan miedo.   **b.** No me gusta esa clase de programas.

2. ¿Te gustan los programas de entrevistas de los jueves por la tarde?
   a. Pues, no estoy de acuerdo   **b.** Me aburren porque hablan
   con las noticias.   demasiado.

3. ¿Te gusta ver los dibujos animados los domingos?
   a. Sí, porque son muy divertidos.   **b.** Sí, pero son muy tristes.

4. ¿Ves las telenovelas de lunes a viernes?
   a. Sí, las veo todos los días. Me fascinan.   **b.** No me gustan porque me dan miedo.

5. ¿Qué piensas del programa de hechos de la vida real del miércoles por la noche?
   a. Me interesa mucho porque   **b.** Prefiero los programas menos
   es muy cómico.   realistas.

B You and a friend are looking through the TV guide trying to decide what to watch on television tonight. Underline the words which describe the kind of program shown in the pictures of the guide. *(50 points)*

1. —Me gustan más (las comedias / los programas deportivos).

2. —Yo pienso que (los documentales / los pronósticos del tiempo)

   son fascinantes.

3. —Bueno, pero creo que (los programas de detectives /

   los programas educativos) son más emocionantes.

4. —No me gustan (los anuncios / las noticias).

   ¿Y a ti?

5. —A mí tampoco, pero sí me encantan (los dibujos animados /

   las comedias).

A Your social science teacher has asked you to write a report about the TV viewing habits in your community. Complete the discussion you have with other students in the class by selecting from the list the words that best complete each statement. Write your selection in the blank space. *(60 points)*

me aburren	triste	mejor	cuáles
demasiado	realistas	por eso	sobre

1. —¿Qué piensas _____ los programas del sábado por la noche?

2. —Pues, prefiero ver la telenovela por la tarde. ¿_____ te interesan a ti?

3. —Me encantan las telenovelas también, pero a veces son _____ tontas.

4. —Sí, estoy de acuerdo contigo. Y a veces no son muy _____ .

5. —No me gustan los programas educativos. No son interesantes y _____ .

6. —¿Qué piensas de la comedia *La familia Sánchez?* Yo creo que es el _____ programa de televisión.

B Marisa and Chucho are reviewing TV programs and films for their weekly column in the school newspaper. Which ones have they selected for their review? *(40 points)*

1. _____

"¡Interesante!"

3. _____

"¡Cómicos!"

2. _____

"¡Divertido!"

4. _____

"¡Interesantes!"

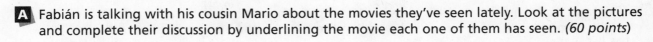

A Fabián is talking with his cousin Mario about the movies they've seen lately. Look at the pictures and complete their discussion by underlining the movie each one of them has seen. *(60 points)*

1. —¿Viste (la película del oeste / la película de terror) ayer?

2. —Sí, la vi. Hoy quiero ver una (película de aventuras / película musical).

3. —A mí no me gustan (las películas románticas / las películas de terror).

4. —Pues, a mí sí me gustan, pero prefiero (las películas de terror / las películas de ciencia ficción).

5. —A mi hermana le encantan (las películas del oeste / las películas musicales).

6. —Bueno, Mario, ¿y qué piensas de (las películas del oeste / las películas de aventuras)?

B A friend from another country is asking you about different local TV programs. Select from the list the words that complete your answers. *(40 points)*

| el tiempo | corto | un poco | en punto | largo | de la noche |

1. El programa deportivo es muy _____ . Solamente dura veinte minutos.

2. En la noticias _____ siempre dan el pronóstico del tiempo de mañana.

3. Las noticias de la tarde siempre empiezan a las cinco _____ . Nunca empiezan tarde.

4. El programa musical es demasiado _____ . Empieza a las ocho y dura hasta las once.

Vocabulario para conversar   **161**

A Omar and his friends are worried about getting to a concert on time because Omar´s car ran out of gas. Complete their conversation by circling the letter of the appropriate expression. *(40 points)*

1. —¿Vamos a llegar tarde al concierto?

   —Creo que no. A veces no empiezan a tocar _____ .
   a. en punto　　　**b.** puntualmente

2. —¿Cuánto tiempo dura el concierto?

   —Dos horas. Dura _____ las once.
   a. hasta　　　**b.** casi

3. —¿Está lejos la estación de servicio?

   —Queda cerca. _____ a diez minutos a pie.
   a. Un poco　　　**b.** Solamente

4. —Podemos ir en taxi al concierto y regresar _____ con la gasolina.

   a. más temprano　　　**b.** más tarde

B Berta and her friend Beatriz have made plans to go to the movies tonight. Prior to meeting, they talk on the phone to confirm their plans. Complete their conversation by selecting and writing the missing words. *(60 points)*

tiempo　　　media hora　　　casi　　　larga

cortas　　　más temprano　　　en punto　　　hasta

BERTA　¿A qué hora quieres ir al cine, Beatriz?

BEATRIZ　Pues, la película de terror empieza a las siete _____ y la

de aventuras empieza treinta minutos _____ . ¿A cuál vamos?

BERTA　¿Cuánto _____ dura la de aventuras?

BEATRIZ　No es muy _____ . Solamente dura una hora. Yo prefiero las

películas _____ .

BERTA　Yo también. Bueno, son las seis y media. La película de aventuras empieza en

_____ . ¿Vamos?

BEATRIZ　Sí, ¡vamos!

A Graciela wants to please her guest Felisa, so she's asking her about the programs or films she likes to watch on TV. Complete their conversation by using *más que* or *menos que* with the adjective in parentheses. Be sure that the words are in the correct order and that the adjective agrees with the subject. *(60 points)*

1. —¿Qué piensas de las películas de ciencia ficción?

   —Me gustan porque son _____ las películas de detectives. (interesante)

2. —¿Te gustan las telenovelas?

   —No, no me gustan porque son _____ los programas de hechos de la vida real. (realista)

3. —¿Y los dibujos animados?

   —Me encantan porque son _____ las comedias. (cómico)

4. —¿Qué opinas de los programas de entrevistas?

   —Me aburren porque pienso que son _____ las telenovelas. (tonto)

5. —¿Te interesan las películas de aventuras?

   —Me gustan mucho porque me dan _____ las películas de terror. (miedo)

6. —¿Qué piensas de las películas del oeste?

   —Me encantan porque son _____ las películas de terror. (divertido)

B Cora doesn't always agree with Diego's descriptions. Use the singular or plural form of the comparisons listed below to complete the description Cora prefers. *(40 points)*

mejor que   peor que   mayor que   menor que

1. —El restaurante Azteca es bueno.

   —Sí, pero el restaurante Maya es _____ el restaurante Azteca.

2. —Tu amiga es demasiado joven.

   —Sí, pero su hermana Sara es _____ tú.

3. —Las películas de ciencia ficción que dan en el cine Pala son malas.

   —Sí, pero las que dan en el cine Regis son _____ las del cine Pala.

4. —Tu perro es muy viejo.

   —Sí, pero mi perro es _____ tu gato.

Gramática en contexto / Los comparativos   **163**

As Lázaro walks through the hallway on his way to class, he overhears several conversations. Complete each conversation by using a correct form of the superlative. Be sure to change the expressions, if necessary, so that they agree with the noun they are describing. *(100 points)*

1. —¿Cuál es la fruta más sabrosa?

   —Las manzanas son _____ de todas las frutas.

2. —¿Cuál es la mejor verdura para la salud?

   —Las zanahorias son _____ de todas las verduras.

3. —¿Cuáles son los pantalones más caros en la tienda Félix?

   —Los pantalones negros son _____ de todos los pantalones.

4. —¿Cuál es el color menos atractivo para ti?

   —El amarillo es _____ de todos los colores.

5. —¿Cuál es el actor más fascinante en la tele?

   —La actriz Conchita Coral es _____ de todas las actrices.

6. —¿Cuál es el programa más cómico en la tele?

   —Los dibujos animados son _____ de todos los programas.

7. —¿Cuál de tus hermanos es el mayor?

   —José Luis es _____ de mis hermanos.

8. —¿Cuál es el peor sandwich en el restaurante Luz?

   —Los sandwiches de huevos son _____ de todos.

9. —¿Cuál es la gemela más cariñosa?

   —Mariana es _____ de las dos gemelas.

10. —¿Cuál es el mejor lugar de interés por aquí?

   —El lago es _____ de todos los lugares por aquí.

A Your family wants to know if you have completed your chores. You admit that you haven't finished yet, but you promise that you will do everything soon. Change the underlined words in the question to a pronoun, then write both the verb and the pronoun in your answer. *(50 points)*

1. —¿Ya compraste los comestibles?

    —No, todavía no, pero voy a _____ esta tarde.

2. —¿Ya lavaste la ropa?

    —No, todavía no, pero pienso _____ ahora.

3. —¿Ya cortaste el césped?

    —No, todavía no. Voy a _____ más tarde.

4. —¿Ya enviaste la carta y la tarjeta de cumpleaños a tu abuela?

    —No, todavía no, pero necesito _____ esta tarde.

5. —¿Ya devolviste el equipo de sonido y la videocasetera a la tienda?

    —No, todavía no, pero quiero _____ mañana temprano.

B Bruno hasn't seen any of the programs or films his friends like, but he plans to see them soon. Change the underlined words in the question to a pronoun, then write both the pronoun and a form of the verb *ir + a* in your answer. *(50 points)*

1. —¿Ya viste la película de terror que dan en el cine Zamora?

    —No, pero _____ ver el domingo por la tarde.

2. —¿Ya viste los nuevos dibujos animados del canal 3?

    —No, pero _____ ver el sábado por la mañana.

3. —¿Cuándo vas a ver las telenovelas *El amor es triste* y *Cartas de terror*?

    —Pienso que _____ ver esta noche.

4. —¿Cuándo piensas ver el programa educativo del canal 9?

    — _____ ver en media hora.

5. —¿No te gustan los actores de la comedia *La familia García*?

    —Sí, me encantan. _____ ver en persona el sábado por la tarde en el centro comercial.

Gramática en contexto / El complemento directo: Los pronombres y el infinitivo   **165**

Alexis and her friends Angelina and Andrea review films and TV programs for the school newspaper. Add a correct form of the verb *ver* in the preterite tense to complete the review the girls have written. *(100 points)*

LAS PELÍCULAS DEL MES.   La mejor película del mes la dan en el cine Versalles. Yo la

_____ el sábado y también el domingo porque es muy emocionante. Se llama

Aventura de terror. Angelina la _____ y piensa que es una buena película también.

Otra película genial es la película de ciencia ficción que dan en el cine Valdéz, *Un país de otro*

tiempo. Si no la _____ todavía, tienes que verla esta semana porque termina el

viernes. La tercera película que Angelina, Andrea y yo _____ esta semana se llama

Las tontas aventuras de Abelín. Es una comedia, pero a veces es un poco aburrida. Abelín es el

mejor actor de la película, pero los otros actores son los peores del año.

LOS PROGRAMAS DE LA TV.   Hay cuatro programas nuevos en la televisión este

mes. El primero se llama *Tres gatos atrevidos y un perro simpático*. Son unos dibujos animados

que dan el sábado por la mañana en el canal 5. Angelina y Andrea lo _____ el

sábado pasado y piensan que es un programa fantástico para niños. Yo no estoy de acuerdo

porque pienso que es un programa bastante tonto. Otro programa interesante este mes es el

programa de entrevistas con Reina Rosaura. Mis padres lo _____ anoche y piensan

que es el mejor programa del lunes. Si te gustan los programas musicales, esta semana

en el canal 5 hay *Conciertos de rock y rap,* un programa del año pasado. Amigos míos, si no

lo _____ el año pasado, pueden verlo este jueves a las nueve. No sé cuáles son los

programas que _____ ustedes este año, pero hay otro programa nuevo que deben

ver. Mis amigas y yo lo _____ anoche y es muy divertido. Es un programa de cocina.

Tina y Toño son unos hermanos gemelos de trece años que cocinan toda clase de comida para

los jóvenes. Y, ¿qué otros programas o películas _____ tú y tus amigos hace poco?

¡Nos interesa la opinión de todos!

Angelina, Andrea y Alexis

Sarita's young cousin, Paquito, is visiting this weekend. Paquito is inquisitive about everything that's going on. Answer his questions using a correct form of the verb shown in parentheses, along with one of the pronouns from the list. *(100 points)*

me   te   le   nos   les

1. —¿Por qué escuchas las noticias, Sarita?

   —Porque _____ mucho las noticias. (interesar)

2. —¿Por qué limpia Carmen el coche?

   —Porque _____ tener su coche limpio. (gustar)

3. —¿Por qué miran ustedes la telenovela todas las noches?

   —Porque _____ las telenovelas. (fascinar)

4. —¿Por qué no mira Melisa la película de terror, Sarita?

   —Porque _____ las películas de terror. (dar miedo)

5. —¿Por qué no van ustedes al cine hoy?

   —Porque no _____ la película que dan hoy. (interesar)

6. —¿Por qué no miras los dibujos animados conmigo, Sarita?

   —Porque _____ los dibujos animados. (aburrir)

7. —¿Por qué estudian Gaspar y Gavino ahora?

   —Porque _____ estudiar. (encantar)

8. —¿Por qué está tío Alonso en cama hoy, Sarita?

   —Porque _____ mucho el pie. (doler)

9. —¿Por qué no sacan la basura Gaspar y Gavino, Sarita?

   —Porque no _____ mucho hacer los quehaceres de la casa. (gustar)

10. —¿Qué te pasa, Sarita?

    —¡_____ la cabeza y los oídos de escuchar tus preguntas! (doler)

CAPÍTULO 11

A You and your friends are looking through the TV guide to see what you can watch today. Looking at the pictures and selecting one of the words in parentheses, fill in the blanks with the appropriate information about the shows or movies you are considering. *(24 points)*

1. Hay _____ a las diez _____ de la mañana.
(puntualmente / en punto)

2. Hay _____ muy _____ a las cuatro.
(emocionante / fascinar)

3. Quiero ver _____ que dan después de las _____ .
(en colores / noticias)

B Magda writes the *And What Do You Think About...?* column for her school newspaper. This week she is asking students to give their opinion about programs currently shown on television. For each answer use *más que* or *menos que* with the adjective in parentheses. Make sure that the words are in the correct order and that the adjective agrees with the subject. *(12 points)*

—**Y tú, ¿qué piensas de...**

1. las películas de aventuras que dan en el canal 5?

—Pues, son _____ las películas del canal 2. (fascinante)

2. el programa de hechos de la vida real del canal 13?

—¡Me encanta! Es _____ las películas de aventuras del canal 2. (aburrido)

3. los anuncios del canal Músicajoven?

—Pienso que son _____ los anuncios de los otros canales. (bueno)

C On Monday, you and your friends are discussing which movies and TV programs you saw over the weekend. Complete the conversation by using a correct form of the verb *ver* in the preterite tense, and writing the kind of film or program each of you saw. *(20 points)*

1. Yo _____ una _____ en el cine Roma.

2. Mi familia y yo _____ un _____ el domingo.

Copyright © Prentice-Hall, Inc.

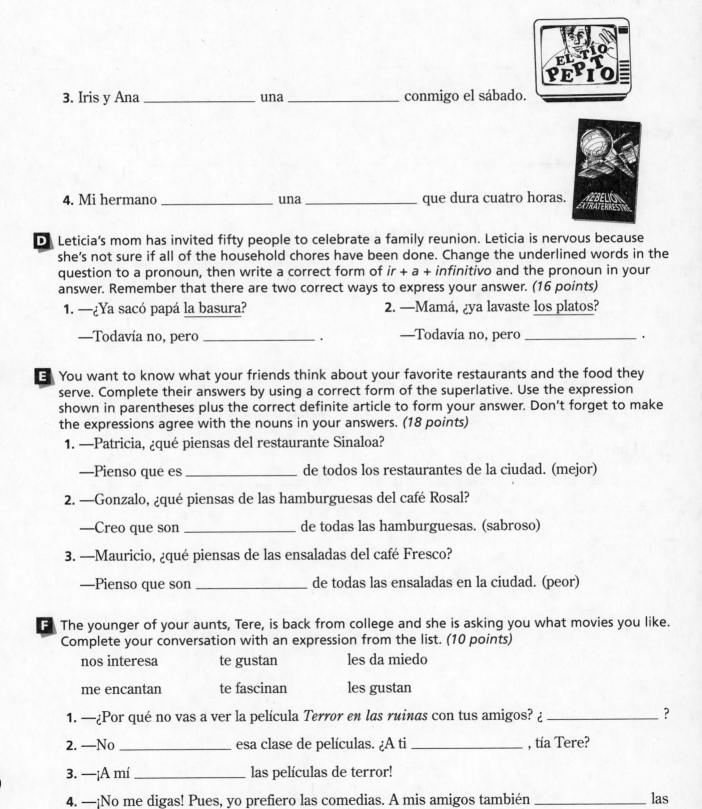

3. Iris y Ana _____ una _____ conmigo el sábado.

4. Mi hermano _____ una _____ que dura cuatro horas.

D Leticia's mom has invited fifty people to celebrate a family reunion. Leticia is nervous because she's not sure if all of the household chores have been done. Change the underlined words in the question to a pronoun, then write a correct form of *ir + a + infinitivo* and the pronoun in your answer. Remember that there are two correct ways to express your answer. *(16 points)*

1. —¿Ya sacó papá <u>la basura</u>?

   —Todavía no, pero _____ .

2. —Mamá, ¿ya lavaste <u>los platos</u>?

   —Todavía no, pero _____ .

E You want to know what your friends think about your favorite restaurants and the food they serve. Complete their answers by using a correct form of the superlative. Use the expression shown in parentheses plus the correct definite article to form your answer. Don't forget to make the expressions agree with the nouns in your answers. *(18 points)*

1. —Patricia, ¿qué piensas del restaurante Sinaloa?

   —Pienso que es _____ de todos los restaurantes de la ciudad. (mejor)

2. —Gonzalo, ¿qué piensas de las hamburguesas del café Rosal?

   —Creo que son _____ de todas las hamburguesas. (sabroso)

3. —Mauricio, ¿qué piensas de las ensaladas del café Fresco?

   —Pienso que son _____ de todas las ensaladas en la ciudad. (peor)

F The younger of your aunts, Tere, is back from college and she is asking you what movies you like. Complete your conversation with an expression from the list. *(10 points)*

| nos interesa | te gustan | les da miedo |
| me encantan | te fascinan | les gustan |

1. —¿Por qué no vas a ver la película *Terror en las ruinas* con tus amigos? ¿ _____ ?

2. —No _____ esa clase de películas. ¿A ti _____ , tía Tere?

3. —¡A mí _____ las películas de terror!

4. —¡No me digas! Pues, yo prefiero las comedias. A mis amigos también _____ las comedias.

Nombre _____

Fecha _____

A *(24 points)*

1. _____
2. _____
3. _____

B *(12 points)*

1. _____   3. _____
2. _____

C *(20 points)*

1. _____
2. _____
3. _____
4. _____

D *(16 points)*

1. _____   2. _____

E *(18 points)*

1. _____   3. _____
2. _____

F *(10 points)*

1. _____   3. _____
2. _____   4. _____

CAPÍTULO 11

I. Listening Comprehension *(20 points)*

Julio and Sebastián are planning their Saturday evening, which includes getting together with some friends. Listen to their conversation, then circle the letter of the best answer to each question.

II. Reading Comprehension *(20 points)*

You have just arrived at your hotel with the other students who are taking part in an exchange visit to Bolivia. Since you have a long day ahead of you, you want to relax tonight by watching some television. Read the following TV guide to help you select some programs you might want to watch.

Teleguía	Programación del miércoles
4:30 P.M.	Ciclismo en Francia
5:15 P.M.	*El caso de la pirámide misteriosa*
6:30 P.M.	*La vida romántica de Anabela Cruz* (continuación)
7:15 P.M.	Para menores: *El perrito Pieblanco compra un coche*
8:20 P.M.	Los elefantes del desierto
9:15 P.M.	NOCHE DE GALA con el grupo folklórico del Altiplano
10:30 P.M.	*Astronautas de un tiempo secreto: Año 3,000*
11:45 P.M.	Últimas noticias del día
12:00 A.M.	*Terror en la estación del metro*
2:00 A.M.	Diálogos con Carla Carlín: "Gente fascinante del teatro"
3:00 A.M.	La cocina sabrosísima de Don Carlos: "Plátanos a la Don Carlos"
4:15 A.M.	*Aventuras del detective que casi no llegó*

According to the information in the guide, decide whether the following statements are true or false. Write *Sí* if they are true or *No* if they are false.

1. Puedes ver un programa de música a las nueve y cuarto.
2. No hay película del oeste el miércoles.
3. Hay un programa de dibujos animados a las ocho menos cuarto.
4. Hay una película de detectives a las cuatro y cuarto de la mañana.
5. Puedes escuchar las noticias del día a las doce menos cuarto de la noche.
6. Dan una telenovela a las seis y media, y también la dan otras noches de la semana.
7. Si quieres ver un programa de hechos de la vida real, puedes verlo entre las siete y nueve.
8. No hay programas de deportes el miércoles.
9. Puedes ver una película de ciencia ficción hasta las once y cuarenta y cinco.
10. Si quieres aprender a cocinar, puedes ver un programa al mediodía.

Examen de habilidades

III. Writing Proficiency *(20 points)*

Write a letter to a friend in which you describe a movie you saw recently. Include information such as:

- when and where you saw the movie
- what kind of movie it was
- a general idea of the plot
- something about the actors
- your reaction to the movie

Remember to proofread the letter before you hand in the test. Are the words spelled correctly? Check the endings of your verbs. Did you use the correct form of the verbs in both the present and preterite tense? Did you use a variety of vocabulary and expressions in your description of the movie? Make changes if necessary.

IV. Cultural Knowledge *(20 points)*

Answer in English based on what you learned in the *Perspectiva cultural*.

Explain what type of TV programming is available in Venezuela, what you would choose to watch, and why.

V. Speaking Proficiency *(20 points)*

Your teacher may ask you to speak on one of these topics.

A. Imagine that you are a professional critic who reviews television programs each week. I am your audience and would like to know your opinion about a particular program. Tell me:

- what kind of program it is
- your feelings about the program
- why you feel this way about the program
- whether or not you recommend it

B. I am your classmate. Convince me to go with you to some event. Tell me when the event begins and ends, and how long it will last. Ask me some questions about the event.

Paso a paso 1

Nombre _____

CAPÍTULO 11

Fecha _____

Hoja para respuestas 1
Examen de habilidades

I. Listening Comprehension *(20 points)*

1. La película que se llama *Terror en la medianoche*
- **a.** empieza a las ocho y cuarto.
- **b.** ya empezó.
- **c.** termina a las diez y media.

2. Los jóvenes
- **a.** van a comer bistec.
- **b.** van a la casa de Ana y Luisa.
- **c.** van a ver una película en casa.

3. Los jóvenes van a ver a Ana y Luisa
- **a.** en el cine Hidalgo.
- **b.** en la casa de Sebastián.
- **c.** en la taquería.

4. Cuando hablan Julio y Sebastián
- **a.** son las seis menos cuarto.
- **b.** son las cinco.
- **c.** son las ocho y cuarto.

5. La película dura
- **a.** tres horas.
- **b.** una hora y media.
- **c.** dos horas y quince minutos.

II. Reading Comprehension *(20 points)*

1. ___
2. ___
3. ___
4. ___
5. ___

6. ___
7. ___
8. ___
9. ___
10. ___

III. Writing Proficiency *(20 points)*

Hola, _____ :

_____

_____

_____

_____

Saludos,

_____

Paso a paso 1

Nombre _____

CAPÍTULO 11

Fecha _____

Hoja para respuestas 2
Examen de habilidades

IV. Cultural Knowledge (20 points)

_____

_____

_____

_____

_____

_____

V. Speaking Proficiency (20 points)

A You and your friends are eating in a Mexican restaurant to celebrate the Cinco de Mayo holiday. Match the foods shown in the pictures with each conversation. Write the correct letter in the space. *(60 points)*

a   c   e   g

b   d   f   h

____ **1.** —¿Has probado el chile con carne alguna vez?

—No, nunca, pero me gustaría.

____ **2.** —¿Qué vas a pedir de plato principal?

—Quisiera probar las enchiladas de carne de res.

____ **3.** —¿Con qué se hacen las quesadillas?

—Con tortillas de harina.

____ **4.** —¿Quieres probar los churros?

—No, prefiero el helado.

____ **5.** —¿Quieres algo más?

—Sí, voy a pedir el guacamole.

____ **6.** —¿Vas a pedir los burritos?

—No, prefiero los chiles rellenos.

B You are naming the ingredients of different Mexican dishes during your demonstration in cooking class. Underline the correct word in parentheses. *(40 points)*

1. Los tacos son de (pollo / pescado).

2. La salsa tiene (flan / chile).

3. El burrito se hace con (frijoles / churros).

4. (Las tortillas / Los pasteles) se hacen con chocolate.

A James is talking to his friend Mauricio about Mexican food. Select the missing word or words from the list, then complete the conversation by writing the word in the blank space. *(50 points)*

aguacate	he probado	de postre	algo más
picante	de merienda	a menudo	probar

1. —¿Con qué se hace el guacamole?

   —Se hace con _____ .

2. —¿Te gusta la salsa mexicana?

   —A veces sí, pero a veces es demasiado _____ .

3. —¿Te gusta el flan?

   —Me encanta el flan _____ .

4. —¿Comes en restaurantes mexicanos?

   —Sí, _____ . ¡Me encanta la comida mexicana!

5. —¿Has probado las quesadillas alguna vez?

   —No, nunca las _____ .

B Blanca and Carlota are trying to decide which foods to order from the menu. Write the names of the different foods they are considering. *(50 points)*

1.  _____

2. _____

3. _____

4. _____

5. _____

A Gerardo and Emilio work as waiters on weekends. One of their responsibilities is to set the tables for the evening meal. Complete their statements by circling the letter that corresponds to the item represented in each picture. *(60 points)*

1. —Me falta _____ .
   a. un tenedor   **b.** una cuchara   **c.** un cuchillo

2. —Emilio, ¿me pasas _____ ?
   a. un tenedor   **b.** una cuchara   **c.** un cuchillo

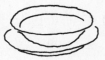

3. —No veo _____ .
   a. el vaso   **b.** el tazón   **c.** la taza

4. —Gerardo, ¿dónde está _____ ?
   a. el platillo   **b.** el mantel   **c.** la servilleta

5. —Emilio, ¿me pasas _____ , por favor?
   a. la pimienta   **b.** la sal   **c.** la mantequilla

6. —En esta mesa me falta poner _____ .
   a. la sal   **b.** el azúcar   **c.** la mantequilla

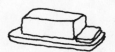

B You and your friends are talking to the waiter in your favorite restaurant. Circle the letter of the word missing from the conversation. *(40 points)*

1. —No, ese menú no es para mí. Yo _____ la cuenta.
   a. traigo   **b.** me trae   **c.** comí   **d.** pedí

2. —¿_____ la especialidad de la casa, por favor?
   a. traigo   **b.** me trae   **c.** comí   **d.** pedí

3. —Sí, en seguida. Y le _____ la cuenta también.
   a. traigo   **b.** me trae   **c.** pediste   **d.** pedí

4. —No, yo _____ lo mismo, un vaso de leche.
   a. traigo   **b.** me trae   **c.** bebí   **d.** bebiste

A Your friends have taken you to a restaurant to celebrate your birthday. Select the appropriate expressions from the list, then write them in the spaces to complete each conversation. *(50 points)*

en seguida	lo mismo	a la carta	me falta	pediste	bebí
debajo de	la cuenta	bebiste	comiste	traigo	pedí

1. —Camarero, _____ una servilleta.

   —Sí, _____ la traigo.

2. —Eva, ¿qué _____ de postre?

   —_____ el flan.

3. —Beto, ¿_____ el refresco?

   —Sí, lo _____ . Me gustan mucho los refrescos de fruta.

4. —Camarero, no me gusta el plato del día. Quisiera _____ que mi amigo.

   —Bueno. Le _____ la especialidad de la casa.

5. —Lucho, quisiera pagar _____ pero no la veo .

   —Aquí la tienes. Está _____ la servilleta.

B Juanita promised her mother she would set the table for tonight's dinner. Write the names of the different items she needs. *(50 points)*

1. _____

2. _____

3. _____

4. _____

5. _____

A Your friends are talking about the different foods they order when they go out to eat. Complete each conversation by using a correct form of the verb *pedir* in the present tense. *(50 points)*

1. —Isabel, ¿qué _____ tú en un restaurante mexicano?

   —Yo siempre _____ enchiladas o chiles rellenos.

2. —¿Qué _____ ustedes, Aurelio y Mario?

   —Nosotros siempre _____ guacamole y quesadillas.

3. —¿Y qué _____ Gabriela? Ella es de México.

   —Gabriela y su hermana _____ hamburguesas y papas fritas.

   —Gabriela nunca _____ tacos.

4. —Y en España, Pilar y Luis, ¿qué pedís vosotros en un restaurante mexicano?

   —Pues, _____ algo no muy picante.

5. —¿Qué _____ tus padres, Mario?

   —Mis padres siempre _____ comida picante.

B

Lilia is not sure which foods would impress her dinner guests, so she's asking different people what they serve. Complete her conversation by using a correct form of the verb *servir* in the present tense. *(50 points)*

1. —Profesor Anaya, ¿qué platos principales _____ usted?

   —A veces _____ pescado o carne de res.

2. —Sarita, ¿qué _____ de merienda?

   —No cocino muy bien, pero mi mamá siempre _____ fruta o unos pasteles.

3. —Rebeca y Dora, ¿qué _____ ustedes de postre?

   —Nosotras siempre _____ flan.

4. —¿Qué _____ la profesora en la clase de cocina?

   —La señora Flores siempre _____ ensaladas sabrosas.

5. —Guille, tu abuela cocina bien. ¿Qué _____ ella para las cenas de tu familia?

   —No sé, pero a veces vamos a un restaurante que queda cerca. Allí _____ comida muy buena.

You and your friends are planning a party at the beach next Saturday. You are organizing the day so that each person brings something you will need for the party. Use a form of the verb *traer* in the present tense to complete your conversation. *(100 points)*

1. —¿Quién _____ los sandwiches?

2. —Yo _____ los sandwiches de jamón.

3. —Nora y Joel, ¿qué _____ ustedes?

4. —Pues, Nora _____ los refrescos y yo la videocasetera.

5. —No tenemos película para la cámara. Claudia, ¿ _____ la película?

6. —No, Dolores y Elisa la _____ .

7. —Me falta un bronceador bueno. ¿Ustedes lo van a _____ ?

8. —Sí, Jesús y yo lo _____ .

9. —Arturo, tus amigos nunca _____ comida a las fiestas.

10. —Sí, pero ellos siempre _____ la música.

A Timo and Tomi are bragging about their grandparents, who always do wonderful things for others. Write the indirect object pronoun which corresponds to the underlined words in each statement. *(60 points)*

1. Cuando <u>yo</u> quiero nadar, mi abuelo siempre _____ lleva a la piscina.

2. Cuando <u>mi papá</u> tiene hambre, mi abuela siempre _____ trae una ensalada sabrosa.

3. Cuando <u>mis hermanos y yo</u> tenemos sed, mis abuelos siempre _____ hacen un sabroso jugo de fruta.

4. Cuando <u>mi hermana</u> quiere comer comida mexicana, mi abuelo siempre _____ sirve tacos o enchiladas.

5. Cuando <u>mis amigos</u> quieren algo de comer, mi abuela siempre _____ trae un sandwich o chocolate con churros.

6. ¿Qué hacen tus abuelos cuando <u>tú</u> quieres comer? ¿ _____ sirven una merienda o van todos a un restaurante?

B You and your friends forgot to bring some of the things you need for school today. Write the correct form of the indirect object pronoun to complete the conversations you and your friends are having. *(40 points)*

1. —No tengo un bolígrafo para la clase de inglés. ¿_____ traes uno, por favor?

   —¡Claro que sí! ¿Y _____ traigo papel también?

2. —Queremos estudiar para el examen, pero no tenemos el libro. ¿ _____ traes uno, por favor?

   —Pues sí. _____ traigo mi libro.

3. —Soledad no tiene su almuerzo hoy. ¿_____ traes algo para comer, por favor?

   —¿Qué _____ traigo, una hamburguesa o un taco?

4. —Mis amigos necesitan un diccionario. ¿_____ vas a traer uno?

   —Sí, _____ traigo uno en seguida.

Vicente works as a baby sitter for the neighbors next door. Tonight they are asking Vicente all about the different things their children did while they were away for the evening. Use the verb in parentheses to complete each question or statement. Write the verbs in the preterite tense. *(100 points)*

1. —¿Qué _____ Rebeca? (comer)

2. —¿_____ Pablo su leche a las nueve? (beber)

3. —¿Qué _____ los gemelos de postre? (comer)

4. —¿_____ ustedes la caja de los chocolates? No la veo en la mesa. (abrir)

5. —No, nosotros no la _____ . (abrir)

6. —¿Quién _____ los churros de la abuela? (comer)

7. —Vicente, ¿ _____ tú con los niños esta tarde? (salir)

8. —No, yo no _____ con ellos. Vimos la tele. (salir)

9. —¿Qué _____ los niños con la cena? (beber)

10. —Los niños y yo _____ jugo de naranja. (beber)

CAPÍTULO 12

A While waiting to be seated in the restaurant, you are looking at the menu. Write the names of the different foods pictured. *(24 points)*

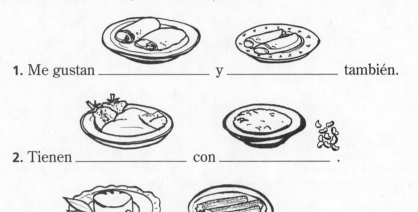

1. Me gustan _____ y _____ también.

2. Tienen _____ con _____ .

3. Hay _____ y _____ de postre.

B After shopping all morning, Sara and Sofía have decided to eat lunch in a Mexican restaurant. Complete their conversation by selecting the missing words or expressions from the list, and writing them in the spaces below. *(10 points)*

has probado	a menudo	he probado	pedir
de merienda	se hacen con	de postre	con qué se hacen

SARA   Sofía, ¿qué vas a _____ **1** _____ ?

SOFÍA   No sé. ¿_____ **2** _____ las quesadillas?

SARA   ¿Las quesadillas? _____ **3** _____ queso y una tortilla de harina.

SOFÍA   ¿_____ **4** _____ las ensaladas aquí?

SARA   Sí, las _____ **5** _____ . Son muy sabrosas.

C Ramón and Salvador have just learned how to set a formal table in their cooking class. Now the teacher has asked them to show the rest of the class. Use the pictures and the words in the list to complete what Ramón and Salvador tell their classmates. *(32 points)*

debajo   sobre   delante   detrás

—Primero ponemos _____ **1**   **2** _____ la mesa.

—Aquí ponemos _____ **3** _____ para el agua _____ **4** _____ del plato.

—A la izquierda del plato ponemos _____ **5** _____ y a la derecha del plato ponemos _____ **6** y _____ **7** .

—A la izquierda del plato ponemos dos _____ **8** , uno para la ensalada y otro para el plato principal.

D You and your friends have decided to spend your lunch hour studying for a biology test. Some considerate friends have offered to bring you something to eat. Complete the answers to each question by changing the verb *traer* and the indirect object pronoun. *(9 points)*

1. —Álvaro, ¿qué me traes?

   —_____ un sandwich de jamón y queso.

2. —Tere y Natalia, ¿qué nos traen ustedes?

   —_____ unos tacos y unos refrescos.

3. —Dorita, ¿te traigo una ensalada o un sandwich?

   —_____ una ensalada de lechuga y tomate, por favor.

E Sarita and her friends are complaining that when they ask for certain foods at home, their families always serve them something different. Complete their conversation by changing the verbs *pedir* and *servir* to the correct form of the present tense. *(9 points)*

1. —En el desayuno yo (pedir) _____ huevos y pan tostado, pero mis padres

   siempre (servir) _____ cereal.

2. —Mi hermana y yo (pedir) _____ arroz, pero mi papá siempre (servir)

   _____ papas.

3. —Mis primos (pedir) _____ helado, pero nosotros siempre (servir)

   _____ frutas.

F You ran into some friends as all of you were leaving a new restaurant. Each of you is curious to know what each person ate. Change the verbs to the preterite tense. *(16 points)*

—Nico, ¿qué _____ **1** _____ tú? (comer)

—Yo _____ **2** _____ pescado. (pedir)

—¿Qué _____ **3** _____ ustedes? (beber)

—Reina y yo _____ **4** _____ jugo de manzana. (beber)

Nombre _____

Fecha _____

A *(24 points)*

1. _____
2. _____
3. _____

B *(10 points)*

1. _____   4. _____
2. _____   5. _____
3. _____

C *(32 points)*

1. _____   5. _____
2. _____   6. _____
3. _____   7. _____
4. _____   8. _____

D *(9 points)*

1. _____   3. _____
2. _____

E *(9 points)*

1. _____
2. _____
3. _____

F *(16 points)*

1. _____   3. _____
2. _____   4. _____

Examen de habilidades

I. Listening Comprehension *(20 points)*

You and your friends were invited to a picnic sponsored by the International Club. Listen to the different conversations going on, then circle the letter of the picture in each pair that best matches what you hear.

II. Reading Comprehension *(20 points)*

Gabi has just received a postcard from her cousin Leonora. Read what her cousin has written, then select the best answer for each question.

Hola Gabi:

Este verano trabajo en un restaurante mexicano y me encanta. Puedo practicar el español y no tengo que pagar si quiero comer el almuerzo en el restaurante. Por la mañana tengo que poner las mesas. Pongo servilletas y manteles limpios, los platos, los tenedores, las cucharas y los cuchillos. También necesito poner los vasos para el agua y las tazas para el café. En el almuerzo servimos enchiladas, burritos, tacos, chiles rellenos, chile con carne, guacamole y salsas picantes. De postre tenemos pasteles, flan o helado. Debes visitarme porque no tengo que trabajar por la tarde.

Hasta luego,

tu prima Leonora

1. En el restaurante, la prima de Gabi
   a. nunca habla español.   c. no tiene que pagar su almuerzo.
   b. no trabaja la hora de la cena.

2. En el almuerzo, este restaurante sirve
   a. arroz, pescado y verduras.   c. enchiladas, tacos y otros platos mexicanos.
   b. hamburguesas y papas fritas.

3. Por la mañana Leonora debe
   a. lavar platos sucios.   c. practicar el español.
   b. poner las mesas.

4. En el restaurante sirven estos postres:
   a. churros y chocolate.   c. flan, helado y pasteles.
   b. fruta y queso.

5. La prima de Gabi, Leonora,
   a. trabaja por la noche.   c. trabaja por la mañana.
   b. trabaja por la tarde.

III. Writing Proficiency (20 points)

Write a letter to a friend in which you describe a meal you had recently in a restaurant. In your letter include:

- when and where you went to eat

- what kinds of foods or beverages the restaurant serves

- a description of what you ate and drank

- something about the service in the restaurant

Remember to proofread the letter before you hand in the test. Are the words spelled correctly? Check the endings of your verbs. Did you use the correct forms of the verbs in both the present and preterite tense? Make changes if necessary.

IV. Cultural Knowledge (20 points)

Answer in English based on what you learned in the *Perspectiva cultural*.

Describe a typical Saturday night or Sunday afternoon in a Mexican restaurant.

V. Speaking Proficiency (20 points)

Your teacher may ask you to speak on one of these topics.

A. You are talking to a friend on the telephone about a meal you just had at your favorite Mexican restaurant. Include the following information in your phone conversation:

- what you ordered to eat and drink

- a description of your meal

- what the service in the restaurant is like

- why you recommend this restaurant to your friend

B. You are the customer in a restaurant and I am the waiter. You just sat down at a table and would like to order something. Ask me some questions about the food. Tell me about some problem with the table setting.

Paso a paso 1

Nombre

CAPÍTULO 12

Fecha

Hoja para respuestas 1
Examen de habilidades

I. Listening Comprehension *(20 points)*

1. a

b

2. a

b

3. a

b

4. a

b

5. a

b

II. Reading Comprehension *(20 points)*

1. ____

2. ____

3. ____

4. ____

5. ____

Paso a paso 1

Nombre

CAPÍTULO 12

Fecha

Hoja para respuestas 2
Examen de habilidades

III. Writing Proficiency *(20 points)*

Hola, _____ :

_____

_____

_____

_____

Saludos,

_____

IV. Cultural Knowledge *(20 points)*

_____

_____

_____

_____

_____

_____

V. Speaking Proficiency *(20 points)*

A You and other members of the Recycling Club have been asked to speak to the sociology class about ways to recycle and save energy. Match the pictures with each conversation, then write the correct letter in the space. *(60 points)*

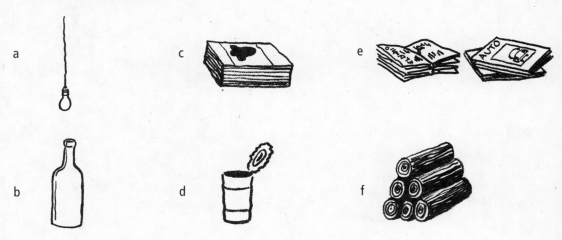

a   c   e

b   d   f

____ **1.** —¿Podemos reciclar los periódicos y las revistas?
—¡Claro que sí! Casi todos saben que pueden hacerlo.

____ **2.** —¿Qué otra cosa podemos reciclar?
—Pueden reciclar la guía telefónica.

____ **3.** —Yo no sé cómo puedo conservar energía. ¿Qué hago?
—¡Puedes apagar las luces cuando sales de un cuarto!

____ **4.** —¿Tenemos que reciclar la madera?
—Pues, sí. Vale la pena.

____ **5.** —Hay que separar las botellas, ¿verdad?
—Sí, hay que separarlas.

____ **6.** —¿Qué podemos reciclar en la escuela?
—Pueden reciclar las latas de refrescos y de jugos.

B Nicolás is reading a brochure left on the front doorstep of his house. The city has distributed the brochures throughout the community to get people to recycle and to conserve more energy. Underline the word or words that best complete each statement. *(40 points)*

1. Para conservar energía tenemos que reducir (la piel / la basura).

2. Para conservar energía, también podemos (montar en bicicleta / usar el coche).

3. Tenemos que (proteger / apagar) el medio ambiente.

4. Hay que reducir la basura. (¡A la vez! / ¡Vale la pena!)

5. ¿(Sabes / Sé) dónde queda el centro de reciclaje más cercano a tu casa?

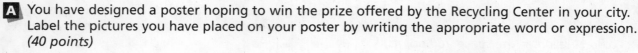
A You have designed a poster hoping to win the prize offered by the Recycling Center in your city. Label the pictures you have placed on your poster by writing the appropriate word or expression. *(40 points)*

1. ¿Sabes cómo reciclar _____ y el papel?

2. Tenemos que separar las botellas de _____ también.

3. Puedes _____ y usar menos el coche.

4. Debes separar _____ y el papel.

5. Tenemos que usar menos _____ .

B Jacobo is interviewing students on campus to find out what they know about recycling and saving energy. Select the word or expression missing from each interview. *(60 points)*

| no vale la pena | saber | proteger | la gente |
| vale la pena | conservarla | apagar | a la vez |

1. —¿Qué debemos hacer para reducir el problema de la basura?

— _____ tiene que reciclar más a menudo.

2. —¿Piensan ustedes que tenemos un problema con la energía?

—Sí, por eso tenemos que _____ si queremos un futuro mejor.

3. —¿Qué podemos hacer en casa?

—Todos debemos _____ las luces en casa.

4. —¿Debemos reciclar más?

—Pues, claro que sí. _____ si queremos _____ el medio ambiente.

5. —Mucha gente dice que _____ reciclar porque no todos lo hacen.

¿Qué piensas tú?

A Your biology class has taken a trip to the city zoo to observe the animals for a report you have to write later. Match the animals shown in the pictures with each statement. Write the correct letter in the blank space. *(50 points)*

 a

 c

 e

 g

 b

 d

 f

 h

___ **1.** Esta clase de serpiente vive en la selva de Venezuela.

___ **2.** ¿Crees que el oso está en peligro de extinción?

___ **3.** No sé, pero creo que el elefante sí está en peligro de extinción.

___ **4.** Estos pájaros son de la selva tropical de Guatemala.

___ **5.** Dicen que la ballena es muy inteligente.

B Your science teacher has divided your class into groups to discuss the environment. Underline the word or expression that best completes each statement. *(50 points)*

1. Creo que de todos los problemas que tenemos en la Tierra, la contaminación es (el mayor peligro / la amenaza).

2. No creo que la vaca está (en el medio ambiente / en peligro de extinción).

3. ¿Crees que las fábricas son (una amenaza / un centro de reciclaje) al medio ambiente?

4. Si queremos tener aire puro, debemos proteger (los árboles / los caballos).

5. Hay que reducir el agua contaminada de (las flores / los océanos).

A Your teacher has asked the class to list some animals that you think might be endangered. Write the name of each animal pictured on the list. *(60 points)*

1. _____

4. _____

2. _____

5. _____

3. _____

6. _____

B Irene and Rolando are watching a science documentary presented on television during Earth Day. Complete the narrator's statements by selecting a word or expression from the list. Write the correct letter in the space. *(40 points)*

a. forman parte de   **c.** el medio ambiente   **e.** fábricas

b. por supuesto   **d.** amenaza   **f.** en peligro de extinción

1. Las plantas y los animales _____ la Tierra y por eso hay que protegerlos.

2. Tenemos que proteger _____ y los animales _____ .

3. Los coches contaminan y son una _____ para el aire puro.

4. _____ que las vacas no están en peligro de extinción, pero muchos animales sí.

Along with the other members of the newspaper staff, you are reporting the results of what others have said during an interview about the environment. Use a correct form of the verb *decir* in the present tense to complete the following statements. *(100 points)*

1. —Muchas personas _____ que tenemos un problema serio en la Tierra.

2. —La gente _____ que las fábricas no son buenas, pero las necesitamos para vivir.

3. —El profesor de ciencias _____ que los estudiantes deben saber más sobre los problemas de la selva tropical.

4. —Nosotros, los estudiantes, _____ que debemos montar más en bicicleta y usar menos el coche.

5. —Nadie _____ que los caballos y las vacas están en peligro de extinción.

6. —Mi mejor amiga _____ que debemos plantar más árboles en las ciudades.

7. —Yo _____ que estoy de acuerdo con ella.

8. —Mis padres _____ que para conservar agua no debemos lavar el coche a menudo.

9. —Mis amigos y yo _____ que debemos escribir un informe en el periódico esta semana sobre estos problemas.

10. —Francisco, ¿qué _____ tú? ¿Debemos escribirlo hoy o mañana?

A Clara enjoys giving advice to her friends. In each of Clara's statements below, change the verb in parentheses to the command form. *(20 points)*

JOEL   Tengo que reciclar la basura mejor. ¿Qué debo hacer?

CLARA   Pues, Joel, _____ las latas de las botellas. (separar)

MARTÍN   Tengo sed y calor, Clara.

CLARA   Martín, _____ un refresco frío. (beber)

ANABEL   Siempre tengo sueño, Clara. ¿Qué crees que debo hacer?

CLARA   Pues, _____ más horas. (dormir)

TEODORO   No me siento muy bien. No tengo mucha energía, Clara.

CLARA   _____ ejercicio más a menudo. (hacer)

LILIA   ¿Necesitas ayuda con la cena esta noche?

CLARA   Sí, Lilia. _____ la mesa, por favor. (poner)

B Your friends have come over to your house to prepare a special dinner for the Spanish Club. Since they are unfamiliar with your kitchen, help them by telling each one what to do. Answer each question by changing the underlined verb to a command and by substituting the noun with a direct object pronoun. Don't forget to place the pronoun in the right place and to add an accent where necessary in each of your answers. *(80 points)*

1. —¿Debo cortar el pan ahora?

—Sí, _____ ahora.

2. —¿Crees que debo lavar estas cucharas?

—Sí, _____ , por favor.

3. —¿Puedo abrir esta lata de frijoles?

—Sí, _____ .

4. —Estos vasos están sucios. ¿Los limpio?

—Sí, _____ .

5. —¿Cuándo debo preparar las ensaladas?

— _____ en media hora.

6. —¿Debo traer más sandwiches?

—Sí, _____ , por favor.

7. —¿Debo hacer la limonada en seguida?

—No, _____ más tarde.

8. —¿A qué hora tengo que poner la mesa?

— _____ a las seis en punto.

9. —¿Debo reciclar las botellas y las latas después de la cena?

—Sí, _____ .

10. —¿Debo llamar a todos para comer?

—Sí, _____ y, ¡a comer!

Your job as a teacher's aid in an elementary school sometimes includes teaching a lesson. Today you are asking your students what they know about the environment. Complete the conversation below by using a correct form of the verb *saber* in the present tense. *(100 points)*

1. —Daniel, ¿qué _____ de los animales de la selva tropical?

   —Yo _____ que el elefante y el gorila están en peligro de extinción.

2. —Leonor y Elisa, ¿qué _____ ustedes sobre el reciclaje?

   —Nosotras _____ que tenemos que separar la basura.

3. —Laurita, ¿qué _____ tus padres sobre el problema de la energía?

   —Mi mamá _____ que debemos conservarla. Mi papá siempre me dice que debo

   apagar las luces.

4. —Hernán, ¿tus amigos _____ cómo separar la basura?

   —¡Por supuesto! Benito y yo _____ separar el cartón de los periódicos.

5. —¿Qué _____ ustedes de la energía y los coches?

   —Pues, _____ que debemos usar más el transporte público y también montar en

   bicicleta.

   —¡Ustedes son estudiantes muy inteligentes!

CAPÍTULO 13

A To earn money for their school clubs, different members volunteer to help take the items they have collected to the local recycling center. Write the names of the various objects they collected this month. *(24 points)*

1. —Vamos a llevar estas _____ al centro de reciclaje.

2. —Aquí tengo unas _____ en un saco.

3. —Vamos a poner el _____ aquí.

4. —Debemos llevar los _____ también.

B Celina was asked by the chief editor of the school newspaper to write an article for Earth Day. Select the word or expression that best completes Celina's notes for her article, then write the letter of your selection on the blank space. *(12 points)*

1. Algunos animales están en _____ por su piel.
   a. el medio ambiente   **b.** peligro de extinción   **c.** la ballena

2. _____ para muchas ciudades es el aire contaminado.
   a. El mayor peligro   **b.** El medio ambiente   **c.** El reciclaje

3. Para conservar más energía, debemos reciclar la basura y _____ las luces que no usamos.
   a. apagar   **b.** regalar   **c.** proteger

4. Sólo _____ puede proteger la Tierra.
   a. la gente   **b.** los animales   **c.** las plantas

C Armando has taken his little brother to the zoo today. Complete Armando's comments by writing the names of the animals represented in each picture. *(16 points)*

1. —¿Te gustan estos _____ ? Viven en la selva tropical de Guatemala.

2. —Algunos piensan que ya no hay muchos _____ en África.

3. —No me dan miedo _____ .

4. —Es la hora de comer para todos los animales. ¿Qué come _____ ?

CAPÍTULO 13

D Angélica is trying to convince her family to watch a special documentary tonight with her. The documentary would be helpful to her in writing a report for her science class. Write what each family member says by using a form of the verb *decir* in the present tense. *(18 points)*

1. —¿Qué _____ tú, Juanito? ¿Quieres ver el documental?

   —Pues, _____ que no porque quiero ver la película de aventuras.

2. —¿Qué _____ Irma?

   —Pues, Irma _____ que no porque hay una telenovela muy buena esta noche.

3. —Y, ¿qué _____ ustedes, mamá y papá?

   —¡Nosotros _____ que sí! Ya sabes que nos fascinan los documentales.

E Magda is nervous because she wants everything to be perfect for the surprise birthday party she has planned for her best friend. Write what Magda tells everyone to do by changing the underlined verbs to the command form. In addition, change the noun to a direct object pronoun and place it correctly with the verb. *(18 points)*

1. —Magda, ¿<u>preparar</u> la mesa?

   —Sí, ¡ _____ !

2. —Magda, ¿<u>hacer</u> los burritos?

   —Sí, ¡ _____ !

3. —Magda, ¿<u>servir</u> el flan?

   —Sí, ¡ _____ !

4. —Magda, ¿<u>probar</u> el café?

   —Sí, ¡ _____ !

5. —Magda, ¿<u>traer</u> los regalos?

   —Sí, ¡ _____ !

6. —Magda, ¿<u>apagar</u> las luces?

   —Sí, ¡ _____ !

F Diego is talking to his younger brother and sister to see what they know about recycling and saving energy. First complete Diego's question by selecting and writing the correct word or expression in parentheses. Then complete each answer by writing a correct form of the verb *saber* in the present tense. *(12 points)*

1. —Andrés, ¿sabes que hay un problema con _____ de la selva tropical? (los árboles / el océano)

   —Sí. Yo _____ que debemos plantar más en la selva tropical.

2. —¿Creen que debemos reciclar _____ ? (la madera / la luz)

   —Sí. Nosotros _____ que podemos reciclarla a menudo.

3. —¿Debemos usar más el coche o _____ ? (pasear en bote / montar en bicicleta)

   —Nuestros amigos _____ que es mejor usar menos el coche, ¡y nosotros también!

CAPÍTULO 13

A *(24 points)*

1. _____
2. _____

3. _____
4. _____

B *(12 points)*

1. _____
2. _____

3. _____
4. _____

C *(16 points)*

1. _____
2. _____

3. _____
4. _____

D *(18 points)*

1. _____
2. _____
3. _____

E *(18 points)*

1. _____
2. _____
3. _____

4. _____
5. _____
6. _____

F *(12 points)*

1. _____
2. _____
3. _____

CAPÍTULO 13

Examen de habilidades

I. Listening Comprehension *(20 points)*

A. You and some friends have taken the young children of the community center to the zoo today. Listen to the guides as they make comments to the visitors. Write the letter of the picture which best matches what you hear.

B. Tomás and his sister Rosalía are very concerned about the environment. Listen to their conversation as they do their Saturday chores, then circle the letter of the best answer to each question.

II. Reading Comprehension *(20 points)*

City workers have been distributing leaflets throughout your neighborhood. You found this one hanging from the door knob when you left your house today. Read the leaflet, then circle the letter of the best answer to complete each statement.

¡NO TIENES QUE SEPARAR TUS RECICLABLES!
Ahora puedes poner los siguientes productos en el mismo recipiente en la calle:
• botellas y objetos de vidrio
• latas de aluminio
• botellas de plástico (solamente las que están marcadas para reciclar)
Puedes pedir los recipientes a la ciudad y no te cuestan nada.
Por favor, pon los periódicos, revistas o guías telefónicas
en una bolsa de papel.
También puedes pedir bolsas de papel para
reciclar los periódicos. ¡Tampoco te cuestan
un centavo! La recolección de reciclables
es el mismo día de la recolección de basura.
Puedes llamar al 888-RECICLA para pedir
los recipientes y las bolsas, y también
para obtener más información.
¡Gracias por reciclar!

1. En esta ciudad la gente tiene que separar las botellas de plástico de las botellas de vidrio.
2. No deben reciclar las botellas que no están marcadas para reciclar.
3. Pueden separar las revistas y reciclarlas.
4. Hay que comprar los recipientes de reciclaje a la ciudad.
5. Pueden reciclar las botellas, las latas y el papel el mismo día que la ciudad recoge la basura en la calle.

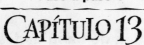

III. Writing Proficiency *(20 points)*

Write a short speech that you have been asked to give to the Nature Club during Earth Day. Include information such as:

- a description of the natural environment

- actions you suggest to protect the environment

- some environmental threats to our air and water, our energy, and our animals and plants

Remember to reread what you have written before you hand in the test. Are the words spelled correctly? Check the endings of your verbs. Did you use the correct forms of the verbs? Did you use a variety of vocabulary and expressions in your description of the environment? Make changes if necessary.

IV. Cultural Knowledge *(20 points)*

Answer in English based on what you learned in the *Perspectiva cultural.*

Compare the reasons for the disappearance of animals in Cuba with those for the disappearance of animals on other parts of the Earth.

V. Speaking Proficiency *(20 points)*

Your teacher may ask you to speak on one of the following topics.

A. You have been asked to talk to some young students who know nothing about protecting the environment nor recycling. In your conversation with them, tell them about:

- some environmental dangers

- ways to conserve energy

- how to recycle different products

B. You work part-time at the zoo as a guide. Talk to me about the different animals that live there and try to convince me that some of these animals are endangered. Ask me some questions.

Paso a paso 1

Nombre

CAPÍTULO 13

Fecha

Hoja para respuestas 1
Examen de habilidades

I. Listening Comprehension *(20 points)*

A. *(10 points)*

a

c

e

b

d

f

1. ____ 2. ____ 3. ____ 4. ____ 5. ____

B. *(10 points)*

1. ¿Qué tienen que hacer este sábado Tomás y Rosalía?

   a. Tienen que trabajar en el centro de reciclaje.

   b. Deben separar la basura.

   c. Necesitan lavar unas camisas y unos pantalones.

2. ¿Qué quiere hacer Rosalía?

   a. Recoger el cartón de la basura.

   b. Poner la madera en la basura.

   c. Reciclar los periódicos y la guía telefónica.

3. ¿Qué quiere saber Tomás?

   a. Quiere saber cómo separar las latas de aluminio y las cosas de cartón.

   b. Quiere llevar las latas de aluminio al centro de reciclaje.

   c. Quiere poner el vidrio con el plástico.

4. ¿Qué piensan hacer Rosalía y Tomás más tarde?

   a. Van a una fiesta en un centro comercial.

   b. Van a estudiar las reglas de reciclaje.

   c. Van a llevar cosas al centro de reciclaje.

5. ¿Qué quiere hacer Rosalía hoy con la madera?

   a. Apagarla.   **b.** Reciclarla.   **c.** Protegerla.

Paso a paso 1

Nombre _____

CAPÍTULO 13

Fecha _____

Hoja para respuestas 2
Examen de habilidades

II. Reading Comprehension *(20 points)*

1. Sí   No

2. Sí   No

3. Sí   No

4. Sí   No

5. Sí   No

III. Writing Proficiency *(20 points)*

Hola, _____ :

_____

_____

_____

_____

_____

_____

Saludos,

_____

IV. Cultural Knowledge *(20 points)*

_____

_____

_____

_____

_____

V. Speaking Proficiency *(20 points)*

A You have received several invitations to different events during the winter vacation. Write the number of the written invitation under the matching picture. *(60 points)*

1. El Club de español te invita a una fiesta en la Sala 215 el 21 de diciembre a las 6:00 P.M.

2. Vamos a dar una fiesta para MariCarmen porque, gracias a ella, somos la escuela número uno en tenis. Hay que llegar a las ocho en punto porque MariCarmen no sabe nada de la fiesta.

3. Todos los invitados van a llevar ropa de personas famosas. La fiesta empieza a las 9:00 P.M. el viernes 18 de diciembre, en casa de Roberto.

4. Va a ser el baile más genial del año con tu música favorita, este sábado a las 8:30 P.M. en la discoteca *Selva Musical*.

B Felipe's family has gathered at his house to celebrate the holiday season. Complete the various conversations they have as they exchange gifts by underlining the appropriate word or expression. *(40 points)*

1. —Rosalía, aquí tienes un regalo de una (parienta / encantada).

2. —Gracias. Ella siempre (recibe / suele) darme algo bonito.

3. —¡Me encanta! Es un pájaro amarillo y verde (encantada / hecho a mano).

4. —Felipe, ¿(conoces / conozco) a la novia de tu primo Gilberto?

5. —Pues, Felipe, (te doy / te presento) a Mariquita. Mariquita, Felipe.

A You don't understand it, but just as your social calendar has gotten very full, your friends won't stop calling you with invitations to different activities. Complete each statement by writing the word or expression represented by the picture. *(60 points)*

1. Gracias por la invitación, Pedro, pero el sábado voy

   a _____ de Tina.

2. ¡Qué lástima, Trini! El viernes no puedo salir contigo porque voy a

   _____ para mi tío.

3. Gracias, pero el jueves tenemos una _____ .

4. Me gustaría ir a tu fiesta, Marcos, pero voy a _____

   en casa de Elena.

B Elena has taken Rodrigo to a family reunion to celebrate her grandparents' wedding anniversary. Complete their conversation by choosing and writing in the most appropriate word or expression from the list. *(40 points)*

hechos a mano	parientes	conozco	conoces	da
te presento a	encantada	reunión	suelo	das

1. —¿Están aquí todos tus _____ , Elena?

   —Sí, pero no los _____ a todos.

2. —¿Tú les _____ regalos siempre?

   —Depende. A veces _____ darles algo práctico para su casa.

3. —A mí me encantan los regalos _____ . Elena, ¿quién es esa mujer amable y atractiva?

   —Es la más joven de mis tías. Se llama Paulina. Como tú no la _____ , voy contigo a hablar con ella.

4. —Tía Paulina, _____ Rodrigo. Es mi mejor amigo.

   —¡ _____ , Rodrigo!

5. —Igualmente, Paulina. ¡Qué simpática la _____ de tu familia!

   —Sí, nuestra familia siempre _____ fiestas muy buenas.

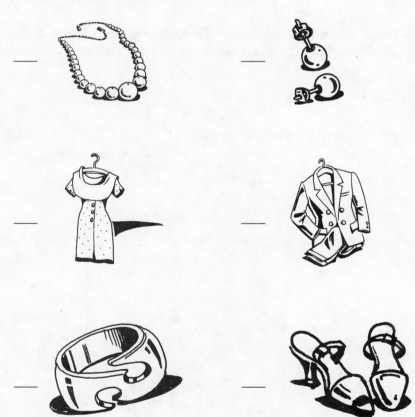

A Celia and Maribel are at a party talking to each other. Underline the appropriate word or expression to complete their conversation. *(60 points)*

1. —¡Qué aburrida está esta fiesta! Nadie está (viendo / bailando).

2. —Creo que no les gusta (la fecha / el ambiente).

3. —¿Crees que debemos (escoger / decorar) otra clase de música?

4. —Sí, porque yo quiero (pasarlo bien / pasarlo mal).

5. —¿Piensas que el problema es la comida? Nadie está (hablando / comiendo).

6. —(De ninguna manera / Creo que sí). ¡La comida está muy sabrosa!

B Nina and Claudia are excited because their boyfriends just invited them to the winter formal. Choose the pictures which best match their conversation. Write the number of the statement under the corresponding picture. *(40 points)*

1. —Quiero llevar el collar que mi tía me regaló para mi cumpleaños.
2. —¿Sabes que Julián compró un traje nuevo? ¡Le queda muy bien!
3. —¿Vas a llevar el vestido de fiesta rojo o el verde?
4. —¡Qué lástima! No puedo llevar los zapatos de tacón alto porque ayer me lastimé el pie.

A Olivia has been nervous all week because she wants the party she's giving for her friends to be a success. Complete Olivia's conversation by choosing a correct word or expression from the list. Write the corresponding letter in the blank space. *(50 points)*

a. lo están pasando bien   **d.** escoges   **g.** escojo

b. viendo   **e.** lo están pasando mal   **h.** hablando

c. escuchando   **f.** el ambiente

1. —¿Crees que los invitados _____ ?

2. —De ninguna manera. Todos están _____ o comiendo.

3. —¿_____ otro disco compacto?

4. —El que estamos _____ es muy bueno. Por eso todos están bailando.

5. —Ya no me siento mal. Todos _____ .

B Dolores and her twin brother Diego have just received an invitation to a formal party at the country club. To complete their conversation, write the word or expression which corresponds to each picture. *(50 points)*

1. —¡Diego! ¡Nos invitaron a una fiesta en el Club Campestre!

Aquí está _____ .

2. —¿De veras? Pues, tengo que comprar un traje nuevo y también _____ .

3. —Y yo debo comprar un vestido de fiesta, un collar y _____ .

4. —¿Vas a llevar _____ de nuestra abuelita?

5. —¡No! Es demasiado elegante, pero voy a llevar _____ .

A Rolando is trying to get some help organizing a party for next weekend, but he isn't getting much cooperation from his friends. Choose the appropriate negative word for each answer to Rolando's questions. Write the word in the blank space. *(40 points)*

tampoco	nunca	nada
ni…ni	nadie	no

1. —¿Quién va a traer los discos compactos a la fiesta?

    — _____ va a traerlos.

2. —Pepe, ¿vas a sacar fotos en la fiesta?

    —No saco fotos _____ . No tengo cámara.

3. —¿Qué día me pueden ayudar a decorar, el jueves o el viernes?

    — _____ el jueves _____ el viernes. Tenemos que practicar fútbol.

4. —Gabriela, ¿tú me puedes ayudar?

    —No te puedo ayudar _____ . Tengo que ayudar en casa.

5. — _____ creo que es buena fecha para una fiesta. Mejor voy al cine con mi novia.

B You and a friend are trying to decide what to do tonight. Underline the most appropriate word in parentheses to complete your conversation. *(60 points)*

1. —¿Hay _____ en la tele que podemos ver? (alguien / algo / nada)

2. —No, no hay _____ interesante. (alguien / algo / nada)

3. —¿Quieres llamar por teléfono a _____ ? (alguien / nadie / nada)

4. —Ya llamé a nuestros amigos y _____ está en casa. Todos fueron a la fiesta.

    (alguien / nadie / nada)

5. —¿ _____ te quedas en casa los viernes por la noche? (nunca / siempre / nadie)

6. —¡De ninguna manera! _____ me quedo en casa. Generalmente tengo dos o tres

    invitaciones. (nunca / siempre / nadie)

The students in Estela's drama class have been asked to pantomime different actions. During each performance the teacher asks what action is being pantomimed. Complete the conversation by using the present progressive form of each verb in parentheses. Don't forget that the present progressive tense consists of two verbs and that you will need to include both in each of your answers. *(100 points)*

1. —Clase, ¿qué _____ María? (hacer)

2. —María _____ . (nadar)

3. —Javier, ¿qué _____ tú? (hacer)

4. —Pues, _____ un helado. (comer)

5. —Clase, ¿qué _____ Celia y Victoria? (hacer)

6. —Ellas _____ en español. (cantar)

7. —Julio y Fausto, ¿qué _____ ustedes? (hacer)

8. —Pues, _____ café. (beber)

9. —Clase, ¿qué _____ yo? (hacer)

10. —Usted _____ una lección. (enseñar)

A Sofía thinks that some people buy inappropriate gifts. Select the correct form of the verb *dar* and the indirect object pronoun to complete her conversation. *(60 points)*

me	te	le	nos	les
doy	das	da	damos	dan

1. —¿Quién _____ a Roberto esas corbatas feas y grandes?

2. —Sus tíos _____ esas corbatas.

3. —¿Quién _____ a ti esos discos compactos de música antigua?

4. —Mi novia _____ esos discos porque ¡me encantan!

5. —¿Ustedes _____ a Sara y a Jorge esos videos de documentales aburridos?

6. —No, nosotros _____ los videos de películas de aventuras.

B Carolina, Florencia, and Cira are trying to select some gifts. Use the correct form of the present tense of the verb *dar* for each answer. Don't forget to change the indirect object pronoun if necessary. *(40 points)*

1. —A mis tíos les encantan las fiestas. ¿Qué les doy por su aniversario?

—¿Por qué no _____ una invitación a la fiesta de la escuela?

2. —¿Qué les dan ustedes a sus padres?

—_____ una corbata a papá y un collar a mamá porque les gusta mucho la ropa

elegante.

3. —¿Y qué les dan sus padres a ustedes, Carolina y Florencia? ¡Ya sé que a ustedes les

encantan las joyas!

—Pues, _____ aretes o pulseras.

4. —Bueno, Carolina, ¿qué me das a mí? Ya sabes que me encanta leer libros de ciencia ficción.

—Pues, _____ unos libros de ciencia ficción o te invito a ver una película de Julio

Verne.

CAPÍTULO 14

A Your friends are talking about different parties they've been invited to attend. Complete their conversations by writing the word or expression represented by each picture. *(20 points)*

1. —Me invitaron a _____ este sábado.

2. —Mis amigos y yo vamos a _____ con trajes de animales en peligro de extinción.

3. —Pienso ir a _____ con mis amigos de México.

4. —¿Quieres ir con nosotros a _____ para Lucía?

B Beatriz wants Virginia to introduce her to Ramón, who is talking to someone else at the party. Select the best word or expression from the list to complete their conversation. *(18 points)*

de ninguna manera	encantado	conocerlo	conoces
te presento a	conocerla	conozco	sueles

BEATRIZ   Virginia, ¿ _____1_____ al muchacho que está hablando con Maribel y Margot?

VIRGINIA   Sí, lo _____2_____ . Es el nuevo estudiante de Colombia.

BEATRIZ   ¡Qué guapo es! ¡Tengo que _____3_____ !

VIRGINIA   Bueno. ¡Ramón! _____4_____ mi prima Beatriz. Beatriz, Ramón.

RAMÓN   _____5_____ , Beatriz. ¿Te gusta esta música? ¿Quieres bailar?

BEATRIZ   Sí, gracias. ¿ _____6_____ bailar o hablar en las fiestas?

RAMÓN   Pues, ¡las dos cosas!

C Irene has just received an invitation to a formal party. Complete his conversation with Gloria by writing the word or expression represented by the picture. *(20 points)*

1. —Gloria, recibí una invitación a una fiesta elegante. ¿Puedo llevar

_____ ?

2. —Pues, no sé. ¿Puedes ir con otra persona? ¿Cuántas

_____ tienes?

CAPÍTULO 14

3. —Dos. Si quieres, puedes ir conmigo. Vas a necesitar un

_____ .

4. —Sí, y tú necesitas un _____ y una _____ .

D Claudio and Elsa have just met at a party. Claudio asks Elsa some questions to find out if they have anything in common. Complete each of Elsa's answers by adding the missing negative word which corresponds to the affirmative word in Claudio's question. *(12 points)*

1. —Yo siempre voy a los conciertos de *rock*. ¿Y tú?

—No, yo _____ voy a esos conciertos.

2. —¿Te gustan las películas del oeste o las películas de ciencia ficción?

—No me gustan _____ las películas del oeste _____ las películas de ciencia ficción.

3. —¿Quisieras bailar con alguien?

—No, no quiero bailar con _____ .

E You and your friends work for a catering service. Each of you has a particular responsibility at tonight's party. Complete your conversation by using a form of the present tense of the verb *dar* plus the appropriate pronoun. *(15 points)*

1. —¿A quién le doy la ensalada?

— _____ _____ la ensalada al señor del pelo canoso.

2. —¿Qué les damos a esas señoritas impacientes?

—Ustedes _____ _____ unos refrescos.

3. —¿A quiénes les das los sandwiches tú?

— _____ _____ los sandwiches a los muchachos en esa mesa redonda.

F Olga is having a party, but she's not sure that all of her guests are having a good time. Answer her questions about what different guests are doing by using the present progressive tense of the verb in parentheses to complete your answer. *(15 points)*

1. —¿Qué hacen Susana y Alejandra?

— _____ por teléfono con unos muchachos. (hablar)

2. —¿Qué hace Leonardo?

— _____ tacos y burritos. (comer)

3. —¿Qué haces tú?

— _____ música con Berta. (escuchar)

Nombre _____

Fecha _____

A *(20 points)*

1. _____

2. _____

3. _____

4. _____

B *(18 points)*

1. _____

2. _____

3. _____

4. _____

5. _____

6. _____

C *(20 points)*

1. _____

2. _____

3. _____

4. _____

D *(12 points)*

1. _____

2. _____

3. _____

E *(15 points)*

1. _____

2. _____

3. _____

F *(15 points)*

1. _____

2. _____

3. _____

CAPÍTULO 14

I. Listening Comprehension *(20 points)*

Rosa is calling some friends to invite them to her house for a party. Listen to her telephone conversation, then select the best answer to each question.

II. Reading Comprehension *(20 points)*

It's Catalina's birthday and Marina wants to throw her a surprise party. Since Marina likes suspense novels, she has decided to write a creative and suspenseful invitation to give to all of her friends. Read Marina's invitation, then choose the best answer to complete each statement.

> ¡Ella no sabe nada!
> Nadie está bailando. Nadie está tocando música ni comiendo. Todos están en el mismo lugar. El ambiente está demasiado callado. ¿Están aburridos? ¿Están tristes? Son casi las ocho en punto y alguien apaga las luces. Todos los invitados están callados. ¡Qué emocionante! ¡Alguien está llegando! Nacho, tú le vas a abrir la puerta. Felicidad, tú le vas a dar los regalos. Catalina no sabe que en seguida la vamos a recibir cantando "Feliz cumpleaños". ¡Lo vamos a pasar genial!

1. ¿A qué hora crees que deben llegar los invitados?
   a. A las ocho en punto.　　**b.** Antes de las ocho.　　**c.** Después de las ocho.

2. Los amigos de Catalina la van a recibir
   a. bailando.　　**b.** comiendo.　　**c.** cantando.

3. Esta persona va a llegar a una fiesta de sorpresa.
   a. Nacho　　**b.** Marina　　**c.** Catalina

4. Felicidad le va a dar
   a. los regalos.　　**b.** la puerta.　　**c.** las luces.

5. En esta fiesta todos los invitados
   a. van a pasarlo bien.　　**b.** están aburridos.　　**c.** van a pasarlo mal.

III. Writing Proficiency *(20 points)*

Write a letter to a friend describing your plans for a party. Include the following information:

- the type of party you have chosen to give and why
- the arrangements you need to make
- what the guests should wear
- what the guests should bring to the party

CAPÍTULO 14

Remember to reread your letter before you hand in the test. Are the words spelled correctly? Check the endings of your verbs. Did you use the correct forms of the verbs? Did you use a variety of vocabulary and expressions related to the party that you are describing? Make changes if necessary.

IV. Cultural Knowledge *(20 points)*

Answer in English based on what you learned in the *Perspectiva cultural*.

Compare how you would expect a Puerto Rican girl to celebrate her fifteenth birthday to how girls in your school celebrate theirs.

V. Speaking Proficiency *(20 points)*

Your teacher may ask you to speak on one of the following topics.

A. You have invited me to a party, but I don't know anyone there. In your conversation with me:

- ask me if I know any of the people at the party

- identify some of your friends by what they are wearing

- introduce me to some people

B. Imagine that we are looking at an album with photographs of your friends taken during different parties. Identify your friends by what they are wearing and by what they are doing at the party. Ask me some questions about the kinds of parties I like to attend.

Paso a paso 1

CAPÍTULO 14

Nombre

Fecha

Hoja para respuestas 1
Examen de habilidades

I. Listening Comprehension *(20 points)*

1. ¿Quién invita a quién a una fiesta?

    a. María Teresa invita a Rosa.

    b. Rosa invita a María Teresa.

    c. Ángela invita a María Teresa.

2. ¿Qué deben traer los invitados?

    a. Algo muy caro.

    b. Nada muy barato.

    c. Algo barato.

3. ¿Qué clase de fiesta va a dar Rosa?

    a. Una fiesta para sus parientes de Venezuela.

    b. Una reunión de unos amigos para estudiar.

    c. Una fiesta de sorpresa para Ángela.

4. ¿Quiénes van a estar en la fiesta del sábado también?

    a. Sólo los amigos de María Teresa.

    b. Unas personas a quienes María Teresa no conoce.

    c. Todos los parientes de Gloria.

5. ¿Qué no debe hacer nadie?

    a. Llegar después de las ocho y media.

    b. Llegar a las ocho y media.

    c. Llegar temprano.

II. Reading Comprehension *(20 points)*

1. ____

2. ____

3. ____

4. ____

5. ____

Paso a paso 1

Nombre _____

CAPÍTULO 14

Fecha _____

Hoja para respuestas 2
Examen de habilidades

III. Writing Proficiency *(20 points)*

Hola, _____ :

_____

_____

_____

_____

_____

_____

Saludos,

_____

IV. Cultural Knowledge *(20 points)*

_____

_____

_____

_____

_____

V. Speaking Proficiency *(20 points)*

Bancos de ideas

EL PRIMER PASO

I. Listening Comprehension *(10 points each)*

A. The teacher has asked you to help prepare some name tags for the students before the first day of school. Listen as the teacher spells out the names of the students and tells you each one's birth date. Look at the list to find the matching name and birthday, then write the correct letter in the space.

B. You're on a bus with your friend, who is seated next to a lady who speaks no English. Since your friend doesn't understand much Spanish, you try to help out by telling your friend what she is asking. Listen as the lady asks your friend some questions, then choose the appropriate statement from the list.

C. Some students are helping the teacher organize the classroom materials before the first day of school. Listen to their conversation about different classroom items, then match each conversation with the appropriate picture.

II. Reading Comprehension *(10 points each)*

A. Gloria is helping her Spanish teacher design two large calendars for the classroom. One calendar will show the days of the week and the other one will show the months of the year. Rearrange the labels Gloria has written for each calendar, then write the missing days of the week on the first calendar and the missing months of the year on the second one. Don't forget that calendars written in Spanish begin the first day of the week with Monday.

marzo	jueves	agosto	miércoles	enero	septiembre	julio
lunes	diciembre	abril	domingo	junio	martes	mayo
	noviembre	sábado	octubre	viernes	febrero	

B. During the morning break some students are talking to a teacher in the hallway. Complete their conversation by writing the correct word or expression from the list. Do not use a word or expression more than once.

de dónde eres	buenos días	Qué tal	bien	mal
buenas tardes	te llamas	y usted	y tú	hay
mucho gusto	me llamo	soy de	muy	

SRA. ROSA _____1_____, Pedro. ¿ _____2_____ ?

PEDRO _____3_____, gracias. ¿ _____4_____ , señora Rosa?

SRA. ROSA _____5_____ bien, gracias. Y, ¿cómo _____6_____ tú?

LUZ _____7_____ Luz.

SRA. ROSA	¿ _____8_____ , Luz? ¿De Arizona o de Texas?
LUZ	_____9_____ Arizona.
SRA. ROSA	_____10_____ , Luz.

C. Teresa is trying to get her friend Víctor to remember her birthday. Complete their conversation by writing the correct word or expression from the list. Some words or expressions may be used more than once.

| qué día es | cuál es | quince | hay | tu |
| cuántos | hoy es | tienes | mi | |

TERESA	¿ _____1_____ días _____2_____ en abril, Víctor?
VÍCTOR	_____3_____ treinta días en abril.
TERESA	¿ _____4_____ hoy? ¿El 29 de abril? ¿El 30 de abril?
VÍCTOR	_____5_____ el 30 de abril.
TERESA	¡Sí! Y mañana es el primero de mayo.
VÍCTOR	¿Primero de mayo? ¡Ah! El primero de mayo es _____6_____ cumpleaños, ¿sí?
TERESA	Sí, Víctor. El primero de mayo es _____7_____ cumpleaños.
VÍCTOR	¿ _____8_____ años _____9_____ hoy?
TERESA	Hoy tengo catorce años. ¡Y mañana _____10_____ años!

III. Writing Proficiency *(10 points)*

You want to meet the new student who has just arrived from Puerto Rico. Write down what you plan to say. You would like to:

- greet one another
- ask the student where he or she is from
- find out how old the student is
- exchange telephone numbers
- say good-by

IV. Cultural Knowledge *(10 points)*

Can you list and define some Spanish words commonly used in the United States?

V. Speaking Proficiency *(10 points each)*

A. I am a new student in your Spanish class. Introduce yourself to me, then ask me some questions. In your conversation with me you would like to know:

- my name
- where I come from
- how old I am
- my telephone number

Tell me some things about yourself.

B. You and I are classmates working together to finish our Spanish homework. Ask me some questions as we work. In your conversation with me you would like to know:

- today's date
- how to spell some words
- the dates of some holidays
- my telephone number

El Primer Paso

I. Listening Comprehension *(10 points each)*

A. Name tags

NAMES

a. David **e.** Esperanza

b. Emilia **f.** Juancho

c. Patricia **g.** Juanito

d. Soledad **h.** Daniel

BIRTH DATES

a. June 29 **e.** January 5

b. August 30 **f.** November 20

c. February 14 **g.** January 15

d. March 12 **h.** March 2

NAMES   BIRTH DATES

1. ___   ___

2. ___   ___

3. ___   ___

4. ___   ___

5. ___   ___

B. Bus conversation

The lady wants to know:

a. your phone number. **d.** the name of your school. **g.** where you're from.

b. your name. **e.** how old you are. **h.** your birth date.

c. today's date. **f.** how to spell your name.

1. ___

2. ___

3. ___

4. ___

5. ___

EL PRIMER PASO

Fecha _____

C. Classroom materials

a   3

d   31

g   31

b   28

e   18

h   16

c   13

f   13

i   26

1. _____

2. _____

3. _____

4. _____

5. _____

II. Reading Comprehension *(10 points each)*

A. Calendars

DAYS OF THE WEEK

1.	2.	3.	4.	5.	6.	7.
	martes			*viernes*		

MONTHS OF THE YEAR

1.	2.	3.	4.	5.	6.
			abril		
7.	**8.**	**9.**	**10.**	**11.**	**12.**
				noviembre	

Paso a paso 1

Nombre

El Primer Paso

Fecha

Hoja para respuestas 3
Banco de ideas

B. Hallway conversation with a teacher

1. _____
2. _____
3. _____
4. _____
5. _____

6. _____
7. _____
8. _____
9. _____
10. _____

C. Birthday

1. _____
2. _____
3. _____
4. _____
5. _____

6. _____
7. _____
8. _____
9. _____
10. _____

III. Writing Proficiency *(10 points)*

_____
_____
_____
_____
_____

IV. Cultural Knowledge *(10 points)*

_____
_____
_____
_____
_____
_____

V. Speaking Proficiency *(10 points each)*

CAPÍTULOS 1-6

I. Listening Comprehension *(10 points each)*

A. Felipe and his friends are talking about the plans they each have for the weekend. Listen to what each friend says, then circle the letter of the picture which best represents what they like to do on the weekend.

B. Mariana and Sara are talking about their class schedule and the items they need for some classes. As you listen, choose the letter of the picture which corresponds to the item for the class and/or the time of the class each girl mentions.

C. Juan is listening to a school radio talk show about food. Some students have been invited to tell the radio audience what they like and don't like to eat. Write the number next to the picture which best illustrates what each student says.

D. Diana is showing her family album to a friend. Listen to her description of each photograph. Circle *Sí* if the statement is true or *No* if the statement is false.

E. As you walk through a shopping mall you overhear different conversations. Listen to what each person says, then match what you hear with the pictures. Circle the letter of the picture which best matches the conversation.

II. Reading Comprehension *(10 points each)*

A. Ignacio and Rosa are talking in the hallway outside of their classroom. Write the letter of the best answer for each question.

1. **ROSA**   ¿Te gusta la clase de arte?

   IGNACIO   _____
   a. Sí. Me encanta dibujar.
   b. Sí. Me encanta cocinar.

2. **IGNACIO**   ¿Tienes ciencias sociales en la quinta hora?

   ROSA   _____
   a. No, tengo ciencias sociales en la quinta hora.
   b. Tengo el almuerzo en la quinta hora.

3. **ROSA**   ¿A qué hora empieza la escuela el martes?

   IGNACIO   _____
   a. Empieza en dos horas.
   b. A las nueve y media.

4. **IGNACIO**   ¿Qué necesitas para la clase de educación física?

   ROSA   _____
   a. Pues, creo que necesito una calculadora y una regla.
   b. Pues, unos tenis, una camiseta y unos pantalones cortos.

5.   **ROSA**   ¿Qué te gusta más hacer después de las clases?

        IGNACIO   _____

                    a. Me encanta tocar la guitarra.

                    b. Prefiero ir después de las clases.

6.   **IGNACIO**   No me gusta nada el gimnasio. ¿Y a ti?

        ROSA   _____

                    a. A mí me gusta mucho nadar.

                    b. Pues, a mí no me gusta tampoco.

7.   **IGNACIO**   ¿Tienes clase de ciencias todos los días?

        ROSA   _____

                    a. Tengo clase de ciencias de la salud de lunes a viernes.

                    b. Sí, todos los días menos el sábado y el domingo.

8.   **IGNACIO**   ¿Te gustaría ir a la piscina con nosotros por la tarde?

        ROSA   _____

                    a. Sí, me gustaría mucho. No me gusta nadar.

                    b. Pues, creo que sí. No tengo mucha tarea.

B. Your pen pal Mauro has written to you from Guadalajara, Mexico. Look at the schedule he sent to you, then match the statements with the information on the schedule. Write the number of each statement next to its corresponding letter.

		Hora	Clase	
a.	___	1^a	8:00	inglés
b.	___	2^a	9:30	ciencias de la salud
c.	___	3^a	10:15	español
d.	___	4^a	11:45	almuerzo
e.	___	5^a	12:45	matemáticas
f.	___	6^a	1:30	ciencias sociales
g.	___	7^a	2:40	ciencias
h.	___	8^a	3:30	música
i.	___		5:00	deportes
j.	___		7:00	tarea

1. Necesito leer mucho para la clase que tengo a las ocho.

2. Me encanta tocar la guitarra en esta clase.

3. Para la clase en la quinta hora necesito una calculadora.

4. Me gusta mucho estar con mis amigos en esta hora.

5. La clase a las dos y cuarenta es mi favorita.

6. Voy a jugar básquetbol después de la escuela.

7. Necesito tu diccionario para la clase a las diez y cuarto.

8. El profesor de la clase a las nueve y media es muy amable.

9. Por la tarde necesito estudiar mucho.

10. Te gustaría mucho la clase que tengo en la sexta hora.

C. You and your friends want to know what activities to do during your spare time. Read the newspaper ads below, then choose the appropriate answer for each question.

PASATIEMPOS Y DIVERSIONES

Cine Plaza

El crimen del parque de diversiones con Maya y Sergio, dos jóvenes que ayudan a la policía a buscar un criminal después de escuchar una horrible conversación por teléfono. En dos semanas empieza *El viejo de los ojos grises*, un drama sobre un muchacho que busca a su padre. Para mayores y menores. Admisión $4.00. De miércoles a sábado de las 6:00 a las 11:15. Domingo de las 12:00 a las 11:00.

Palacio de artes

Exhibición de artesanía, instrumentos musicales, ropa y cerámica de Perú. Empieza en el verano y termina en el otoño. De jueves a domingo, por la mañana y por la tarde, de las 10:30 a las 5:00. Todos los sábados a las 4:30 hay un concierto del grupo *Incacayo*, que toca música de Perú. También hay una cena típica peruana.

Juegolandia

Este parque de diversiones tiene algo para toda la familia. Hay un parque con una piscina donde pueden patinar. Para los jóvenes hay un zoológico o pueden jugar videojuegos y practicar deportes. Para el almuerzo o la cena tenemos tres restaurantes. Pueden visitar *Juegolandia* todos los fines de semana, de las 10:30 a las 11:00. Sólo en verano y en otoño.

Gimnasio municipal

Aquí puedes jugar básquetbol y vóleibol en el gimnasio. También hay un parque para jugar fútbol, tenis y béisbol. En el invierno puedes nadar en la piscina y en el otoño hay excursiones especiales al campo para las personas que prefieren ir de pesca.

1. Te gustaría patinar. Puedes ir
   a. al parque de diversiones.   **b.** al Palacio de artes.   **c.** al gimnasio municipal.

2. Quieres nadar en el invierno. Puedes ir
   a. al parque de diversiones y al gimnasio municipal.
   b. sólo al parque de diversiones.
   c. sólo al gimnasio municipal.

3. Para escuchar música y ver artesanías de otra cultura puedes ir
   a. al cine Plaza.   **b.** al gimnasio municipal.   **c.** al Palacio de artes.

4. Por la mañana no puedes ir
   a. al Palacio de artes.   **b.** al parque de diversiones.   **c.** al cine Plaza.

5. Quieres ver un drama serio. Puedes ir
   a. al Palacio de artes.   **b.** al cine Plaza.   **c.** al gimnasio municipal.

D. After sightseeing, these tourists are hungry and they talk about what they would like to eat. Read what they are saying, then match their conversations with the foods in the pictures. Write the appropriate number next to each set of pictures on your answer sheet.

1.   **ADÁN**   Es la una y tengo mucha hambre. ¿Te gustan los sandwiches de jamón y queso?

      MARTA   Me gustan los sandwiches, pero prefiero una hamburguesa. ¿A ti te gustan también? ¿Quieres ir conmigo al *Palacio de las hamburguesas*?

      ADÁN   Sí, me encantan las hamburguesas.

2.	**ALI**	Tengo hambre. Quiero una ensalada grande con tomate y lechuga. También quiero una limonada o un té helado.
	TERE	Me gustaría algo saludable también, como una sopa de verduras con guisantes y zanahorias. No me gustan mucho los sandwiches. Y para beber me gustaría un café.
	ALI	Hay un restaurante por aquí. Es nuevo y el almuerzo no cuesta mucho.
3.	**TOÑO**	¿Tienes hambre, Dani? Hay un café allí muy bueno y barato. ¿Qué quieres comer?
	DANI	Pues, me encantan los huevos con bistec. También me gustaría un jugo de naranja o de tomate para beber. Y tú, ¿qué prefieres comer?
	TOÑO	Pues, generalmente no me gusta comer a las diez, pero creo que puedo comer unos plátanos o unas manzanas.
4.	**NICO**	El viernes pagué treinta dólares por un bistec y una papa al horno pequeña en ese restaurante caro. ¿Hay algo más barato por aquí?
	TINA	Creo que sí. Me gusta mucho ir a comer a la *Casa del pescado*. Puedes comer mucho y siempre es saludable. No es caro tampoco. Hace una semana pagué ocho dólares por una ensalada, papas fritas, una sopa grande con un pan sabroso y después, uvas y queso.
	NICO	¿De veras? Tengo hambre. Vamos a la *Casa del pescado*.

E. Laura and her friend Natalia went shopping and are now talking about some of the clothes they bought. Their statements in the left column are not complete. Look for the appropriate statement in the right column to complete what each girl says, then write the number of that statement in the blank space.

—Los compré para practicar deportes.

_____

—Me encanta el suéter rosado que compré, pero no me queda bien.

_____

—Son para una fiesta en la piscina. No quiero llevar jeans.

_____

—¿Pagaste sesenta y cinco dólares por la chaqueta?

_____

—Compré esta blusa roja para esa falda y no me gusta.

_____

—Nadie tiene las sudaderas que tiene Almacén Herrero. Compré cinco.

_____

—Quiero llevar el vestido azul a una fiesta el sábado.

_____

1. Prefiero una de color blanco para la falda.

2. Es muy grande. Necesito comprar uno más pequeño.

3. Necesito comprar zapatos azules también.

4. ¡No me digas! Yo también compré una, pero pagué sólo cincuenta dólares hace una semana.

5. Las tres rojas son para mis hermanos, la verde es para mi padre y la rosada es para mi madre.

6. Me encanta llevar pantalones cortos en el verano.

7. Estos tenis son perfectos para jugar vóleibol el sábado.

III. Writing Proficiency *(10 points each)*

A. You are planning to attend summer school in Sevilla, Spain. In order to select an appropriate roommate for you, the school has asked you to write a detailed paragraph in which you include:

- a physical description of yourself
- your personality traits
- activities in which you like or don't like to participate

B. Write a letter to a friend in which you describe your typical week during the school year. Include in your description:

- your schedule of classes and at what time each class meets
- the various items you need for your classes
- questions to your friend about his or her typical week during the school year

C. Write a letter to an exchange student who will soon be staying with you for the entire year. Tell the student about all the activities in which you are involved during the year. Include:

- things you like or don't like to do on the weekends
- what things you can do during each season
- questions to the student about what activities he or she likes

D. You are away at summer school and your parents have asked you to write a letter about what you are eating. In your letter to your parents, include:

- what foods you eat for the three meals each day
- what foods and beverages you prefer
- whether you think the foods are good for you or not

E. You have just discovered that you have a distant cousin living in New York. Your cousin has written to find out more about you and your family. Answer the letter with a description of yourself and of your family, or of an imaginary family if you prefer. Include this information in your letter:

- a physical description of the people in your family
- their ages
- what some of your relatives like or don't like
- a description of any pets you have

F. Your favorite aunt gave you some birthday money to buy some presents. Write a thank-you note in which you describe all of the clothes you bought for different people as well as for yourself. Include in your thank-you letter:

- how much you paid for each article of clothing
- where you bought them and why you chose that particular store
- a description of the clothes, such as their color and how they fit

IV. Cultural Knowledge (10 points each)

A. You have been invited to spend the summer with a friend in Barcelona, Spain. What differences in after-school activities are you likely to encounter between Spanish and American teens? What will you have in common?

B. You and your family are going to be hosts to a Mexican teenager for the summer. What differences will you need to keep in mind, regarding family activities, in order to make your new guest feel at home?

C. You will spend a semester attending school in Mexico City as an exchange student. What are some different situations you are likely to encounter during the school day?

D. You have just received an invitation from your Colombian friends to attend a wedding in their family. Before you attend the ceremony, you want to understand the convention of Spanish names to keep from making any embarrassing mistakes. What do you need to know about names in Spanish-speaking countries?

E. Your Spanish class is taking a field trip to a neighborhood where many Spanish-speaking people live. Your teacher has asked you to take notes on some differences you might encounter as you walk through the grocery stores. What differences do you expect to find?

V. Speaking Proficiency (10 points each)

A. Tell me about yourself. Include the following in your description:

- some of your activities during the school day and after school
- your class schedule, including what classes you take and at what hour they meet
- your personality traits
- some things you do during the different seasons of the year

Ask me some questions about things I like to do.

B. Imagine that I am your younger brother. Give me advice about what I should or should not eat. As you talk to me, include:

- what foods I should eat for each of the three meals of the day
- a description of the different foods and beverages you like to eat
- questions about my likes or dislikes in terms of food
- what time of the day I should eat each meal

C. Describe your imaginary family to me. Pretend that it is a very large family. Tell me some things about your relatives, including:

- a physical description of each family member,
  such as: age, height, hair color and eye color
- what activities the people in your imaginary family like or don't like
- a description of yourself

You may also ask me some questions about my family.

D. We are in a department store. I am a customer and you are the salesperson. Tell me about all the different merchandise your store sells and try to convince me to buy each article of clothing. As we converse, include information such as:

- appropriate greetings and questions to get my attention
- a description of the clothing, including color
- the cost of the different articles of clothing
- how well or poorly the clothes fit
- why I should make my purchases in your store and not in others

Paso a paso 1

Nombre

CAPÍTULOS 1-6

Fecha

Hoja para respuestas 1
Banco de ideas

I. Listening Comprehension *(10 points each)*

A. Weekend plans

1. a   b   c

2. a   b   c

3. a   b   c

4. a   b   c

5. a   b   c

B. Mariana and Sara

a   *2:20*

b

c   *8:00*

d

e   

f   

g

h   

i   *12:00*

j   *1:15*

Paso a paso 1

CAPÍTULOS 1-6

Nombre _____

Fecha _____

Hoja para respuestas 2
Banco de ideas

1. _____   4. _____

2. _____   5. _____

3. _____

C. School radio talk show

D. Diana

1. El padre de Diana no es perezoso.	Sí	No
2. Diana es hija única.	Sí	No
3. La madre de Diana tiene el pelo rubio.	Sí	No
4. Tina es muy prudente.	Sí	No
5. La madre de Diana es artística.	Sí	No
6. Reina es muy impaciente.	Sí	No
7. Gregorio es el hermano gemelo de Diana.	Sí	No
8. Diana es mayor que Gregorio.	Sí	No
9. La abuela tiene el pelo canoso.	Sí	No
10. Gregorio, Diana y Tina son pelirrojos.	Sí	No

E. Shopping mall

 $30 $21    $12

1.   a   b   c

Paso a paso 1

CAPÍTULOS 1-6

Nombre _____

Fecha _____

Hoja para respuestas 3
Banco de ideas

2. a   b   c

3. a   b   c

 $15 $50 $55

4. a   b   c

5. a   b   c

II. Reading Comprehension *(10 points each)*

A. Ignacio and Rosa

1. ___   5. ___

2. ___   6. ___

3. ___   7. ___

4. ___   8. ___

B. Class schedule

a. ___   f. ___

b. ___   g. ___

c. ___   h. ___

d. ___   i. ___

e. ___   j. ___

C. Spare-time activities

1. ___   4. ___

2. ___   5. ___

3. ___

Paso a paso 1

CAPÍTULOS 1-6

Nombre _____

Fecha _____

Hoja para respuestas 4
Banco de ideas

D. Tourists

___

___

___

___

E. Laura and Natalia

—Los compré para practicar deportes. ___

—Me encanta el suéter rosado que compré pero no me queda bien. ___

—Son para una fiesta en la piscina. No quiero llevar jeans. ___

—¿Pagaste sesenta y cinco dólares por la chaqueta? ___

—Compré esta blusa roja para esa falda y no me gusta. ___

—Nadie tiene las sudaderas que tiene Almacén Herrero. Compré cinco. ___

—Quiero llevar el vestido azul a una fiesta el sábado. ___

III. Writing Proficiency *(10 points each)*

_____

_____

_____

_____

_____

_____

Paso a paso 1

CAPÍTULOS 1-6

Nombre _____

Fecha _____

Hoja para respuestas 5
Banco de ideas

IV. Cultural Knowledge *(10 points)*

A. _____

_____

_____

_____

B. _____

_____

_____

_____

C. _____

_____

_____

_____

D. _____

_____

_____

_____

_____

E. _____

_____

_____

_____

V. Speaking Proficiency *(10 points each)*

_____

CAPÍTULO 7

I. Listening Comprehension *(10 points each)*

A. Mariana is listening to a forecaster announce the weather conditions in various cities today. Match the pictures with each description you hear.

B. You're at the airport terminal waiting for the arrival of your friend's plane. As you wait, you hear some conversations. Listen to each one, then circle the best answer to each question.

II. Reading Comprehension *(10 points each)*

A. You and some friends are talking about the many things you would do if you had the money to travel anywhere in the world. Match each statement with the appropriate picture to indicate where each of you would like to spend your vacation.

1. Quisiera viajar a otro país este año. Ir de pesca, tocar mi guitarra al lado del agua o descansar en el sol todos los días. ¡Me gustaría bucear también!

2. Mi padre quiere ir a un lugar de interés, como una ciudad grande. Mi madre prefiere ir a un lago y pasear en bote. Yo quisiera ir de vacaciones a Uruguay porque allí nieva de junio a agosto y puedo esquiar.

3. No me gustan los deportes de invierno, pero sí me gustaría estudiar las ruinas o un lugar de interés antiguo, como una catedral o un museo en otro país.

4. Quisiera hacer algo atrevido este verano. El año pasado no fui a ninguna parte, pero para las vacaciones me gustaría explorar la selva tropical de Costa Rica.

B. You are trying to find an interesting place to spend your vacation. Read the two descriptions from the travel brochure, then answer *Sí* if the statement is true or *No* if the statement is false.

Marparaíso

¿Piensas ir de vacaciones en enero o febrero? En Marparaíso es verano todo el año. No hay nadie en las playas porque ¡todos están en la ciudad! También hay un lugar bonito que tiene montañas donde las personas atrevidas pueden subir y ver las cataratas. ¿O prefieres tomar el sol todos los días y escuchar la música del agua del mar? Con *Agencia Global* tienes las vacaciones perfectas. Necesitas tu pasaporte y una cámara. Debes visitar Marparaíso, un lugar de mucho interés y barato para toda la familia.

Tamila y Gobatá

¿Quieres visitar una ciudad interesante? En la ciudad de Tamila puedes visitar museos y catedrales. Puedes sacar fotos y comprar recuerdos. ¿Prefieres descansar en el campo? En Gobatá puedes pasear en bote o esquiar en las montañas cuando nieva. Con *Agencia Global* puedes ir de vacaciones con poco dinero a muchos lugares de interés, de junio a octubre. Tenemos ahora vacaciones a precios muy bajos. Después de estas dos semanas cuesta más.

1. Marparaíso es otro país y necesitas llevar pasaporte.

2. Hace buen tiempo en Marparaíso de enero a enero.

3. Si vas a Marparaíso, debes llevar un abrigo y guantes.

4. Marparaíso es un lugar de interés sólo para los jóvenes.

5. Debes llevar traje de baño y anteojos de sol a Marparaíso.

6. Puedes practicar deportes de invierno en Gobatá.

7. Tamila no es una buena ciudad para las personas que tienen interés en el arte.

8. Nunca necesitas llevar botas y gorro en las montañas de Gobatá.

9. Las vacaciones con *Agencia Global* siempre son muy caras.

10. *Agencia Global* no tiene vacaciones en los meses de la primavera.

III. Writing Proficiency *(10 points each)*

A. The travel agency where you work has asked you to write a newspaper ad in which you describe different places to visit. Include information such as:

- descriptions of five different vacation spots
- what types of clothing you recommend for each place
- the things one can do in these places

B. Your pen pal plans to spend the coming school year in your city. Write a letter in which you describe what he or she will need to wear during the different times of the year. Include in your letter:

- what the weather is like during the different months of the year
- what clothes your pen pal should bring for the different weather conditions
- some things you and your pen pal might do during school vacations
- your reasons for doing these things at this particular time of the year

IV. Cultural Knowledge *(10 points each)*

A. Can you explain the kinds of things you might do if you were to spend the month of July in Chile or Uruguay? Why would these differ from some things you normally do during July?

B. Can you describe some places of interest in Latin America that attract tourists? What typical things might a person do there?

V. Speaking Proficiency *(10 points each)*

A. You are a travel agent giving me advice about some possible places to visit during my vacation. Tell me about:

- the different places I could visit

- what the weather is like in each one

- what clothes I would need to take with me

- the different things I could do in each place

Ask me some questions about the places I would like to visit and when I would like to go.

B. Tell me about some imaginary places you visited during your vacation. Include the following information:

- a description of these places

- why you went to each place

- what the weather is like in each one

- what a person needs to wear in these places

Paso a paso 1

Nombre _____

CAPÍTULO 7

Fecha _____

Hoja para respuestas 1
Banco de ideas

I. Listening Comprehension *(10 points each)*

A. Weather conditions

B. Airport conversations

DIÁLOGO 1

1. En Buenos Aires en el mes de julio
   a. hace calor.   **b.** hace buen tiempo.   **c.** hace frío.

2. Cuando esta persona va a Buenos Aires en julio, no necesita llevar
   a. traje de baño.   **b.** paraguas.   **c.** impermeable.

DIÁLOGO 2

3. Esta muchacha quiere
   a. ir a las montañas.   **b.** pasear en bote.   **c.** nadar en el mar.

4. La muchacha
   a. necesita practicar en la piscina.
   b. piensa visitar las montañas.
   c. no puede nadar.

II. Reading Comprehension *(10 points each)*

A. Vacations

_____ _____ _____ _____ _____

Nombre _____

Fecha _____

B. Marparaíso, Tamila y Gobatá

1. Sí	No		**6.** Sí	No
2. Sí	No		**7.** Sí	No
3. Sí	No		**8.** Sí	No
4. Sí	No		**9.** Sí	No
5. Sí	No		**10.** Sí	No

III. Writing Proficiency *(10 points each)*

_____

_____

_____

_____

IV. Cultural Knowledge *(10 points each)*

A. _____

_____

_____

_____

_____

_____

B. _____

_____

_____

_____

_____

V. Speaking Proficiency *(10 points each)*

CAPÍTULO 8

I. Listening Comprehension *(10 points each)*

A. One of your jobs as camp counselor this summer is to assign different chores to the campers. Listen to the description of each chore, then match the number of each statement you hear with its corresponding picture.

B. Liliana is telling her grandmother about the doll house she got for her birthday. Listen to what Liliana says, then circle the letter of the picture which matches each of her descriptions.

II. Reading Comprehension *(10 points each)*

A. Joaquín and Gonzalo are reading some notes their mother left for them on the refrigerator door. She has asked them to do some chores while she's away this weekend. Match her description of the chore with the picture that best indicates where the boys will be working.

1. Deben sacar la basura que está al lado del refrigerador el sábado por la mañana.

2. Hay que lavar la ropa sucia.

3. Después de sacudir los muebles, el equipo de sonido y la videocasetera, pueden ver la tele.

4. Joaquín, tienes que pasar la aspiradora por debajo de las camas porque está muy sucio el piso.

5. Y tú, Gonzalo, debes poner la mesa el domingo para la cena que vamos a tener para vuestros tíos.

B. Santiago and his family are trying to decide where to stay when they visit Buenos Aires this summer. Read the two advertisements they found in a newspaper, then choose the letter of the advertisement that best matches what Santiago's family is looking for.

a
APARTAMENTOS SANTA CRUZ
Plaza América
Calle Habana 45
Tel: 555-0002

- Apartamento de dos pisos
- Totalmente amueblado
- Tres dormitorios y dos baños
- Guardarropas grandes
- Comedor separado
- Cocina moderna
- Lavadero
- Ventanas con vista a la piscina
- Todos tienen garaje
- Se puede instalar teléfono en dos días
- A una hora de la ciudad

$850.00 por mes

b
HOTEL VISTALAGO

- Cerca del centro comercial más grande de la ciudad
- Veinticuatro pisos de cuartos cómodos y limpios
- Aire acondicionado y teléfono
- Cómodas con espejo
- Dos camas dobles y un sofá cama
- Sofá, sillón y escritorio
- Televisor con videocasetera
- Cada cuarto tiene un refrigerador pequeño
- Gimnasio con piscina en el sótano
- Servicio de restaurante a su cuarto, noche y día
- Precios baratos, por día, semana o mes

De $125.00 a $170.00 por día
Reservaciones: 555-1110
Avenidas Monterrey y San Martín
(cerca del Museo Municipal)

1. Necesito un lugar donde puedo poner mi coche.
2. Quiero ir de compras no muy lejos de donde vivimos.
3. No quisiera lavar la ropa en el centro comercial.
4. Quisiera practicar deportes a veces. Me gusta jugar básquetbol.
5. No quiero pagar más de $600 por semana.

III. Writing Proficiency *(10 points each)*

A. You are a scriptwriter for a television game show which awards big prizes to its winners. This week a contestant has won a completely furnished dream house. Write the script for the announcer who describes the house and furniture to the winning contestant. Include the following information:

- the name of each room in the house

- the pieces of furniture in each room

- a description of the house and its furnishings

B. You are feeling sorry for yourself because you have to do several chores and can't go anywhere with your friends. Write a note in which you tell your best friend about the different chores you have to do. Write about:

- what each chore consists of

- where you do these chores

- a reason for doing certain chores

- which chores you prefer to do over others

IV. Cultural Knowledge *(10 points each)*

A. Can you describe some differences and similarities between houses in the United States and houses in Spain?

B. You are a teenager visiting a Spanish family. Describe the activities that take place in the *patio* of a house or apartment.

V. Speaking Proficiency *(10 points each)*

A. You are a real estate agent trying to sell a furnished apartment to me. I would like to hear:

- a description of each room

- a description of the different pieces of furniture

- why this apartment is a bargain

Ask me some questions about what kind of chores I do at home.

B. Tell me about the many chores you have to do during the week. Include:

- the names of the various chores

- where you have to do each one

- what you like or dislike about each one

- the purpose of doing each chore

CAPÍTULO 8

Fecha _____

I. Listening Comprehension *(10 points each)*

A. Chores

___

___

___

___

___

___

B. Doll house

1.   a   b   c

2.   a   b   c

3.   a   b   c

4.   a   b   c

5.   a   b   c

Paso a paso 1

Nombre _____

CAPÍTULO 8

Fecha _____

Hoja para respuestas 2
Banco de ideas

II. Reading Comprehension *(10 points each)*

A. Joaquín and Gonzalo

___

___

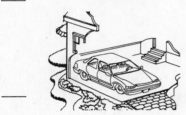

___

___

___

B. Buenos Aires

1. ___

2. ___

3. ___

4. ___

5. ___

III. Writing Proficiency *(10 points each)*

_____

_____

_____

_____

IV. Cultural Knowledge *(10 points each)*

A. _____

_____

_____

_____

_____

Nombre _____

Fecha _____

B. _____

_____

_____

_____

V. Speaking Proficiency *(10 points)*

CAPÍTULOS 9-12

I. Listening Comprehension *(10 points each)*

A. The school's radio station broadcasts a weekly medical program for students. This week a physician is giving advice to students who play sports. Listen to the patients and to what the doctor recommends, then circle the correct answer to complete the statements.

B. You want to spend the day with your friends at the community swimming pool, but they can't go with you because they have to do some errands. Listen to each conversation, then decide where each friend should go to complete the errand. Write the number of each statement under the corresponding picture.

C. Your friends are talking about TV shows or movies they like to see. Listen to each conversation, then choose a matching picture.

D. You and your friends work for a catering service. Today you are preparing for a *Cinco de Mayo* dinner party. Listen to the conversations, then select the picture which best matches what you hear.

II. Reading Comprehension *(10 points each)*

A. You are a volunteer nurse's aid in a hospital. Match the statements found on the charts of each patient with the picture of the body part affected by the illness.

1. Me encanta jugar tenis, pero el sábado pasado me lastimé el brazo.

2. Todavía no puedo ver muy bien. Creo que tengo algo en el ojo.

3. No me quedan muy bien estos zapatos. Me lastiman el pie izquierdo.

4. No puedo comer y no quiero beber nada tampoco. Me duele mucho la garganta.

5. Hace tres semanas que no puedo ver la tele ni leer un libro. Me duele mucho el cuello.

B. Read the excerpts from the postcards some friends have written to you while on vacation. Match the pictures representing different buildings and places with what each friend has written.

1. Esta mañana no hice mucho de interés. Envié unas cartas y después fui al parque con unos amigos.

2. Todo queda muy cerca. Puedo comprar cosas que necesito, champú, medicina y pasta dentífrica.

3. Esta tarde fuimos de nuestro apartamento al museo al otro lado de la ciudad en tres minutos. La estación queda detrás del apartamento. Generalmente toma media hora en autobús o en taxi para ir del apartamento al museo, pero no en el metro.

4. Las tiendas no están lejos. Ayer te compré un libro que te va a gustar mucho.

5. No llegamos al monumento ayer porque el coche de la familia tiene muchos problemas. Lo llevaron a un lugar bastante cerca y los mecánicos deben terminar la reparación esta tarde.

C. You can't decide from looking at the titles in the television guide what you want to watch tonight. Read the written descriptions that appear in another part of the guide, then select the best answer to each question.

1. Para las personas aburridas les recomendamos ver el canal 4 el viernes por la noche a las siete y media. Los actores son muy cómicos y hay unas aventuras a veces tontas, pero también divertidas.

2. Dura cuatro semanas y la actriz principal es la mejor del año. Para una aventura emocionante y romántica con muchas complicaciones entre amigos y familias, recomendamos *Corazones fríos,* que empieza el jueves a las nueve de la noche.

3. ¿No están de acuerdo con sus amigos? ¿Piensan que el periódico no tiene bastante información sobre los eventos del día? Cada tarde a las cinco y media pueden ver y escuchar el programa que informa sobre todo. Nunca más necesitan admitir a sus amigos: "Pues, no lo sabía."

4. Todos duermen y por una ventana vemos un cuerpo misterioso. Lleva gorro, pantalones y guantes, y da miedo verlo. Al otro lado de un cuadro en la pared, encuentra algo que busca. Un poco más tarde sale por la misma ventana con algo en la mano. Hasta mucho más tarde aprenden que esa persona misteriosa se llevó algo antiguo de mucho valor. Este martes en el canal 23 a la medianoche.

5. ¡Media hora de programación fascinante e interesante! Hay terror. A veces van a ver algo demasiado emocionante. También hay momentos tristes y realistas. Los domingos al mediodía.

D. Irma is spending the summer living with a family in Mexico. Read the letter she has written to her sister, then decide whether the following statements are true or false. Circle *Sí* if they are true or *No* if they are false.

Querida Ana María:

¿Has probado alguna vez la comida picante? Pues yo, nunca. Esta semana mi familia mexicana me llevó a comer a un restaurante que creo que te gustaría porque toda la comida es sabrosa y el servicio muy elegante. Comer allí no es lo mismo que comer en algunos restaurantes que tenemos cerca de nuestra casa. En seguida los camareros ponen mantel limpio, tres platos, uno encima del otro, tres tenedores, dos cuchillos, uno para la carne y otro para la fruta.

Después el camarero describió el menú: las salsas picantes y no picantes, los platos principales típicos de allí, como enchiladas, chile con carne, chiles rellenos y otros más. Me gustaron mucho los postres. Pedí un flan y la familia también porque es la especialidad de la casa. Bebí un jugo de una fruta tropical. No sé cuál, pero me gustó mucho. Fuimos al restaurante a las diez y media, después de ver una película fascinante. Pero la película es para otra carta. Te escribo en una semana.

Tu hermana,

Irma

1. Irma comió una cena especial en la casa de la familia.

2. Toda la comida que sirven es picante.

3. La comida que comió la familia es comida típica de Chile.

4. La familia llevó a Irma a comer después de ir al cine.

5. Irma piensa que el servicio es lo mismo que el servicio donde ella come con su hermana generalmente.

6. Todos pidieron fruta de postre.

7. Irma bebió algo que generalmente no bebe.

8. A Irma no le gustó mucho la comida porque es muy picante.

9. Irma comió algo que generalmente come con su hermana.

10. Hay tres platos y dos cuchillos porque los camareros sirven platos principales diferentes.

III. Writing Proficiency (10 points each)

A. Your health class teacher wants to know more about the kinds of illnesses you and your classmates typically have. The teacher has asked the class to write a brief report describing:

- the symptoms of the illness
- what part of the body is affected
- why you think you have the problem
- a possible remedy so that you can get better

B. Write some captions for your photo album about the places you visited recently. Include information such as:

- where you went and what you saw
- the location of the different places
- what time of the year you went
- what it was like there

C. You write the film critic's column for your school newspaper. Write this month's column and include information such as:

- the various kinds of movies you previewed
- something about the plot
- your opinion about each one
- when and where these films are being shown

D. You write the restaurant review page for your school newspaper. Write a critique of a meal you and others had at a local restaurant recently. Include information such as:

- a description of the meal
- the cost of the different specialty dishes served
- the kind of service one can expect to find at this restaurant
- why you recommend this restaurant or a particular dish to your readers

IV. Cultural Knowledge *(10 points each)*

A. You're a travel guide for a group of physicians visiting Latin America. Can you tell them about the different ways people treat an illness there?

B. You're studying neighborhood communities for a paper you have to write for your social studies class. Can you describe what services or products you might find in a typical Hispanic community? What do you remember about any particular community you have read about?

C. Your friend is going to Venezuela to live with a family for a month. Can you explain to your friend what similarities and differences one would find in the television programs people watch in Venezuela and in the United States?

D. You are an exchange student living with a family in Mexico City. Can you describe what kind of family gathering might take place in a restaurant on a Friday or Saturday night or on a Sunday afternoon?

V. Speaking Proficiency *(10 points each)*

A. You are not feeling well. I am the school nurse. Tell me:

- what part of your body is hurting you
- why you think something you did is the cause
- how long you have felt this way

Ask me some questions.

B. You work for an office which sends you around the city to do various kinds of errands. I am your friend and want to know what you do. Tell me about some of the things you did recently, including:

- your errands
- where you went to complete each errand
- the reason for going

Ask me some questions.

C. You and I are best friends. Because I have been away on an exchange program for a year I don't know anything about the latest television programs. I want to know:

- what kinds of programs are now being shown
- when the different programs are broadcast
- your personal opinion about each program
- which ones you think I ought to see

D. You recently ate at a new Mexican restaurant. Convince me that I should also eat there. Include the following information:

- the location of the restaurant
- the food they serve there
- the quality of the service
- why I would enjoy eating in this particular restaurant

Paso a paso 1

Nombre _____

CAPÍTULOS 9-12

Fecha _____

Hoja para respuestas 1
Banco de ideas

I. Listening Comprehension *(10 points each)*

A. Radio

DIÁLOGO 1

1. A este estudiante
   a. no le gusta hacer ejercicio.
   b. le duele el brazo izquierdo.
   c. no le gusta practicar.
   d. le duele el brazo derecho.

2. El estudiante debe
   a. practicar menos con el brazo derecho.
   b. hacer menos ejercicio.
   c. practicar más con el brazo izquierdo.
   d. hacer más ejercicio.

DIÁLOGO 2

3. Este estudiante
   a. nunca duerme.
   b. tiene dolor de espalda.
   c. no quiere esquiar más.
   d. no quiere hacer nada.

4. El estudiante debe
   a. comer y dormir bien.
   b. practicar otro deporte.
   c. comer más papas fritas.
   d. esquiar menos.

5. El estudiante no debe
   a. practicar un deporte nunca.
   b. practicar un deporte y no comer bien.
   c. comer el desayuno.
   d. hacer ejercicio.

B. Errands

C. Movies

a    c   e

b   d   f

Paso a paso 1

Nombre

CAPÍTULOS 9-12

Fecha

Hoja para respuestas 2
Banco de ideas

1. ___   2. ___   3. ___   4. ___   5. ___

D. *Cinco de Mayo* dinner party

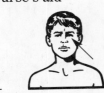

II. Reading Comprehension *(10 points each)*

A. Nurse's aid

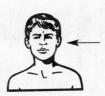

B. Places

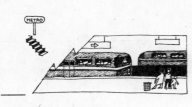

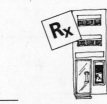

257

Paso a paso 1

Nombre _____

CAPÍTULOS 9-12

Fecha _____

Hoja para respuestas 3
Banco de ideas

C. Television

1. El programa a las 5:30 P.M. es probablemente
   a. una película de ciencia ficción.   **c.** las noticias.
   b. un programa de hechos de la vida real.

2. El programa a las doce de la tarde es probablemente
   a. una película de terror.   **c.** un programa de hechos de la vida real.
   b. un programa de entrevistas.

3. El programa del viernes a las 7:30 P.M. es probablemente
   a. un concierto.   **c.** un anuncio.
   b. una comedia.

4. El programa de las 12:00 A.M. es probablemente
   a. una película del oeste.   **c.** un programa educativo.
   b. un programa de detectives.

5. A las 9:00 P.M. puedes ver
   a. una telenovela.   **c.** un programa de entrevistas.
   b. una película romántica.

D. Ana María and Irma

1. Sí	No		**6.** Sí	No
2. Sí	No		**7.** Sí	No
3. Sí	No		**8.** Sí	No
4. Sí	No		**9.** Sí	No
5. Sí	No		**10.** Sí	No

III. Writing Proficiency *(10 points each)*

A. _____

_____

_____

_____

B. _____

_____

_____

_____

Paso a paso 1

CAPÍTULOS 9-12

Nombre _____

Fecha _____

Hoja para respuestas 4
Banco de ideas

C. _____

_____

_____

_____

D. _____

_____

_____

_____

IV. Cultural Knowledge *(10 points each)*

A. _____

_____

_____

_____

_____

_____

B. _____

_____

_____

_____

_____

_____

_____

Paso a paso 1

Nombre _____

CAPÍTULOS 9-12

Fecha _____

Hoja para respuestas 5
Banco de ideas

C. _____

_____

_____

_____

_____

_____

D. _____

_____

_____

_____

_____

_____

V. Speaking Proficiency *(10 points each)*

CAPÍTULO 13

I. Listening Comprehension *(15 points each)*

A. You and your friends are volunteers for your local recycling center. Listen as the person in charge gives instructions about what to do. Choose the best answer to each question.

B. Your sociology teacher has divided the class into groups in order to discuss environmental problems. Listen to what some of the groups are saying, then match the statement with the appropriate picture.

II. Reading Comprehension *(15 points each)*

A. Ana Luisa works as a teacher's aid in an elementary school. The teacher has asked her to talk to the children about protecting the environment. Read the short speech she has prepared, then underline *Sí* if the answer is correct or *No* if the answer is incorrect.

Tenemos que proteger el medio ambiente de la Tierra. Muchas plantas y animales del medio ambiente están en peligro de extinción. El aire contaminado es una amenaza para muchos pájaros y el agua contaminada es una amenaza para los animales del océano. En las ciudades grandes las fábricas y los coches también forman parte del problema. Son una amenaza para nuestro aire puro. ¿Qué podemos hacer para reducir el problema? Primero, es necesario reciclar la basura. También tenemos que conservar más energía. Debemos usar menos agua, apagar las luces si no las necesitamos y usar menos el coche. También tenemos que proteger los árboles de la selva tropical, que es donde viven los elefantes, gorilas y tigres. Podemos y debemos proteger el medio ambiente, pero debemos trabajar más para hacerlo.

1. El agua contaminada es un problema para algunos animales.

2. A veces las fábricas forman parte del problema que tenemos en el medio ambiente.

3. El aire contaminado es un problema para la ballena.

4. Una solución para los problemas del medio ambiente es conservar energía.

5. Debemos usar más el transporte público.

B. Your science teacher has asked the class to write a report on some animals and how the environment affects each one. Read the information you found in the library, then match each description with the picture of the animal.

1. Tenemos que pensar más en los animales que viven en la selva tropical. El tigre está en mayor peligro de extinción por su piel.

2. Otros animales también viven en peligro porque algunos beben agua de un lago contaminado. A menudo es un problema para muchos pájaros.

3. El océano forma parte del medio ambiente, pero puede ser una amenaza para las ballenas. Algunas están en peligro de extinción porque viven en agua contaminada.

4. Hay animales que viven en las montañas y son una amenaza para otros animales. Por eso, el lobo está en peligro de extinción porque algunas personas quieren proteger a otros animales del lobo.

5. Tenemos que proteger los árboles del medio ambiente. Hay animales que viven principalmente de los insectos que viven en los árboles. La serpiente es uno de ellos.

III. Writing Proficiency *(20 points each)*

A. Write an editorial for your school newspaper in which you call attention to some environmental problems. Include information such as:

- descriptions of the problems
- why you think we have these problems
- possible solutions

B. Express your concerns by writing about the threat to animal and plant life in the United States and in the Spanish-speaking world. Include information such as:

- the kinds of animals and plants that are in danger
- why you think there is a problem
- what can be done to solve the problem
- the kinds of animal and plant species that are not in danger
- why you think these species could become endangered

C. You want to convince a friend of the importance of recycling. Write a letter in which you include information such as:

- the kinds of objects that should be recycled
- how you go about recycling these objects
- the benefits of recycling
- the problems we face by not recycling

IV. Cultural Knowledge *(20 points each)*

A. You have received a scholarship to participate in a scientific study tour in which you will study the animal and plant species of different Latin American countries. Explain the results of your observations after spending some time in Cuba.

B. You have just learned that many species of plants and animals are disappearing in the Caribbean. Can you explain some reasons for this gradual disappearance? Include some reasons why you think this could be prevented.

262   *Banco de ideas / Capítulo 13*

Copyright © Prentice-Hall, Inc.

V. Speaking Proficiency *(20 points each)*

A. You have noticed that I don't know much about recycling. Tell me about:

- some problems facing the natural environment
- what I should do to recycle
- how I could conserve energy

Ask me some questions.

B. You and I have just returned from a visit to the zoo. We were told that the natural environment of some of these animals is in danger. Talk to me about your concern and include information about:

- the animals and plants in danger
- why they face these dangers
- what you think we should do
- the species that do not face danger yet
- why you think they are not currently threatened

Ask me some questions.

Paso a paso 1

Nombre

CAPÍTULO 13

Fecha

Hoja para respuestas 1
Banco de ideas

I. Listening Comprehension *(15 points each)*

A. Recycling center

1. Es necesario separar
  a. las botellas de las latas.
  b. las latas de las cosas de aluminio.
  c. los periódicos y las guías telefónicas.

2. Ellos van a poner
  a. las botellas de plástico con el vidrio.
  b. la madera con el vidrio.
  c. las latas con el aluminio.

3. Es necesario
  a. recoger el cartón del centro comercial.
  b. recoger las guías telefónicas también.
  c. poner la madera con el cartón.

4. Rocío y José
  a. van a traer revistas del centro comercial.
  b. van a separar las bicicletas.
  c. van a separar las revistas de los periódicos.

5. En el centro de reciclaje todos
  a. van a trabajar seis horas, más o menos.
  b. van a montar en bicicleta.
  c. van a descansar.

B. Environmental problems

____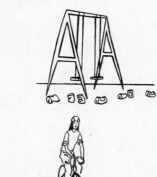

____

____

____

____

II. Reading Comprehension *(15 points each)*

A. Teacher's aid

1. Sí   No

2. Sí   No

3. Sí   No

4. Sí   No

5. Sí   No

Paso a paso 1

Nombre _____

CAPÍTULO 13

Fecha _____

Hoja para respuestas 2
Banco de ideas

B. Science class

a

c

e

b

d

f

1. ___

2. ___

3. ___

4. ___

5. ___

III. Writing Proficiency *(20 points each)*

_____
_____
_____
_____
_____
_____
_____
_____
_____
_____
_____
_____
_____
_____

Nombre _____

Fecha _____

_____
_____
_____
_____

IV. Cultural Knowledge *(20 points each)*

A. _____
_____
_____
_____
_____
_____
_____
_____
_____

B. _____
_____
_____
_____
_____
_____
_____
_____
_____
_____
_____

V. Speaking Proficiency *(20 points each)*

CAPÍTULO 14

I. Listening Comprehension *(20 points each)*

A. A friend is showing you some photographs taken at a recent party. Match the pictures with each description you hear.

B. Mariana is at school talking to a friend. Armando is at home talking to his brother. Both are talking about the coming weekend. Listen to what each one says, then decide whether the following statements are true or false. Circle *Sí* if they are true or *No* if they are false.

II. Reading Comprehension *(20 points each)*

A. You and your friends are in the library writing notes to one another. Read the notes, then match each one with <u>two</u> corresponding pictures.

1. ¿Has probado la comida en *Casa Carlos?* Estoy pensando llevar a Laura el viernes e invitar a todos nuestros amigos. Ella piensa que nadie sabe que el viernes es un día importante porque va a cumplir quince años. Por eso va a ser una sorpresa genial, pero todo depende de ustedes. ¿Puedes llegar a *Casa Carlos* a las 7:30? Por favor, nadie debe llegar después. Laura cree que vamos a ir al cine solos esa noche.

2. Lo pasamos muy bien. Todos llegaron con ropa muy cómica. Yo fui con un traje de gorila y mi novia con un traje de gato. Otros llegaron con trajes de animales o con trajes de personas famosas. ¡Qué sorpresa cuando llegó Fernando con un vestido de fiesta y zapatos de tacón alto! Pues, pasó toda la noche bailando. ¡Qué gracioso! Le regalaron dos entradas a un concierto por ser el más original de la fiesta.

B. The yearbook staff has asked students to submit photographs for a special section entitled Campus Capers. Read the captions the staff has written for each photograph, then choose the best answer to complete each statement.

Lucho y Lencho

¿Quieren ver a Lucho haciendo algo que no suele hacer nunca? Aquí lo pueden ver en acción, jabón en una mano y agua en la otra. ¿Lucho está trabajando? Pues sí, amigos, ¡y qué encantado está! ¿No conocen a quien está debajo del champú? ¡Es Lencho, su amigo de siempre! ¡Lencho, su perro favorito!

Carlos cocinero cocinando en su cocina

Y, ¿a quién tenemos aquí? ¿Alguien famoso de un programa de cocina? ¿Alguien famoso de un restaurante francés o italiano? ¡De ninguna manera! Amigos, les presento a nuestro Carlos enfrente de su cocina. ¿Y qué estás haciendo hoy, Carlos? Ah, sí, un postre que le vas a regalar a tu novia para una fecha importante. Pero ella no sabe nada de la fiesta. ¡Feliz cumpleaños, Beatriz!

1. Lucho y Lencho son
   a. invitados en una fiesta.
   b. un muchacho y su perro.
   c. hermanos gemelos.

2. Los amigos de este joven piensan que a él no le gusta mucho trabajar.
   a. Carlos
   b. Lucho
   c. Lencho

3. Esta joven no sabe que su novio le va a dar

    a. una fiesta de disfraces.   **c.** una fiesta de fin de año.

    b. una fiesta de sorpresa.

4. Beatriz

    a. va a una fiesta de disfraces.   **c.** va a una fiesta de cumpleaños.

    b. está cocinando para su novio.

5. Esta persona está preparando comida para una fiesta.

    a. Beatriz   **c.** Carlos

    b. Lucho

III. Writing Proficiency *(20 points each)*

A. Write an invitation in which you describe the details of a party you are planning to give. Include the following information:

- when and where the party will be held
- what people should wear
- the purpose of the party
- what kinds of gifts we should bring

B. Write a letter to a friend describing some parties you attended recently. Include the following information:

- the types of parties attended
- the purpose of each one
- what you liked or did not like about each party
- what you and others wore

IV. Cultural Knowledge *(20 points each)*

A. Imagine that you are a television reporter broadcasting live from a *quinceañera* party in Puerto Rico. Can you describe a *quinceañera* to your audience?

B. Can you describe how a young girl in Latin America might celebrate her fifteenth birthday? What are some other ways in which young girls celebrate this particular birthday?

V. Speaking Proficiency *(20 points each)*

A. You have telephoned me from a party. In our conversation I would like to know:

- what people are doing at the party
- what people are wearing
- the kinds of gifts people gave to the host or hostess
- your opinion of the party

Ask me some questions.

B. You have been invited to three different parties. Describe each one to me and include the following information:

- when and where each one will take place
- what you are planning to wear
- what gifts you have chosen to take to the host or hostess
- whether or not you will enjoy each party

Ask me some questions.

Paso a paso 1

CAPÍTULO 14

Nombre _____

Fecha _____

Hoja para respuestas 1
Banco de ideas

I. Listening Comprehension *(20 points each)*

A. Photographs

a

e

b

f

c

g

d

h

1. ___   4. ___

2. ___   5. ___

3. ___

B. The coming weekend

1. Mariana recibió una invitación para comer y bailar el sábado.   Sí   No

2. Mariana necesita comprar un collar y aretes nuevos.   Sí   No

3. Mariana va a una fiesta de cumpleaños.   Sí   No

4. Armando no quiere llevar su traje viejo.   Sí   No

5. A Armando no le gusta bailar.   Sí   No

Paso a paso 1

Nombre _____

CAPÍTULO 14

Fecha _____

Hoja para respuestas 2
Banco de ideas

II. Reading Comprehension *(20 points each)*

A. Notes in the library

a

b

c

d

e

f

1. ____   ____

2. ____   ____

B. Campus Capers

1. ____

2. ____

3. ____

4. ____

5. ____

III. Writing Proficiency *(20 points each)*

_____

_____

_____

_____

_____

_____

_____

_____

Paso a paso 1

Nombre _____

CAPÍTULO 14

Fecha _____

Hoja para respuestas 3
Banco de ideas

_____
_____

IV. Cultural Knowledge *(20 points each)*

A. _____
_____
_____
_____
_____

B. _____
_____
_____
_____
_____
_____

V. Speaking Proficiency *(20 points each)*